한 국 여 성 인 권 운 동 사 2

성폭력을
다시 쓴다

객관성, 여성운동, 인권

한국여성의전화 기획 정희진 엮음

정희진·전희경·정춘숙·강김아리·김효선·박이은경·정미례 지음

한울
아카데미

발간사

여성에 대한 폭력과 차별을 없애기 위해 한 길을 걸어온 한국여성의전화연합(이하 여성의전화)이 20세 성인이 되어 우리 사회 인권 지킴이로 우뚝 섰습니다. 여성의전화는 여성 폭력 문제를 한국사회에 최초로 제기하고 그 해결을 과제로 삼아 20년을 한결같이 달려왔습니다. 이 책은 여성의전화가 여성주의 시각에서 인권 이론을 고민하고 실천 방식을 모색하면서 창립 20주년을 기념하기 위해 기획한 책입니다.

마침 올해는 12월로 성폭력특별법이 제정된 지 10년이 되는 뜻 깊은 해이기도 합니다. 여성의전화 전반 10년이 여성에 대한 폭력을 가시화하고 그것이 사회적 범죄임을 알려내면서 법제화하기까지의 운동(입법 운동 과정은 『한국 여성인권운동사』에 잘 기록되어 있습니다)이었다면, 후반 10년은 여성폭력관련법의 올바른 시행과 정착을 위해 활동한 시기라고 볼 수 있습니다.

이 책의 첫 기획 단계에서 여성의전화는 25개 지부와 1개 지회에서 지난 20년간 지원하였던 인권 투쟁 중에서 기억해야 할 사건들을 모아 백서 형식으로 발간하고자 하였습니다. 그러나 점차 다른 방향으로 의견이 모아졌습니다. 즉 여성 인권은 어떻게 개념화될 수 있는가? 여성운동의 실천 속에서 여성 인권 개념이 어떻게 구성되었으며 그것이 함의하고 있는 쟁점은 무엇인가? 운동의 발전을 위하여 이러한 고민에 대한 탐색과 응답이 필요하다는 데 인식을 함께하였습니다. 그리고 이러한 작업을 위해서는 백서라는 형식보다는 모델이 될 만한 사례를 통하여 그것이 의미하는 바를 여성 인권의 관점에서 분석하는 것이 더 절실하다고 판단하였습니다.

　그래서 여성의전화가 직접 다룬 사건은 아니더라도 사회적 반향을 불러일으키고 여성인권의 쟁점을 제기한 최근 3~4년간의 사건 중에서 6개의 투쟁 사례를 선정하였습니다. 그리고 현장에서 직접 관여한 활동가의 시선으로 이 사건들을 기록하기로 하였습니다. 운동 과정에서 무엇을 느꼈는지, 어려움은 무엇이었는지, 활동을 통해 자신은 어떻게 변화되었는지 등의 고민을 기록하고 공유하는 것이 여성의 역사를 만들어가는 데 작은 보탬이 될 것이라 생각했습니다.

　지금 이 책은 몇 가지 어려움에 직면해 있습니다. 우선 각 논문들의 주인공인 피해 당사자 여성들이 이미 당한 바와 같은 '명예훼손' 역고소의 위험입니다. 아직 진행 중인 사건도 있고 불가피하게 실명을 거론하거나 정황상 가해자의 신분이 드러날 수밖에 없는 글 '때문에', 이 책 출판을 계기로 여성의전화가 가해남성들로부터 '명예훼손' 고소를 당할지도 모릅니다. 변호사의 법률적 검토를 거쳤으나, 우리 사회의 남성문화를 생각할 때 걱정되는 일이 아닐 수 없습니다.

　또 다른 문제는 여성의전화가 다룬 사건만이 아니라 다른 단체에서 주로 개입한 인권 투쟁들이 포함되어 있다는 점입니다. 사건 그 자체는 1차 자료이며, 여성운동의 발전을 위한 공동의 재산이라고 생각합니다. 한 단체가 여성의 역사를 기록한다고 해서 그 기억이 고정되거나 독점될 수 있는 것은 아닙니다. 또 여성의전화 안에서도 다양한 시각이 있을 수밖에 없습니다. 여성의전화가 직접 다룬 사건이라 할지라도 내부 활동가가 아닌 분을 필자로 선택한 것도 다양한 시각으로 문제를 보려는 노력의 일환입니다. 이 책의 출간을 계기로 더 풍부한 재해석이 시도되기를 바랍니다.

　마지막으로 여성 인권 사례를 어떻게 기록할 것인가의 문제입니다. 이것은 여성의 경험을 기술하는 방식의 문제입니다. 여성의전화에서는 일년에도 수십 건의 인권침해 사건이 발생하지만, 이것은 대개 상담 기록과 성명서, 혹은 탄원서, 의견서, 사건 일지의 형식으로 기록됩니다. 기록의 방식은 결국 운동의 방식을 보여준다고도 말할 수 있습니다. 이 책은 사실을 연대기적으로 기록한 것이라기보다는, 사건의 젠더 정치적 의미를 추적하고 그것을 여성 인권의 관점에서 분석한 것입니다. 앞으로도 여성운동의 경험들이 다양한 주체들에 의해 다양한 방식으로 기록되기를 바랍니다.

우리는 이미 창립 15주년을 기념하여 『한국 여성인권운동사』를 발간한 바 있습니다. 이 책은 그 책의 두번째 권에 해당한다고 볼 수 있습니다. 첫번째 책이 여성 인권의 영역—성폭력, 아내구타, 일본군 위안부, 성매매 피해여성, 기지촌 여성, 레즈비언, 장애 여성, 여성인권관련 국제법—을 다루었다면 이 책은 여성 인권의 쟁점을 중심으로 다룬 것입니다. 『한국 여성인권운동사』는 2004년 5월 일본 아카시 출판사에서 재일 여성학자 야마시타 영애(山下英愛) 선생님의 번역으로 출판됩니다. 이 일을 계기로 한국의 여성인권운동이 각국에 널리 소개되기를 바랍니다. 여성의전화는 제3, 제4의 운동사를 기록하도록 계속 노력할 것입니다.

이 책은 많은 여성들의 힘으로 만들어졌습니다. 먼저 기획과 편집을 맡아 수고해주신 정희진 선생님, 활동하면서 글을 써야 하는 어려움 속에서도 좋은 논문을 써주신 김효선, 전희경, 강김아리, 박이은경, 정춘숙, 정미례 선생님께 감사드립니다. 책의 제작기금을 지원해준 한국여성재단 박영숙 이사장님과 관계자 여러분께도 감사드립니다. 명예훼손에 관한 법률적 검토를 해주신 김인숙 변호사께도 감사드립니다. 그리고 열악한 조건 속에서도 여성인권 현장에서 활동해온 여성의전화 지부 활동가와 회원들께 존경을 표합니다. 무엇보다 이 땅에서 여성의 역사를 만들어가는 모든 용기 있는 여성들에게 무한한 감사를 드립니다.

2003년 11월 15일
한국여성의전화연합
공동대표 박인혜·이재희·한우섭을 대신하여,
상임대표 박인혜

법제화 이후의 여성운동을 위하여

정희진

대학생들에게 '나의 성애사(sexual history)'를 주제로 글을 쓰라고 하면, 남학생들은 대개 매춘 경험을 쓰고 여학생들은 성폭력 경험에 대해 쓴다. 말하기 방식도 상반된다. 남성들은 '본인의 경험을 통해 한국사회 성문화를 진단하겠다'며 자신을 기꺼이 보편적 인간으로 위치시킨다. 그러나 여성들은 '일반화할 수 없는 지극히 개인적인 경험일 뿐입니다'라고 쓴다. 섹슈얼리티가 사적인 것이 아니라 여성의 섹슈얼리티, 경험, 언어가 사적인 것으로 간주된다. '강간이냐 화간이냐'는 식으로 성폭력 경험의 객관성을 논하기 전에, 이미 여성과 남성이 모두 자기 경험을 인식, 재현하는 과정 자체가 깊숙이 성별화(gendered)되어 있음을 문제삼지 않을 수 없다. 언어와 경험 해석이 사회적으로 구성되는 과정과 맥락을 무시한 채, 마치 현재 삶의 조건이 투명하고 객관적인 것처럼 간주되는 상황에서 여성이 지배 언어에 위반되는 자기 경험을 말할 수 있을까? 여성의 경험과 언어가 불일치하는 사회에서, 여성이 자기 분열을 재해석하기 위해서는 기존의 인식 체계를 상대화해야 한다. 삶의 순간 순간이 특수한 정치적 조건에 '불과'하다는 것을 믿어야 한다.

성폭력 피해여성들은 어떻게 말해야 할지 모른다. 성폭력에 대해 말하는 것은 너무나 정치적인 행위이다. 피해여성은 성폭력 경험을 말하는 것 자체로 '운동가'가 될 처지에 놓이고, 자신을 피해자화(victimize)하는 시선을 견뎌야 한다. 피해여성이 간단한 법 절차를 이용하는 것조차 쉽지 않다. 한국사회는 여성의 피해와 고통의 심각성을 인정하거나 공감하지는 않으면서, 여성을 피해자화하는 데는 익숙하다. 때문에 여성운동이 피해를 드러내면서 동시에 여성에 대한 피해자화를 거부하기란 대단히 어려운 일이다. 여성은 현실을 살아가는 인간으로서, 폭력 상황에 개입되고 그 상황에서 특정한 형태의 성역할을 하게 된다. 그러나 사회는 여성이 피해 상황에 존재하고 있었다는 사실 자체를 폭력에 대한 동의나 선택으로 간주한다. 이러한 논리에서 피해여성은 남성 폭력의 원인이자 결과가 된다. 여성이 폭력 상황을 '선택'하고 '동의'했다는 남성 판타지는 실제로 폭력을 선택한 남성의 책임을 비가시화시킨다.

얼마 전 한국성폭력상담소가 개최한 '성폭력 생존자들의 아주 특별한 용기 — 제 1회 생존자 말하기 대회'에 참가했던 내 친구들은 성폭력에 대해 말하기 어려운 이유를 이렇게 설명했다. "내가 그 사건에 대해 말하려면 라이프 스토리를 다 이야기해야 돼. 왜냐면 나의 라이프 스토리 속에서만 그 사건을 설명할 수 있거든. 그런데 사람들은 내가 그 사건에 대해서만 말하기를 원해. 하지만 그 일에 대해서 말하면 '시시하다'는 표정들이지. 난 전형적인 성폭력은 아니거든." "나의 기억을 절단하는 프로크루테스의 침대는 성폭력에 대한 현재의 페미니즘 담론이야. 나는 페미니즘과 나의 기억 사이에 존재하는 그 긴장이 더 아파. 상처-말하기-지지-치유로 연결되어 있는 페미니스트 규범은 내 경험과 기억에 기반해서는 불가능한 일이야."

성폭력 생존자의 말하기 고통은 여성주의 언어의 미흡함과 부재 때문이기도 하고, 남성 사회의 검열 때문이기도 할 것이다. 이 여성들의 목소리는 1983년 여성의전화 창립 이후 지난 20년간 진행되어온 한국사회의 반(反)성폭력 운동 논리가 여성의 경험을 '객관적'으로 반영할 수 없음을 의미한다. 다시 말해, 이제까지 성폭력 반대 운동은 한국사회에서 여성의

성이 논의되는 방식 자체에 저항했다기보다, '여성의 성은 보호되어야 하며 여성에게 성은 곧 인격'이라는 남성 사회의 시선 안에서 진행되어 왔다고 볼 수 있다.

"동의되지 않은 성이 성폭력"이라는 지난 20년간 우리의 주장은, 동시에, 여성은 분명하게 싫다고 말했을 때만 성폭력 피해자로 인정받을 수 있다는 의미이다. 성폭력을 여성의 동의의 권리를 침해하는 문제로 보는 것은, 젠더 계급이 존재하는 현실의 정치적 억압을 개인의 의지 문제로 환원한다. 앞서 인용한 성애사 쓰기에 드러난 성별성처럼, 개인적으로나 집단적으로 여성이 남성과의 관계에서 경제적, 정치적, 심리적 억압 조건을 초월하여 순수한 개인의 의지로 '싫다'고 말할 수 있는 권력과 자원을 가질 수 있는가, 가진 적이 있는가. 동의와 거절의 의사 소통 자체가 젠더화된 의미화 과정을 거치지 않고 실현 가능한가. 이미 수천 년 동안 우리는 젠더화된 권력 관계의 배열 아래서 사회적 포지션을 형성하며 살아왔다. 여성이 남성과 평등한 의사 소통의 주체가 될 수 있는 사회적 조건이 존재했다면, 성폭력은 발생하지도 않았을 것이다. 가부장제 사회에서, 사람들은 여성의 말은 수용하거나 신뢰하지 않는다.

이제까지 한국사회에서 논의되어 왔던 성폭력 반대운동의 논리는 자유주의 패러다임이었다. 그러나 성별 사회에서 여성은 자유주의 철학이 전제하는 주체가 될 수 없기 때문에, 그러한 논리 체계로는 여성의 경험을 말할 수 없으며 여성운동에 대한 역공세에도 대항할 수 없다. 1995년, 연세대학교 총학생회 성정치국이 주최했던 '성정치문화제'의 슬로건, 'Rape me!'는 우리에게 인식론적 전환을 촉구한다. 'Rape me!'는 성폭력 피해를 강조하기보다는 남성 사회가 강요한 성폭력의 의미 자체를 해체시키자는 급진적인 정치학이다. 즉, 강간의 의미에 대한 해석의 권리를 여성이 갖겠다는 것이다. 그럴 때 성폭력은 남성 사회가 의도하는 여성에 대한 통제 권력이 되지 못한다.

영화 <오아시스>의 논쟁적인 장면처럼, 남성에게 사랑 고백 행위가 여성에게는 성폭력이다. 이 서로 다른 의미의 역사와 이러한 역사의 의미를 추적하지 않은 상태에서, 남성은 권력자이기 때문에 여성은 피해자이기 때문에 각자 객관적이라고 주장하는 것은 더 이상 설득력이 없다. '피해자 객관성'을 주장해왔던 여성주의는 남성의 언어와 권력을 상대화하려는 본래의 목적에 기여하기에는 힘이 부쳤다. 여성이 자기 경험을 말하는 행위 자체를 폭력으로 받아들이는 한국과 같은 초남성(hyper masculinity)사회에서, 남성의 언어에 상충되는 여성의 주장은 '상대주의' 혹은 인간(남성)의 보편적 권리에 반하는 '특별권(special privilege)'이라고 비난받아왔다.

여성과 남성의 경험이 다르고 그 경험에 대한 해석 체계가 다르다는 주장을 넘어서서, 여성과 남성의 삶이 구조화되는 과정과 그 과정에 개입한 권력 관계를 보여주는 작업을 어떻게 성폭력 문제에 적용할 수 있을까. 여성주의의 문제제기는 여성의 경험이 객관적이라는 것이 아니다. 남성에게는 사랑 고백 혹은 장난이 여성에게는 성폭력인 이 현실 인식의 성차를 어떻게 문제화할 것인가이다. 다시 말해, 문제는 성별 관계에서, 이 '차이'가 발생시키는 의미와 권력을 이해하고 수용(해야만)하는 사람은 누구인가이다. <오아시스>에서 여자 주인공은 남자의 행동을 이해하고 사귀자는 전화를 건다. 프란츠 파농이 너무나 적절하게 말했듯이, 식민지 사람들은 지배자의 언어와 자기 언어, 두 개의 언어를 배워야 하지만 제국주의자들은 자기 언어만 알면 된다. 여성은 남성의 언어를 이해해야 생존할 수 있지만, 남성은 여성의 언어를 이해할 필요가 없다. 남성의 주장대로 여성의 성폭력 경험 진술이 일관성이 없는 것은(남성의 진술도 일관성이 없기는 마찬가지지만), 하나의 언어만으로도 생존 가능한 남성과는 삶의 조건이 다르기 때문이다. 여성은 정치적 상황에 따라 어떤 경우에는 자신의 입장에서 말하지만, 어떤 경우에는 가해자의 입장에서 말(해야) 한다.

이 책은 지난 1999년 발간된 한국여성의전화연합 창립 15주년 기념서 『한국 여성인권운동사』(한울)가 제기한 문제 의식의 연장선상에 있다. 책의 제목 『성폭력을 다시 쓴다―객관성, 여성운동, 인권』에서, 성폭력은 물론 강간에 한정되지 않는다. 여기서 성폭력은 여성에 대한 폭력(gender violence, violence against women)을 의미하며, 필자들은 모두 성폭력을 특정한 형태의 강간에 한정하는 한국사회의 남성 권력을 문제화하고 하고 있다.

이 책을 기획하면서 나는 '여성운동에 대해 쓰기'와 관련해서 여러 차례 많은 사람들과 다투었다. 여성운동가들은 여성운동을 역사화하고 기록하는 것에 대해 많은 금기를 가지고 있었고 그것을 소통하는 것에 대해서도 긴장을 느끼고 있었다. 피해 당사자든, 지원한 여성운동가든, 여성학 연구자든 간에 누가 무엇에 대해 쓴다는 것, 명명하는 행위는 모두 사물의 다른 부분을 침묵시킨다. 그것은 여성주의 언어를 포함하여 모든 언어가 보편적이기 않기 때문에 불가피한 일이다. 때문에 모든 쓰는 자들은 언어가 사물을 살해한다는 사실을 인정하고 그것을 성찰해야 한다. 피해 당사자가 쓴다고 해서, 직접 관련된 여성운동가가 쓴다고 해서 그 자체로 객관성이나 대표성, 정치적 올바름을 보증하는 것은 당연히 아니다.

여성들은 여성운동의 언어화에 대해 너무나 많은 자기 검열의 잣대를 가지고 있었다. 그래서 어떨 때에는, '우리'가 기록하지 않을 바에야 아무도 쓰지 못하게 하자는 일종의 암묵적 합의와 '겸손'의 카르텔을 형성하곤 한다. 남성이 자신의 경험을 과잉 보편화하는 것과는 너무나 다른 모습이다. 글쓴이의 '선점 권력'을 지나치게 경계하는 한, 여성은 언제나 처음 시작하는 자의 시행착오를 반복할 수밖에 없다. 학교나 단체에서 성폭력 관련 학칙이나 내규를 만들 때의 논쟁을 보고 힘이 빠진 적이 있다. 1990년대 초 여성의전화와 한국성폭력상담소를 중심으로 한 성폭력 특별법제정운동의 전 과정에서 '선배'들이 이미 경험했던 쟁점과 갈등을 똑같이 반복하고 있었던 것이다. 여성의 경험이 역사화, 보편화되지 않을 때, 여성의 삶은 없는 것이 된다. 이 책의 사례 논문들이 일종의 '투쟁 매뉴얼'이 되어, 시행착오를 줄일 수 있기를 바란다.

현재 한국의 여성운동은 여성의 경험을 여성의 입장에서 해석할 수 있는 언어의 부재로 고통받고 있다. 우리에게 부족한 것은 '법이 아니라'

법을 적용받을 수 있는 '힘'이다. 이 책은 법 제정 이후 여성운동의 언어를 한 단계 도약시키고자 한 연구서이다. 이 책이 분석하고 있는 사건들은 여성에 대한 폭력 문제를 해결하는 과정에서 법 제정의 의미와 한계를 질문하고 있다. 법이 운용되는 과정에 개입된 사회적 권력의 압도적인 남성성은 여성폭력관련법 자체를 무력화시키고 있다. 이러한 상황에서의 법은 마치 문제 해결이 완성된 것처럼 보이게 함으로써, 오히려 여성의 저항을 침묵시키기 위해 기능하기 쉽다.

우리에게 법 제정은, 여성 억압을 가시화하되 남성의 언어와 이해 그리고 이에 기반한 남성 중심적인 법 운영 구조 안에서 가능한 만큼만 하라는 딜레마를 안겨주었다. 지극히 극소수의 성폭력 피해만이 가시화된다. 이들 중에서 직업과 학력 등 사회적 자원, 심리적 힘, 도움을 요청할 수 있는 여성운동 관련 정보, 자신에게 우호적인 주변 관계망, 자신을 변호할 수 있는 언어 등을 확보한 소수의 피해여성조차도 법의 조력을 받기 어렵다. 성폭력 피해여성들은 신고하면 더 큰 피해가 온다는 현실을 잘 알고 있다. 어떤 의미에서, 더욱 두려운 것은 성폭력 피해(first rape)라기보다 성폭력 신고의 피해(social rape)인 것이다.

또한 이 책은 '인권(개념)의 운동' 과정에 관한 이론서이다. 이 책에 논술된 치열한 여성운동의 궤적들은 한국사회에서 여성주의 인권 개념이 형성되는 과정을 추적한다. 인권 개념처럼 성별화된 영역도 없을 것이다. 특히 이 책은 최근 성폭력 피해여성에 대한 2차 성폭력 행위(social rape)를 '성폭력 가해자의 인권'으로 옹호하는 광범위한 반동(backlash)에 대한 대응이기도 하다.

논문들은 모두 직접 사건을 담당했던 현장의 운동가들이 집필했다. 우리는 이 책을 통해 한국 사회운동의 특징 중 하나인 연구자와 운동가, '전문가'와 '실무자'의 (위계적)분업 구조, 경험과 이론의 이분법을 문제 삼고 싶었다. 사건 지원자로서 피해여성들과 함께 가해남성으로부터 명예 훼손으로 고소당한 전희경을 제외하고, 필자들은 모두 (피해 당사자가 아니라) 사건을 지원한 여성운동가이다. 숨막힐 정도로 나를 매료시키는 여성학의 매력은, 다른 학문 분야와 달리 여성학에서는 '피해자·운동가·연구자'의 위치가 분리될 수 없다는 점이다. 나는 한번도 이 세 가지 정체성 중 어느 하나를 선택해본 적이 없다. 하지만 서로 다른 사회적 상황에서 살아가는 당사자, 여성운동가, 여성학 연구자의 이해(利害)가 항상 같다고는 볼 수 없다. 피해 당사자들이 해당 논문의 논평에 활발히 참여하기도 했고 여성운동가 역시 여성문제의 피해자지만, 그럼에도 '피해여성'의 이야기를 '여성운동가'가 기록하고 해석하는 문제는 많은 논쟁점이 있을 수 있다. 피해여성과 여성운동가·여성주의 연구자 간의 '위계'를 둘러싼 윤리적, 정치적 문제가 활발히 연구되기를 바란다.

정희진은 한국사회에서 인권론의 쟁점이 구성되는 주된 내용인 보편성과 특수성의 딜레마가 실은 남성의 딜레마일 뿐임을 지적하면서, 인권 개념의 보편성이 사회적 약자의 편에서 기능하기 위해서는 인권 연구에 어떤 인식론의 변화가 요구되는가를 논의한다. 또한 인권과 평화의 관점에서 여성폭력 읽기를 시도한다. 박이은경은 최초의 미혼모 양육권 사건을 통하여 한국사회에서 여성이 가정적, 사적 존재로 간주되어 가족을 유지할 노동과 의무를 담당하고 있지만, 가족을 구성할 권리는 박탈되고 있는 구조를 밝힌다. 그는 남성의 이해 관계에 따라 선택되는 모성 개념의 자의성을 비판하면서 인권의 시각에서 미혼모 문제 접근을 모색한다. 정춘숙은 가정폭력방지법이 제정되었음에도 여전히 빈발하는 피해여성의 가해남편 살해 문제를 다룬다. 남편이 아내를 구타하다가 아내가 사망한 사건은 살인 의도가 '없기' 때문에 과실치사로 처리되지만, 아내가 폭력에 시달리다 정당방위로 남편을 살해하는 것은 살인이 된다. 그는 남자 성인 중심의 정당방위 개념을 비판하면서, 아내강간의 심각성을 제기한다.

전희경은 진보적 사회운동 내부의 성폭력, 김효선은 지역공동체 최고 권력자의 성폭력 사건의 역사화에 도전한다. 두 사건 공히, 가해자의 사회적 위치 때문에 성폭력 사건 중에서도 가장 숨겨진 영역이라 할 수 있을 것이다. 이 사건들은 남성 성기 중심적인 성폭력 개념으로 인한 성폭력 객관성 논쟁, 성폭력이 젠더 정치에서 남성간 정치로 환원되는 것, 피해여성이 '순수한' 피해자가 아니라는 비난, 명예훼손 역고소 등 성폭력 사건의 전형성을 모두 갖추고 있다는 점에서 반드시 이론화되어야 할 사건이었다.

강김아리는 피해여성이 가해자가 되어 국민 앞에 사죄한, 소위 여성 연예인 비디오 사건을 '섹스 비디오 공개' 피해의 성별성을 중심으로 분석한다. 더불어 프라이버시 개념의 남성 중심성과 '몰카' 폭력을 모든 여성에 대한 일상적 통제 기제로 삼는 남성 권력을 분석한다. 정미례는 청소년 유인 성매수('원조 교제')에서 기지촌 지역 성매매에 이르기까지, 한국사회의 다양한 성매매 현실에서 '감금 성매매'라는 어려운 주제를 맡았다. 성매매 이슈 중에서도 일견 극단적으로 보이는 군산 성매매 지역 화재 참사 사건을 다루는 것은, 우리가 원치 않는 오해를 낳을 수 있다. 성매매 자체에 대한 비판이 아니라 감금하거나 청소년을 대상으로 하는 성매매가 나쁘다는 식의 남성 담론을 강화할 위험이 있기 때문이다. 정미례는 자발과 강제의 이분법으로는 성매매 피해여성의 경험을 설명할 수 없다고 보면서, 남성과 달리 여성의 성노동이 당연시되는 한국사회의 젠더 관계를 비판한다. 특히 제주, 군산 지역의 여성 인권 사건을 지역 정치로 문제화하면서 치밀하게 기록해준 김효선과 정미례에게 감사한다.

이 책의 필자들은 모두 나의 여성운동 동지들이다. 덕분에 나는 이 사건들의 진행 과정에서 친구들과 피해 당사자들이 겪었던 고통과 딜레마를 곁에서 지켜볼 수 있었다. 그런데 이들이 쓴 논문에는 내가 알고 있는 사건 진행 과정 중 상당히 많은 부분이 빠져 있다. 여성을 무기력한 희생자로 재현하여 남성 주체의 '시혜자 권력'을 문제화하지 않는 방식의 여성운동을 선호하는 한국사회에서, 여성 억압과 여성 주체의 행위성을 동시에 주장하는 것은 어려운 문제일 수밖에 없었다. 결국 필자들이 드러낸 현실은 '객관적'이지 않다. 한국사회가 여성에게 허용한 언어의 경계를 그리 많이 넘지 못했다고 생각한다. 나는 힘들어하는 그녀들에게 모든 것을 다 쓰라고 말할 수 없었다. 정치적 조건이 변화하여, 여성의 경험을 온전하게 말할 수 있는 날이 오기를 기대한다.

이번에는 『한국 여성인권운동사』와 달리 레즈비언, 장애여성 인권 이슈는 다루지 않았다. 『한국 여성인권운동사』 작업 이후 나는 레즈비언, 장애여성의 인권은 젠더 문제로 환원되지 않으며, 그들의 이론은 기존 여성주의와는 다른 방식과 내용으로 개념화되어야 한다고 생각하게 되었다. 당시에도, "레즈비언은 여성과 남성의 경계 자체를 문제제기하는 주체인데, 왜 '여성'으로 수렴하려 하느냐"는 등의 문제제기가 있었다. 이성애자, 비장애인 중심의 페미니즘이 문제화되고, 여성 범주 내부의 '다른 목소리'들이 말할 수 있고 들릴 수 있는 지평이 넓어지기를 바란다.

필자들과의 만남과 토론에서 내가 느낀 것 중 하나는, 바쁘지 않게 사는 것이 이 시대의 '진보'라는 것이다. 여성운동가들은 너무 바빴다. 각자의 현장에서 열정적이고 헌신적인 상근자로 일하면서 논문을 쓴다는 것이 그들에게 어떠한 과로와 형벌이었는지 안다. 뿐만 아니라 모든 필자들이 호소했던 기억을 되살리는 고통, 언어화의 어려움 역시 기억한다. 이 책의 실질적인 산파인 한국여성의전화연합의 박인혜, 신연숙, 이문자 선생님, 논평과 윤문 작업에 참여해준 정유진과 전희경(시타), 언제나 나를 새로운 세계로 인도해주시는 이화여대 여성학과 김은실 선생님, 삶의 유한성을 깨닫게 해준 친구 '브라질'에게 감사한다.

차례

인권과 평화의 관점에서 본 여성에 대한 폭력

정희진

1. <Fucking USA>-성별화된 민족 범주와 평화운동의 반(反)평화

2002년 주한 미군의 장갑차에 희생된 두 중학생을 추모하는 촛불 시위에서 열창되었던 노래 <Fucking USA>와 고 윤금이 씨 사진 전시는 평화운동가를 포함한 한국 남성이 이 사건을 어떠한 시각에서 바라보고 있는가를 보여준다. 이는 1992년 10월 기지촌 성산업에 종사하던 여성 윤금이 씨가 미군 케네스 마클에게 살해되어 '미군 범죄사의 전태일'이 되었을 때의 상황과 다르지 않은 것이다. 지난 10여 년 동안 한국의 평화운동, 반미운동의 남성 중심성은 별로 변화하지 않은 것 같다. 여성을 타자화하여 민족의 범주에서 제외하는 이러한 방식의 평화운동은, 어떤 의미에서 '민족 전체'가 참여하는 '철저한' 반미투쟁을 불가능하게 할 뿐만 아니라 평화를 지향한다고 볼 수도 없다. 여성의 섹슈얼리티를 볼모로 한 반미, '평화'운동-<Fucking USA>의 정치학은, 남성에게는 평화를 위한 실천이 여성에게는 성폭력을 선동하는 폭력, 공포일 수도 있음을 보여준다.

비단 민족 모순뿐만 아니라 우리 사회의 많은 집단간 갈등이 여성에 대한 폭력을 매개로 진행된다는 사실은, 성폭력이 여성의 몸을 통해 남성간 정치를 실현하는 가부장제의 기본 구조라는 것을 말해준다. 전쟁시 발생하는 피점령 집단의 여성에 대한 집단 강간이나 적대적인 가문간 갈등시 상대 집안 여성의 얼굴에 황산을 붓는 동남 아시아 지역의 황산 테러(acid terror) 등이 대표적 사례라고 할 수 있다. 최근 제작된 '반미 에로'를 표방한 영화 <태극기를 꽂으며>는, 여중생 사망 사건과 촛불 시위를 접하고 울분을 느낀 한국 청년이 주한 미군 사령관과 부시 대통령의 아내를 성 노예로 만들어 SOFA 개정에 성공한다는 이야기이다(이 영화는 등급 보류 판정을 받아 원본대로 출시되지는 못했다).[1] 일본 국민국가 내의 지역적 타자인 오키나와인들은 1970년 천황의 전쟁 범죄를 규탄하는 인질극 사건으로 유명한 '도쿄타워투쟁'에서 "천황 히로히토를 교수형에 처하고, 천황의 부인 미치코[美智子]는 민중의 매춘부가 되어 전쟁 범죄를 사죄하라"고 외쳤다.[2] 이와 비슷한 맥락에서 백인 여성의 성기에 한국 남성의 성기를 상징하는 태극기를 꽂아 제국주의 미국에 복수한다는 남성 판타지는 남정현, 안정효, 황석영 등 민족문학 계열 남성 작가에 의해 반복적으로 묘사되어온 것이기도 하다.[3] <Fucking USA>나 <태극기를 꽂으며>를 실천하는 현대 한국의 남성성도 이 같은 성별화된 민족주의 정치의 연장선상에 있다고 볼 수 있다.

기지촌 지역의 성매매 제도, 전쟁시 성노예(정신대) 문제는 국가가 남성 조직인 군대를 위하여 여성의 섹슈얼리티를 직접적으로 차출, 동원하는 제도라고 할 수 있다. 국가 민족주의든 저항적 민족주의든 남성 중심적 민족주의 이데올로기에서 미군에 의한 기지촌 여성 살해는, 한국 여성에 대한 미국 남성의 성폭력이 아니라 미국이 한국에 가한 폭력이 된

---

1) ≪한겨레≫, 2002년 12월 27일자.
2) 知花昌一, 「광주항쟁과 오키나와 천황제」, 『부활 광주, 한반도의 통일과 동아시아 평화로』, 동아시아 평화와 인권 한국위원회 자료집, 2000, 37쪽.
3) 일레인 김, 최정무 공편, *Dangerous Women*, 박은미 옮김, 『위험한 여성—젠더와 한국의 민족주의』, 삼인, 2001.

다. 이때 여성, 여성의 섹슈얼리티는 남성 국가의 소유라는 인식하에 비
가시화된다.4) 여성은 국가, 민족, 가족의 개별 주체·구성원으로서가 아니
라 그것을 표상하거나 남성 공동체의 안녕 여부를 증명하는 척도로 간주
되는 것이다. 가부장제 사회에서 여성의 재생산 능력과 성 활동은 여성
자신을 위해 기능하지 않는다. 때문에 성폭력은 여성에 대한 폭력이 아니
라, 그 여성을 소유한 남성에 대한 폭력으로 의미화된다. 즉 성폭력이 여
성 인권 침해로 인식되는 것이 아니라 가족, 국가 등 남성 중심적 집단간
에 갈등이 있을 때 상대편 집단의 재생산 기능, 문화, 정체성을 파괴하는
'궁극적' 승리의 쟁취 수단이자 그 결과라고 간주된다. 성폭력은 그 여성
이 속한 공동체의 가장 치명적인 상처, 위협, 모멸을 의미한다. 정신대 문
제가 그토록 오랜 세월 동안 침묵되어온 것, 가정폭력 피해여성이 집안의
수치를 걱정하여 폭력 사실을 스스로 은폐하는 것은 무엇을 의미하는가.
이것이 바로 여성에 대한 폭력이 비정치화, 비가시화되고 영속되는 기제
이다.

성별화된(gendered) 사회에서 사람은 인간이기 전에 여성과 남성이어야
하며, 성별 관계의 불평등 논리에 의해 사회적 약자는 여성화된 호칭을
갖게 된다. 오리엔탈리즘의 젠더화는 잘 알려진 예로서, 서구와 아시아와
의 관계에서 서구는 남성이고 아시아는 여성이다. 또, 한미 관계에서 한
국은 여성이고 미국은 남성으로 간주된다. 그런데 이러한 관점에서는 고
려시대 조공으로 바쳐졌던 환향녀(還鄕女, '화냥년'의 어원)나 일제 시대
정신대의 맥을 잇는 오늘날 기지촌 지역 성매매가 한국이 외세보다 힘이
약하기 때문에 발생한 불가피한 문제로 인식된다. 즉 국가간 세력 불균
형이 존재하는 상황에서는 자동적으로 약소국 여성이 강대국 남성에게
종속된다는 것이다.

물론 이러한 현상이 필연적인 것은 아니다. 미국은 군사력, 경제력 등
에서 이탈리아보다 훨씬 강력하지만 미국인들이 더 '사고' 싶어하는 것

---

4) 김은실, 「지구화, 국민국가 그리고 여성의 섹슈얼리티」, ≪여성학논집≫ 제19
집, 이화여자대학교 한국여성연구원, 2002.

은 이탈리아 여성이 아니라 이탈리아산 가죽 제품이다. 미국보다 힘 없
는 나라지만, 걸프전 당시 사우디아라비아 정부는 미군의 자국 여성과의
모든 성적 접촉(강간, 현지처, 매춘 등)을 강력하게 막았다. 사우디아라비아
는 일반적으로 한국보다 여성 차별이 심하다고 알려져 있지만, 미군은
그 나라 여성을 함부로 하지 못했다. 기지촌 지역에서 성매매가 불가피
하다는 관점은, 기지촌 건설이 기생 관광과 마찬가지로 '포주'로서 한국
정부가 분단 체제 지속을 위해 미국 남성에게 자국 여성을 '팔아먹은'
주체적인 선택의 결과였다는 역사적 사실을 은폐한다.[5] 제2차세계대전
패전 선언 3일 만인 1945년 8월 18일, 일본 정부(내무성)가 당시 점령군
인 주일 미군을 위해 자국의 성매매 시스템을 정비하고 성적 위안소 시
설 설치를 지시한 것도 마찬가지 맥락이다.[6]

　이러한 현상은 가부장제 사회에서 여성의 몸이 남성들간의 권력 관계
의 표지이자 점령지로 의미화되기 때문에 일어난다. 남성 정치의 연대와
계승은 '전쟁시'에는 적군이 소유한 여성에 대한 집단 강간을 통해, '평
화시'에는 부계 가족을 통해 어머니-여성의 몸을 빌려 작동한다(성씨(姓
氏)의 '성(姓)'자를 보라). 가부장제 가족과 민족 국가의 지속은 여성의 섹
슈얼리티를 매개(媒介)함으로써만 가능하다. '단일 민족'을 지속시키려면,
한국 여성은 외국 남성과 결혼(섹스)하지 말아야 한다(반면 한국 남성의 외
국 여성과의 결혼은 크게 금기시되지 않는다. 성 불평등한 국적법이 이를 반영
한다). 이는 다른 피가 섞이는 '혼혈' 상황이기 때문이다. (혈연적) 민족주
의는 여성 섹슈얼리티 통제를 통해서만 작동 가능한 것이다.[7] 그러므로
여성이 성적 주체가 되어 여성의 성이 여성 자신의 것이 되거나 다른 남

5) 캐서린 H.S. 문, 『동맹 속의 섹스』, 이정주 옮김, 삼인, 2002.
6) Naomi Neft & Ann D. Levin, "Violence Against Women," in *An International Report on the Status of Women in 140 Countries*, Random House, 1997; 우에노 치즈코, 『내셔널리즘과 젠더』, 이선이 옮김, 박종철출판사, 1999, 277쪽 참조.
7) 정희진, 「어머니는 말할 수 있을까?」, 『탈영자들의 기념비-한국 사회의 성과 속, 주류라는 신화』, 생각의 나무, 2003.

성 집단에게 여성의 성을 빼앗기게 되면 남성은 여성에 대한 통제력을 상실하게 된다.

남성과 남성의 갈등만이 정치라는 시각에서, 여성 억압은 독자적인 정치학이 아니라 그 여성을 소유한 국가간, 민족간, 남성간 갈등의 부산물에 불과한 것으로 간주된다. 역사의 주체인 남성(장기수 '선생님'), 역사의 희생자인 여성(정신대 '할머니')이라는 언설처럼 정치의 행위자는 언제나 남성으로 상정된다. 이러한 관점에는 남성과 남성 간의 폭력은 정치적 사건이지만 남성이 여성에게 행사한 폭력은 비정치적 문제라는 인식이 전제되어 있다. 다시 말해, 기지촌 성매매나 정신대 문제를 민족 모순으로만 환원하는 것은, 여성은 정치적 주체가 아니기 때문에 (미국, 일본) 남성의 (한국) 여성에 대한 폭력을 자연스럽고 불가피한 문제로 보는 것이다. 국가간 갈등에서 강대국의 여성이 약소국 남성을 강간하지는 않기 때문이다. 성별을 정치적 문제로 여성을 정치적 주체로 간주한다면, 정신대 여성은 희생자, '할머니'(이는 성역할에 근거한 호칭이다)가 아니라 정치적 생존자이다. 또한 이때 그녀의 몸은 수치스러운 것이 아니라 앨리스 워커(Alice Walker)가 말한 대로 '전사의 징표(warrior's mark)'가 된다.

<Fucking USA> 담론의 전제는 여성은 'fuck'할 수 없다는 것이다. 'fuck'의 주체는 남성이다. 한국 남성이 이 노래를 열창하는 것은, 한미 관계에서 약자였기에 여성으로 간주되었던 자신의 성별화된 타자성을 극복하고 남자가 되고 싶기 때문이다. 강간이든 섹스든 미국을 'fuck'하게 되면, 한국은 남성이 되고 미국은 여성이 된다. 이런 논리에서 성폭력은 여성 인권 침해가 아니라 국가간 갈등의 지표가 된다. 한국 여성이 한국 남성에게 성폭력 당하는 것은 '개인적'인 일이지만, 미국 남성에게 성폭력 당하는 것은 민족 모순의 결과로서 정치적 사건이 된다. 때문에 윤금이 혹은 한국 여성은 미군에게 성폭력을 당해야만 성폭력으로 인정받고 '보호'받으며 '정치적' 희생자로 간주된다. 그런데 <Fucking USA> 담론은 그 '보호'가 한국 남성이 한국 여성을 직접 보호함으로써 가능한 것이 아니라, 한국 남성이 미국 여성을 강간함으로써 가능하다는 논리다.

결국 남성은 한국 남성이나 미국 남성이나 모두 강간할 수 있는 권력을 갖게 되지만, 한국 여성이나 미국 여성의 몸은 남성 집단간 싸움의 대리 전쟁터로 제공된다. <Fucking USA>의 논리는 바로 르완다, 구(舊)유고, 동티모르 등 모든 전쟁터에서 자행되는 여성에 대한 집단 강간의 면죄부였다. 이러한 남성 이데올로기에서 여성은 '인간'이 아니라 남성 국가가 소유한 기호(icon), 상징, 한반도, 가족, 민족 그 자체가 된다. 그러므로 강간하는 남성의 입장에서는 여성을 강간하는 것이 아니라 적국을 강간한 것이 된다. 제1차세계대전 당시의 전쟁 독려 포스터들은 국가 자체를 여성의 몸으로 간주하여, 독일이 "벨기에를 강간했다"며 연합군 동원 논리를 만들었다.[8] 이렇게 국가가 여성의 몸 자체라는 남성 논리는 11년 전 윤금이 투쟁 당시에도 그대로 재연되었다. 당시 수많은 유인물들은, "미국이 한반도(윤금이)를 강간했다," "윤금이 몸에 뿌려진 하이타이(세제)는 한반도에 뿌려진 미군의 정액이다"고 주장했다.[9]

이러한 논리는 여성의 몸을 대상화, 수단화한다는 점에서 여성 인권 침해이기도 하지만, 여성을 끊임없이 타자로 만드는 이러한 남성 중심적 민족주의로는─근대 민족주의 이데올로기 자체가 성적, 지역적, 인종적 타자의 존재를 전제하는 배제와 포함의 정치라는 것은 차치하더라도─실상 미국에 제대로 저항할 수 없다는 점에서도 문제다. 타자를 필요로 하는 주체는 온전한 주체일 수 없기 때문이다. 여성과 공존할 수도 없지만 여성-타자 없이 살 수도 없는 남성 주체는 여성에게 의존함으로써만 성립 가능하다.

<Fucking USA> 실천이 내포하고 있는 또 다른 중요한 논리는, 한국인으로서의 정체성과 남성 주체성이 둘 다 매우 성적인 함의를 지니고 있다는 것이다. 한국인이 되는 것, 남성이 되는 것은 모두 미국 여성이든 한국 여성이든 여성과의 섹스(강간)를 통해 성립된다는 것이다. 이 논리

---

8) 정유진, 캐서린 문, 김은실 좌담, 정희진 정리 기록, 「국가의 안보가 개인의 안보는 아니다: 미국의 군사주의와 기지촌 여성」, ≪당대비평≫ 18호, 삼인, 2002.

9) 당시 윤금이 투쟁에 대한 자세한 논의는 정희진, 「죽어야 사는 여성들의 인권, 한국기지촌여성운동사」, 『한국 여성인권운동사』, 한울, 1999.

는 10대 남성들이 남성성을 획득하는 집단적 통과 의례로서 윤간(gang rape)을 행하는 것, 군대 입대 전 '진정한 남자 되기(총각 딱지 떼기)' 과정으로서 매춘 독려와 같은 남성 일상 문화의 연장선상에 있다(총각 딱지 '떼기'라는 탈피의 메타포는 마치 애벌레의 경우처럼 남성에게 섹스가 성인 되기의 완성 수단이라는 것을 함의한다). 기지촌 여성으로서 윤금이가 살았던 삶의 모순과 억압(성매매, 성차별)은 전혀 문제화되지 않고, 미군에게 죽었다는 사실만이 중요한 이슈가 된다. 살아 생전에는 인간·민족의 범주에 들지 못하다가 미군에게 죽은 후에야 민족의 성원이 되는 기지촌 여성의 현실은, 남성의 이해 관계에 따라 여성의 삶이 죽음으로 환원되는 과정을 잘 보여준다. 그녀는 살아서는 '진보' 남성들도 침을 뱉는 '가장 더러운' '양갈보'였다가 죽어서야 '순결한 민족의 누이', '우리의 딸'이 되었다. 이러한 사실은 남성 중심적 사회운동의 논리가 자기 모순과 위선에서 자유롭지 않으며, 이들의 감수성과 일상 문화가 일반 남성 대중 문화와 크게 다르지 않다는 것을 보여준다.

2. 성별화된 평화운동

모든 재현(re-presentation)은 현실을 구성하는 담론의 일부이며 실천이기 때문에, 현실의 권력 관계를 반영한다. 현실에서 권력과 자원이 있는 집단은 포르노그라피의 대상으로 구성되지 않으며, 이러한 재현물은 '흥행'에도 실패한다. 현실 세계에서 인간성을 박탈당하고 열등한 자로 낙인찍힌 사람이 화면에서 고문당하는 경우와, 권력 있고 존경받는 사람이 고문당하는 경우 관객의 반응은 완전히 다르다. 전자의 경우 쾌락을 느낀다면 후자의 경우는 심한 불쾌감으로 다가온다. 나치 독일의 선전 장관 괴벨스가 유태인에 대한 반감이 더욱 증폭되리라는 효과를 기대하며 (유태인 민중이나 여성이 아니라) 유태인 남성 장교를 살해하는 내용의 스너프(snuff) 필름을 제작했을 때 관객의 저항으로 상영되지 못한 일은 그

대표적인 사례이다.10)

기지촌 여성이 잔인하게 살해된 주검 사진은 반미 의식을 고양시키기 위해 전시되는 것이 아니라, 그녀가 힘없는 매춘 여성이었기 때문에 전시되는 것이다. 대통령이 잔인하게 살해된 사진은 거리에 전시되지 않는다. 주한 미군 범죄는 연 평균 2,000건씩 발생하고 남성 피해자도 많지만, 남성 피해자의 사진이 지속적인 항의에도 불구하고 전시된 적은 많지 않다. 여성주의 세력['고(故) 윤금이 씨 주검 사진 게재에 반대하는 여성주의자 네트워크']의 항의에도 불구하고 윤금이 씨 사진이 계속해서 전시되는 것은, 사회적 약자의 피해를 그 개인의 인권이 아니라 민족적 분노를 촉발시키는 수단으로 동원하는 것이다. 다시 말해, 기지촌 매춘 여성의 주검 사진 전시는 그녀를 한국인의 범주에서 제외하여 여성의 인권과 민족의 이해를 대립시킨 결과다.11) '민족이 우선이어야 하는가, 여성이 우선이어야 하는가'라는 질문 방식은 이미 여성은 민족의 구성원이 아니라는 사고를 전제한다. 민족의 이익이 우선인가, 남성의 이익이 우선인가라는 질문 방식은 존재하지 않는다. 이는 현재 수많은 조직 내 성폭력 사건에서 가해자 세력이 주장하는 남성 논리와 같은 맥락에 있다. "당이 중요하냐, 여성이 중요하냐?" "노조가 중요하냐, 여성이 중요하냐?"식의 논의 방식은, 역설적이게도 모든 사회 조직이 남성의 이해를 대변하고 있다는 것을 남성 스스로의 목소리로 보여주는 것이다.

다른 사회 운동과 마찬가지로 한국의 평화운동 역시 일상적 성별 질서에 의존하고 있다. 전쟁 반대의 이유로서 여성이나 어린이 같은 사회적 소수자의 희생사적인 성격을 강조하는 담론은, 젠더를 다른 사회적 모순의 하부 구조, 영향을 '받는' 구조로만 상정하는 편견에 근거한 것이다. 이때 젠더는 설명 대상('종족변수')이지 사회 변화를 조직하는 설명 요소

---

10) 안드레아 드워킨, 『포르노그래피: 女子를 소유하는 男子들』, 유혜련 옮김, 동문선, 1996.

11) 이에 대한 자세한 논의는 정유진, 「'민족'의 이름으로 순결해진 딸들?─주한 미군범죄와 여성」, 《당대비평》 11호, 삼인, 2000.

('독립변수')가 되지 못한다.12) 두번째 문제점은 전쟁과 평화의 성별화된 이미지를 전쟁 반대 논리로 동원하여 성별 분업 이데올로기를 강화하는 것이다. 즉 남성은 전쟁을 일으키는 폭력적인 존재이고 여성은 남성이 만든 어지러운 세상을 평화롭게 수습하는 존재라는 성역할 고정 관념이, 평화운동과 일부 여성평화운동에서도 수용되고 있다.

역사적으로 구성된 여성의 성역할 내용이 남성보다 더 생명을 존중하고 '평화'로운 것은 일면 사실이다. 그러나 이러한 평가는 '여성적' 가치에 대한 남성 사회의 폄하와 혐오에 대응한 일종의 역(逆)편견이기 때문에, 그러한 내용이 진보성을 갖는지의 여부는 대단히 맥락 의존적이다. 문제는 대개의 경우 이러한 논리가 여성의 이중 노동을 정당화하고, 여성·소수자에 대한 도덕적 요구 수준을 높여 여성에 대한 비난 근거가 되는 경우가 일반적이라는 데 있다.

전쟁과 평화에 대한 이러한 내용의 성별화된 이미지 때문에, 여성은 고통이나 폭력을 당했을 때 남성보다 훨씬 더 많이 참을 것이 기대되고 폭력에 저항하는 여성은 비난받는다. '원래' 공격 성향이 강한 남성의 폭력 행위는 '우발적'인 것으로 해석되지만, 여성은 정당방위 차원에서 '공격'했을 때조차 미리 계획된 것, 고의성이 있는 것으로 간주되기 쉽다. 여성을 수동적인 존재로 보는 문화적 고정 관념은 가정폭력과 성폭력의 경우처럼 생명을 위협하는 폭력 앞에서도 여성에게 참을 것을 강요한다. 남편이 아내를 때리는 것은 '집안 일'이고 때리다가 아내가 숨지면 '과실치사'가 되지만, 아내가 폭력 남편을 살해하는 것은 확실한 '살인'이 되는 것이다.

"평화를 원하거든 전쟁을 준비하라"라는 말은 대표적인 남성의 평화론이다. 전통적으로 평화는 전쟁 개념과 배타적, 이분법적으로 존재했다. 평화를 위해서는 전쟁이 불가피하다거나 평화는 전쟁의 전후에 있다는

---

12) 대표적인 사례가 '경제 위기시 가정폭력이 증가한다'는 식의 담론이다. 실제로는 경제 위기로 가정폭력이 증가했다기보다는, 역으로 가정폭력을 야기하는 가부장성이 국가의 경제 위기를 가져왔다는 것이 더 정확한 설명일지 모른다.

것이다. 그래서 평화는 늘 정적이고 고정화된 이미지로 존재한다. 이에
비해 전쟁은 능동적, 영웅적, 남성적이다. 평화는 이런 자극적인 것들의
부재를 의미한다. 그러나 전쟁과 같은 국가 폭력뿐만 아니라 남성 폭력
의 위협에 일상적으로 노출되어 있는 여성에게 일상과 전쟁의 구별은 무
의미하다.

   이처럼 평화와 전쟁에 대한 성별화된 이미지를 문제제기하지 않고 오
히려 적극적으로 활용하는 현재 한국의 평화운동은, 여성에게는 폭력 구
조의 일부가 될 수 있다. 평화는 '새로운 사회성'이라고 할 수 있다. 평
화운동이 젠더라는 가장 일상적인 억압 구조에 기반하여 진행된다면, 평
화는 진보적 가치가 될 수 없다.

   여성'도' 참여하는 평화운동의 의의가 적지 않지만, 여성주의 시각의
평화운동과 여성이 하는 평화운동은 구별되어야 한다. 일부 여성운동 세
력이 주장하고 있는 '여성평화운동에서의 민족주의의 동원력'은, 한국사
회에서 여성주의 시각의 평화운동이 갖는 어려움과 한계를 보여준다. 몇
몇 여성주의자들은 "민족주의가 남성주의인 것은 알고 있지만, 현실적으
로 대중운동을 펴나가고 피해자를 돕기 위해서는 민족주의를 이용할 수
밖에 없다"고 말한다. 여성주의의 영향력이 민족주의의 동원력과는 비교
할 수 없을 정도로 열악한 한국사회현실에서, 이 주장은 언뜻 설득력 있
게 들릴지도 모른다. 그러나 이러한 사고는 옳고 그름을 떠나 근본적으
로 실현 불가능한 것이다.

   이러한 언설은 성별 관계에서 '한국적 여성성'의 특징인, 의무를 권리
로 생각하는 일종의 착각이라고 생각한다. 약자가 강자를 이용할 수 있
다는, '노예'가 '주인'을 동원할 수 있다는 주장이 실현 가능할까? 한국
사회에서 마르크시즘, 국가주의, 가부장제, 민족주의, 유교주의 혹은
이러한 이데올로기에 대한 남성 중심적 해석이 지금 여성을 억압하는 직
접적인 논리로 작동하고 있는데, 피억압자가 자신을 핍박하는 세력을 자
기편으로 '동원'할 수 있을까? 자신이 동원, 이용되고 있으면서 자신이
동원하고 있다는 이 착각은 어디서 연유한 것일까? 여성 이슈를 민족주

의의 동원력을 이용해서 해결하려는 시도는, 여성운동의 현실적 어려움을 설명할 수는 있을지언정 실상은 전혀 현실적이지 못하다. 이러한 구상은 관념의 세계에서나 가능하다고 본다. 그것은 '민족주의를 이용한' 여성운동이 아니라, 성별 권력 관계의 변화 없는 민족주의적 해결일 뿐이다. 결국 여성운동이 민족주의를 동원하는 것이 아니라 민족주의 운동에 여성이 동원되는 것이며, 수단이 목적을 압도하는 결과를 가져올 뿐이다.

3. 성폭력 개념을 둘러싼 성별 권력 관계

여성에 대한 차별을 줄여 성차별이라고 하듯이, 성폭력(gender violence, violence against women)은 여성에 대한 폭력을 의미한다. 1993년 유엔이 채택한 '여성에 대한 폭력 철폐 선언(Declaration on the Elimination of Violence against Women)' 제1조는 여성에 대한 폭력을 "사적, 공적 영역에서 일어나는 여성에 대한 신체적, 성적, 심리적 해악과 여성에게 고통을 주거나 위협하는 강제와 자유의 일방적 박탈 등 성별 제도(gender)에 기초한 모든 폭력 행위"로 정의하고 있다. 1995년 4차 북경세계여성대회에서는 여성 폭력에 대한 행동 강령을 채택하였는데, 그에 근거하여 여성에 대한 폭력의 정의와 종류를 구분하면 다음과 같다.
　① 가족 내에서 일어나는 신체적, 성적, 심리적 폭력(아내구타, 성적 학대, 여아 낙태, 근친 강간, 생식기-음핵 절단, 음부 봉합 등).
　② 지역 사회에서 일어나는 신체적, 성적, 심리적 폭력[강간, 성희롱, 성적 위협, 인신매매, 강제 매춘, 포르노, 음란 전화, 성기 노출, 황산 테러(acid attack), 지참금 살인(dowry death), 신부 화장(bride burning), 아내 순사(殉死), 전족(foot binding), 과도한 다이어트와 성형 수술 등].
　③ 국가에 의해 자행되거나 묵인되고 있는 신체적, 심리적, 성적 폭력(정신대, 기생 관광, 기지촌 성매매 등).

④ 무력 분쟁하에서 일어나는 여성인권 침해[살상, 강간, 성적 노예화, 강
   제 임신, 집단학살(genocide)].
⑤ 임신 관련 폭력(강제 불임, 강제 낙태, 피임제의 강제적 사용, 여아 및 영
   아 살해, 성별 태아 살해).
⑥ 특수 상황에 있는 여성에 대한 폭력(소수민족, 토착민, 난민, 이주자,
   장애 여성, 노인 여성, 감금되어 있는 여성, 빈곤 여성에 대한 폭력).

여성에 대한 폭력은 가부장제의 역사와 같다. 여성폭력은 수천 년간
시대와 지역, 계급과 인종을 초월하여 보편적으로 행해져왔다. 그러나 여
성이 당하는 폭력이 사회적인 문제로 제기되고 법의 규제를 받기 시작한
것은 근대 이후의 일이며, 서구의 경우에도 불과 30여 년밖에 되지 않는
다. 여성에게 가해지는 육체적, 정신적, 경제적 폭력은 오랫동안 '개인적
인 일'로서 자연스런 일상 문화의 일부가 되어왔다.
가부장제 사회의 성문화의 특징 중 하나는 남성 성기 중심성으로, 성
폭력 개념 역시 남성 성기 중심적으로 정의된다. 그래서 현재 한국사회
에서 통용되고 있는 성폭력 개념은 강간 등 성적인 폭력(sexual violence)
에 한정되어 있다. 때문에 여성의 입장에서 성폭력 사건을 문제화할 때
는 성폭력 개념을 둘러싼 사회적 갈등이 동반될 수밖에 없게 된다. '강간
이냐 화간이냐'의 논란은 이 문제의 가장 흔한 예이다. 여성의 경험, 현
행법 규정, 여성주의 이론, 대중의 통념에서의 성폭력 개념이 모두 다르
다. 그러므로 인식자의 사회적 위치와 이를 둘러싼 정치적 조건에 따라
각기 다르게 정의되는 성폭력 개념 중에서 누구의 경험이 '객관적'인 성
폭력 개념으로 선택되는가와 이러한 선택의 원리에 개입된 권력 관계는
정치적인 문제일 수밖에 없다.
몇 년 전 사회 문제가 되었던 고려대 학생들의 이화여대 축제 난동 사
건은 남성의 일상적 놀이 문화와 성폭력과의 관계를 드러내는 중요한 사
건이었다. 그동안 남성 성기를 중심으로 정의된 성폭력 개념은 여성의
성폭력 피해 경험을 침묵시켜왔다. 1985년부터 1996년까지 12년 동안

일부 고려대 학생들은 매년 5월 이대 대동제에 집단적으로 난입하여 집기를 부수며 행사를 방해하였고, 이 과정에서 이화여대 학생들은 팔이 부러지는 등의 부상을 입었다. 이화여대 학생들과 여성운동가들은 이 사건을 '성폭력(gender violence)'으로 규정하였다. 그러나 여론은 '학생들이 강간을 한 것도 아닌데 성폭력이라고 한 것은 지나치다'며, 이 사건을 고려대 학생들의 '젊음의 낭만, 장난스러운 놀이'라고 보았다. 그러나 이는 성폭력을 강간으로만 한정하는 해석이며, 여성의 시각에서 보면 이 사건은 여성 공간 침탈, 여성의 자율성 침해, 여성에 대한 신체적·물리적 폭력으로서 명백한 성폭력에 해당한다. 뿐만 아니라 이처럼 평화시 남성 중심적인 성별화된(gendered) 일상적 놀이 문화가 바로 전쟁시에 집단 강간이나 집단학살(genocide) 같은 폭력으로 연결된다는 점[13]에서, 이 사건을 성폭력으로 규정한 것은 당연한 일이었다.

고려대 학생들의 이화여대 난입 사건이 일상 문화의 성별 관계와 성폭력의 연속선상에서 성폭력 개념 '확장'의 필요성을 인식하게 한 사건이었다면, 1986년 '부천서 성고문' 사건은 성폭력이 남성 세력 내부의 이해 관계에 따라 어떻게 달리 규정되는가를 보여주었다. 당시 여성운동 세력을 포함한 대부분의 사람들은, 이 사건을 여성에 대한 폭력이 아니라 민주화 운동 탄압으로 인식하였다. 성폭력의 정치성 여부를 가해남성이 누구인가에 따라 결정하는 것이다. 즉 여성이 남편에게 강간당하거나 구타당하는 것은 '집안 일'이지만, 경찰, 안기부, 미일 제국주의 등 국가권력으로부터 당하면 정치적인 문제가 된다. 피해여성의 입장에서 보면, 남편이나 애인에게 당하든 공권력으로부터 당하든 모두 같은 폭력이며 정치적인 사건이다. 여성에 대한 폭력이 여성의 이해(利害), 젠더 인식에 근거하여 개념화되지 않고, 남성의 입장과 이해 관계에 따라 어떤 사건은 정치적인 문제로 어떤 사건은 '집안 일'로 선별되는 것이다.

---

13) Ouljic, Maria B, "Embodiment of Terror: Gendered Violence in Peacetime and Wartime in Croatia and Bosnia-Herzogovina," *Medical Anthropology*, Vol.12, No, 1, March, 1998.

    그렇다면 이러한 현실로부터 남성 시스템이 얻고자 하는 것은 무엇일
까? 성폭력의 정의를 둘러싸고 작동되는 배제와 포함의 원리는, 우리 사
회의 반(反)성폭력 담론이 여성의 인권보다는 부계 가족 보호라는 남성
공동체의 이해에 기능적이라는 것을 의미한다. 1996년 대법원은 트랜스
젠더 여성(male to female)을 남성 3명이 길거리에서 승용차로 납치하여
집단 강간한 사건에 대해, "피해자를 여성이라고 볼 수 없고, 생식 능력
이 없다"는 이유로 가해자에게 제1심과 제2심 판결에 이어 무죄를 판결
했다.14) 이 사건은 남성 중심 사회에서 성폭력의 개념뿐만 아니라 '진짜'
여성이 누구인가조차 남성의 시각에서 정의되고 있음을 보여준다. 현행
성폭력특별법, 가정폭력방지법은 여성운동의 성과물이긴 하지만, 여성의
섹슈얼리티 실천이 여성 자신의 것이라는 인권의 시각에서 제정되었다기
보다는 여성의 섹슈얼리티에 대한 가족주의의 규범과 통제를 벗어나지
못한 방식으로 작동하고 있다.
    현행 성폭력특별법에서 강간은 남성의 성기가 여성의 성기에 삽입되
었을 경우에 한정된다. 성폭력을 피해자의 인권 침해가 아니라 '가임 가
능한 부녀자 보호'라는 가부장적 시각에서 규정하고 있기 때문이다. 그
러므로 군대에서 발생하는 남성간 성폭력, 성 전환자에 대한 강간, 여성
성기에 이물질 삽입 등은 강간이 아니라 추행죄가 적용되어 형량이 낮다.
피해자가 여성이든 남성이든 성 전환자든, 성기 삽입이든 이물질 삽입이
든, 피해자의 입장에서 보면 모두 인권 침해이고 성폭력이다. 가부장제
사회가 '가임 가능한 부녀'만을 '여성'으로 볼 때, 성폭력은 여성 개인의
인권을 침해하는 범죄가 아니라 '가임 가능한 부녀'를 개별적으로 소유
할 수 있는 남성의 권리에 대한 침해-'사유재산권' 침해-가 된다. 이러
한 문화적 규범 때문에 성폭력특별법이 있어도 아내나 매춘 여성에 대한
강간은 처벌하기 어렵다. 자기 아내나 매춘 여성은 다른 남성의 '가임 가
능한 부녀'가 아니므로, 그들에 대한 성폭력은 남성 연대와 가부장제 질

    14) 김엘림, 윤덕경, 박현미 공저, 『성폭력특별법 제정 이후 성폭력 범죄에 관한
        판례 연구』, 대통령직속 여성특별위원회, 1999. 66-76쪽.

서를 위협하지 않기 때문이다.

여성의 섹슈얼리티 실천이 일부일처제 이성애 핵가족에 한정되어야 한다는 규범, 그리고 이러한 규범에 기반한 성폭력 개념의 남성 중심성은 '니 에미 씨팔(씹할)', 'fuck you(r mother)' '내가 성(姓)을 간다' 등의 언설 형태로 일상적으로 지지, 실천되고 있다. 어머니랑 섹스하는 남성은 아버지를 거역하는 오이디푸스가 되는 것이기 때문에, 적지 않은 여성들이 아버지에게 강간당하는 것은 가부장제를 조금도 위협하지 않는 사건이지만 아들과 어머니와의 '관계'는 그것이 강간이든 상간이든 사회적 추방을 의미한다. 어머니와 아들의 섹스는 이성애 핵가족의 가장 끔찍한 시나리오다. 아버지와 아들이 한 여자를 두고 갈등하는 것은 성[姓, 즉 계(系)]의 획득과 점령을 둘러싼 남성들간의 견디기 힘든 긴장이며 남성 연대를 파괴하는 행위이다. 성(姓)은 여성의 승인을 통해서만 밝혀지기 때문이다. 또한 성(姓)의 변경은 어머니가 재가(再嫁)했을 때에만 발생한다. 아버지가 '다른 여자를 보았을 때'는 성을 가는 일이 발생하지 않는다. 성을 가는 것이 엄청난 사건인 이유는, 그것이 계급 재생산이라는 가부장제 가족의 근본 질서를 흔들기 때문이다. 아버지 남성의 입장에서는 어머니 여성이 자신에게 '일부 종사'할 때만, 진짜 자기 아들에게 상속이 가능하다. 가족의 재생산은 여성 섹슈얼리티의 통제를 통해서만 가능한 것이다. 남성 이해에 기반한 성폭력 개념—다른 남성의 '가임 가능한 부녀'에 대한 강간—은 여성에게만 강제되는 형식적 일부일처제 가족 제도의 안정적 재생산을 위협하는 행위에 대한 남성 주체들간의 약속이자 처벌을 의미한다. 이때 남성 가장을 중심으로 한 가족은 사회의 기본 '단위'로 간주되며, 가족 내부의 성적, 연령적 이해 갈등은 봉합된다.

이제까지 한국사회에서 여성폭력의 범주는 직접적, 가시적, 신체적인 의미의 폭력에만 머물러 있다. 성적, 심리적, 정서적, 경제적 차원의 성차별 제도 안에서 형성된 여성의 인식과 해석은 여성폭력 개념 구성에 영향을 미치지 못했다. 소위 '정조 관념이 투철한 순결한 여성이 목숨 걸고 저항했지만 어쩔 수 없이 당한' 사건처럼, 성폭력에 대한 남성 중심적인 시각에 부합할 경우에만 폭력을 당한 것으로 인정된다. 여성은 자신의 성역할('순결')과 목숨을 바꿀 것을 요구받는다. 때문에 유아 성폭력이나 윤간처럼, 여성의 행위성이 삭제된 저항 불능 상황의 폭력만 성폭력으로 인정되고 이러한 피해자만 '진짜' 피해자가 된다. 이로 인해 검거되는 성폭력 가해자는 언제나 10대 남성이 가장 많은 비율을 차지하게 되는데, 이는 다시 성폭력이 10대의 '혈기 왕성한 본능'으로 해석되는 근거를 제공한다. 남성 시각의 성폭력 해석이 악순환을 낳는 것이다. 성폭력 신고율이 6%라는 통계치에서 보듯이(한국형사정책연구원, 1998), 성폭력 가해자 중 극소수만이 신고되고, 그 중 일부만이 기소되며, 또 그 중에서도 소수만이 처벌받기 때문에, 가시화된 성폭력 가해자의 인구학적 통계는 거의 무의미하다고 볼 수 있다.

남성이 당하는 폭력과는 달리 여성의 몸에 행사되는 폭력의 특징은 그 것이 성별화, 성애화(sexualized)된다는 데 있다. 여성에 대한 폭력은 성애화되기 때문에, 정치·사회적 문제가 아닌 '본능'이나 남성 개인의 심리적 문제로 왜곡, 축소되어왔다. 이러한 인식 아래, 성폭력은 친밀한 관계에서는 일어날 수 없는 일로 간주된다. 그러나 실제로는 성폭력 사건의 30%가 가족 내에서, 80%가 피해여성이 아는 사람과의 관계에서 발생하기 때문에 피해의 가시화는 대단히 어려운 문제이다. 성폭력은 다른 범죄와 달리 범죄 사실이 인지, 인정되는 과정 자체가 남성 중심적 인식론에 도전하는 정치적 투쟁을 동반할 수밖에 없다.

4. 여성에 대한 폭력과 여성 인권

여성 문제(gender issues)는 기존의 시각에서는 비가시화된 문제가 대부분이다. 그러므로 문제 해결을 위해서는 여성의 피해를 비가시화시키는 남성의 논리를 비판, 해체해야 할 것이다. 그러나 대부분의 경우는 여성의 경험이 남성의 언어에 부합하지 않는다고 의심, 비난받는다. 남성의 언어(경험)로는 여성의 경험을 읽을 수 없는데, 이때 문제가 되는 것은 남성의 언어가 아니라 여성의 경험이 되는 것이다. 남성 사회는 여성의 경험을 남성의 논리에 맞도록 환원하거나 아예 여성의 경험 자체를 없는 것으로 만들어 여성의 인식을 예민함과 정신 착란의 결과라고 주장한다. 그래서 성폭력 문제의 가시화는 여성의 말을 믿고 여성을 인식 주체로 간주할 때만 가능하다.

섹슈얼리티로 인한 여성의 고통은 비가시화된다. 낙태, 구타, 성매매 등 대개의 여성 섹슈얼리티 관련 문제는 형식적으로는 불법이지만 실질적으로는 합법이다. 그래서 섹슈얼리티 문제는 법 제정이 문제 해결에 도움이 되지 않는 경우가 많다. 관련법이 없어서 처벌하지 못하는 것이 아니라 사회 전체가 남성 가해자를 처벌할 수 있는 시각과 의지가 없어서 처벌하지 못하는 것이기 때문이다. 그러므로 이 문제에 대한 여성운동이 법 제정 중심으로 수렴될 때, 성폭력 근절은 실패할 수밖에 없다. 비가시화된 사회적 문제를 법제화할 때 법은 가장 대중적인 인식을 반영할 수밖에 없기 때문에, 여성폭력 관련법은 언제나 제정되자마자 개정 운동을 시작해야 하는 운명에 처한다. 여성 폭력을 사회적 문제로 가시화하는 것 자체가 어려운 상황에서, 여성 인권을 중심으로 한 성폭력 문제제기는 사회적 저항을 가져오기 때문이다.

그동안 우리 사회에서는 여성 폭력에 반대하는 이유조차 여성 인권을 중심으로 논해지지 않았다. 따라서 그러한 논리의 성폭력 반대 운동은 실질적인 효과를 거두기 어려웠다. 여아 낙태는 여아의 생명권과 어머니 여성의 건강권에 대한 염려를 중심으로 논의되는 것이 아니라 성비 불균형으로 '남자들이 장가 못 간다'는 것이 더 중요한 문제가 된다. 정신대 문제는 피해여성의 인권이 아니라 민족의 수치를 중심으로만 논의된다. '남편의 폭력으로 평화로운 가정이 깨져서 문제'라기보다 '죽음에 가까운 폭력으로도 남성 중심적 가정이 안 깨지는' 현실이 문제이며, 바로 이것이 가정폭력이 조절되지 않는 실질적인 이유이다. 하지만 가정폭력에 대한 해결책 역시 피해여성의 공포나 고통의 해결보다는 남성 중심적 가족 유지('가정 보호')를 더 강조해왔다.

여성폭력은 언제나 피해여성 개인의 고통보다 그 여성이 속한 집단의 명예와 관련되어 논의되어왔다. 특히 유교 전통과 성의 이중 규범이 강력하게 작동하는 한국사회에서 여성에 대한 폭력은 범죄나 인권 침해의 문제가 아니라 도덕에 관한 문제로 인식되는 경향이 강하다. 여성에 대한 폭력을 명예나 도덕과 관련한 문제로 인식하게 되면, 여성은 피해 사실에 분노하기보다 수치심을 느끼게 되고 피해여성은 자신이 속한 집단의 명예를 '더럽힌' 존재가 된다. 그러므로 자신이 당한 폭력을 거론하는 여성은 공동체 내부의 치부를 폭로한 '배신자'로 간주된다. 성폭력 피해를 문제화하려는 여성이 가장 흔히 듣는 말은 '남자 앞길 망친 여자'라는 비난이다. 폭력 피해여성들도 자신의 고통이나 피해를 중심으로 생각하기보다 가족이나 직장, 조직, 학교 등 자신이 속한 공동체의 명예를 더 먼저 걱정하는 경우가 많다. 사회적으로 피해여성의 고통보다 가해남성의 명예가 더 중요하다고 간주되기 때문이다.

최근 여성폭력이 인권 이슈에서 제외되어왔다는 비판이 제기되면서 기존의 공적 영역 중심, 남성 중심의 인권 개념이 비판, 재해석되고 있다. 여성폭력이 인권의 관점에서 접근되면서 국가 권력으로부터 개인의 권리를 보호하고자 했던 근대적 인권 개념의 한계가 지적되고 있는 것이다. 여성주의 인권의 이론과 실천은 이제까지 비정치적인 공간이라고 간주되었던 개인들간의 억압 관계에도 인권 개념을 적용함으로써, 인권의 범위가 확장되는 데 매우 중요한 기여를 했다.

그러나 여성폭력이 인권 문제로 인식되기 위해서는 우리 사회의 기본 질서에 대한 근본적인 문제제기가 불가피하다. 국가주의, 민족주의, 가족주의 등 여성 섹슈얼리티의 통제를 통해 유지되는 남성 중심의 공동체 질서가 강한 한국사회에서 여성이 자신의 (섹슈얼리티에 대한) 권리를 획득하는 것은 곧 공동체에 대한 공격으로 해석되어왔기 때문이다. 가정폭력 현상의 사회적 인식은 필연적으로 가족에 대한 국가의 개입과 중재를 요구하게 되는데, 이것은 가부장제 사회에서 남성(남편)을 통해서만 사회적 지위와 정체성을 획득해왔던 여성이 국가·사회와 직접 협상하는 주체, 사회적 시민으로 나서게 됨을 의미한다.[15] 하지만 이러한 상황에 대한 사회적 저항이 너무도 크기 때문에 이제까지 여성운동 진영조차 가족·아동 중심의 관점에서 가정폭력을 논의해왔다.

"모든 인간은 폭력 당하지 않을 권리를 포함하여 인간으로서 권리를 가진다"는 인권 개념은, 성차별 사회에서는 모순적인 명제가 되어버린다. 인간은 누구나 맞지 않을 권리가 있지만, 여성폭력에 대한 우리 사회의 남성 중심적 담론은 인간으로서 맞지 않을 '권리'보다 여성으로서 참아야 할 '도리'를 더 강조한다. 그리고 이러한 부정의(不正義)는 성역할로 정당화, 정상화된다. 여성의 성역할과 인권은 양립할 수 없다.

<참고문헌>

권김현영. 2003, 「가해자 중심 사회에서 피해자 중심의 사건 지원이란」, ≪나눔터≫ 45호, 한국성폭력상담소 회지.
김엘림, 윤덕경, 박현미. 1999, 『성폭력특별법 제정 이후 성폭력 범죄에 관한 판례 연구』, 대통령직속 여성특별위원회, 66-76쪽.
김은실. 2001, 『여성의 몸, 몸의 문화정치학』, 또 하나의 문화.
김은실. 2002, 「지구화, 국민국가 그리고 여성의 섹슈얼리티」, ≪여성학논집≫ 제19집, 이화여자대학교 한국여성연구원.
안드레아 드워킨. 1996, 『포르노그라피: 女子를 소유하는 男子들』, 유혜련 옮김, 동문선.
우에노 치즈코. 1999, 『내셔널리즘과 젠더』, 이선이 옮김, 박종철출판사.
일레인 김, 최정무 공편. Dangerous Women, 박은미 옮김, 2001, 『위험한 여성-젠더와 한국의 민족주의』, 삼인.
정유진. 2000, 「'민족'의 이름으로 순결해진 딸들?-주한미군범죄와 여성」, ≪당대비평≫ 11호, 삼인.
정유진, 캐서린 문. 김은실 좌담, 정희진 정리 기록, 2002, 「국가의 안보가

15) 조주현, 『여성 정체성의 정치학』, 또 하나의 문화, 2000.

개인의 안보는 아니다: 미국의 군사주의와 기지촌 여성」, ≪당대비
    평≫ 18호, 삼인.
정희진. 1999, 「죽어야 사는 여성들의 인권, 한국기지촌여성운동사」, 『한국
    여성인권운동사』, 한울.
_____. 2003a, 「어머니는 말할 수 있을까」, 『탈영자들의 기념비─한국사
    회의 성과 속, 주류라는 신화』, 생각의 나무.
_____. 2003b, 「인권의 관점에서 바라본 여성에 대한 폭력」, ≪기억과 전
    망≫, 2003년 여름호, 민주화운동기념사업회.
知花昌一. 2000, 「광주항쟁과 오키나와와 천황제」, 『부활 광주, 한반도의
    통일과 동아시아 평화로』, 동아시아 평화와 인권 한국위원회 자료집.
조주현. 2000, 『여성 정체성의 정치학』, 또 하나의 문화.
캐서린 H.S. 문. Sex among allies, 이정주 옮김, 2002, 『동맹 속의 섹스』, 삼
    인.
≪한겨레≫, 2002년 12월 27일자 보도.
한국여성의전화연합 편. 1999, 『한국 여성인권운동사』, 한울.
한국형사정책연구원. 1998, 『성폭력의 실태와 원인에 관한 연구』 2, 한국
    형사정책연구원.
Naomi Neft & Ann D. Levin. 1997, "Violence Against Women," in *An
    International Report on the Status of Women in 140 Countries*, Random
    House.
Ouljic, Maria B. 1998, "Embodiment of Terror: Gendered Violence in
    Peacetime and Wartime in Croatia and Bosnia-Herzogovina,"
    Medical Anthropology, Vol.12, No1., March.

가해자 중심 사회에서 성폭력 사건의 '해결'은 가능한가

KBS 노조 간부 성폭력 사건의 여성 인권 쟁점들[1]

전희경(시타)

1. '해결되지 않은 사건'을 다시 생각하며

과거를 하나의 '사건'으로서 기록한다는 것은 그것을 특정한 맥락 속

---

1) 이 글의 초고를 쓰는 데 몇 달이나 걸렸음에도 불구하고, 겨우 완성한 초고는 그간 묻어두었던 분노와 슬픔의 파편이 좌절감과 뒤엉켜 무척이나 혼란스러운 것이었다. 다행히 초고를 읽고 깊고 풍부하게 논평해주신 논평자들 덕분에 나의 생각과 감정을 다시 정리할 수 있었고, 다양한 시각, 해석, 쟁점을 배울 수 있었다. 2년 반을 함께 싸워온 KBS사건의 생존자 최서린·손유영 님(가명), 100인위 활동가로서 고뇌와 어려움을 함께 나누었던 장임다혜·장여경·최정민 님, '명예훼손 역고소' 재판에서 증인으로 나와 성폭력 사건 공개의 공익성을 역설하는 등 여러모로 도움을 주셨던 조순경 님(이화여대 여성학과 교수), 대학 내 여성운동가들로 구성된 '성폭력 연대회의'의 일원으로 공대위에 참여하여 함께 활동했던 김이학실 님, 100인위의 1차 실명 공개 당시부터 각별한 관심과 애정으로 여러 도움을 주신 이박혜경 님(인천발전연구원 연구위원), 날카로운 비판과 함께 물심 양면으로 지지를 보내준 권김현영 님(한국성폭력상담소 성과인권팀 부장), 바쁘신 중에도 논평과 지지를 보내주신 이미경 님(한국성폭력상담소 소장), 여성학과 동료이자 이 책의 편집자인 정희진 님. 이 모든 분들의 논평에 감사드리며, 시간과 능력의 부족으로 몇몇 귀중한 의견들을 원고 안에 녹여내지 못한 점에 대해 양해를 구한다.

에 재위치시키는 작업이며, 따라서 '현재'의 시점, 입장, 맥락으로부터 분리될 수 없다. 그런 면에서 KBS 노동조합 간부 성폭력 사건(이하 'KBS 사건')을 되돌아보고 정리하는 작업은 나에게 적잖은 괴로움과 고민을 안겨준다. 2년 반이 넘는 기간 주머니를 털어 후원금을 보내준 이름 없는 이들로부터 여러 운동 단체들에 이르기까지 많은 이들이 함께 열심히 싸웠지만, 피해자들의 삶 속에는 아직 피해의 여파가 남아 있다. 반면 가해자는 처벌을 받기는커녕 작년에 KBS에서 승진했으며, 가해자 징계권을 가진 KBS 사측은 3년 전과 똑같이 여전히 "성폭력 사실 여부에 있어 상반된 주장을 하는" 상황이라고 생각하고 있다. 공론화를 통해 피해자들의 목소리를 '들리게' 할 수는 있었지만, 애초에 피해여성들이 원했던 가해자의 사과와 징계는 불가능했다는 점에서 '해결'되지 않은 채로 남게 된 사건인 것이다.

  이렇게 끝났다는 사실, 그 자체가 나에게 너무나 큰 분노이자 상처였기 때문에, 이 장의 제목을 '결론 없는 사건을 다시 생각하며'로 정했었다. 하지만 피해자들에게 초고를 보여줬을 때 '결론 없는 사건'이라는 표현에 대한 최서린(가명) 씨와 손유영(가명) 씨의 의견은 달랐다. 손유영 씨는 지금의 상황과 심정에 대한 '너무나 맞는 표현'이라고 하면서 그동안 묻어둔 억울함과 분노가 다시 살아나는 것 같다고 했고, 최서린 씨는 '결론이 없다'는 것 자체가 가해자 중심의 시각인데 그것을 비판 없이 그대로 사용하는 것은 동의할 수 없다고 하였다. 나는 두 분의 말이 모두 맞다고 공감하면서, 동시에 내가 이 사건에서 어떤 위치(position)에 있고 지금 어떤 '감정 상태'에 있는지를 객관화할 수 있게 되었다. 해결할 수 없게 한 사회에 대한 분노와 해결할 수 없었던 지원자로서의 자책감이 동시에 있었다. 사실 최서린 씨와 손유영 씨의 입장은 모순되는 것이 아니다. 그것은 피해 사실을 말하고 오랫동안 싸웠음에도 '해결'되지 않은 성폭력 사건의 생존자들이 느낄 수 있는 당연한 감정들이고, 따라서 한국 사회에서 성폭력 피해를 드러내고 사건을 해결한다는 것이 무엇을 의미하는지를 사유하기 위한 하나의 실마리로 보아야 한다.

나는 이 사건의 공론화 과정을 주도한 '운동사회성폭력뿌리뽑기100인위원회'(이하 100인위) 회원이면서 2년 반 동안 피해자들을 가장 가까이서 지원했고, 그 과정에서 피해자들과 함께 역고소를 당했던 '당사자'이다. 따라서 KBS사건을 기록한다는 것은 2년 반 동안의 싸움을 해석하는 것과 동시에 기록자인 나의 3년간의 변화 또한 설명해야 함을 의미했다. 이 글에서는 사건을 '미해결'로 남게 한 권력 관계와 구조를 비판하면서, 동시에 성폭력 사건의 '해결'이 무엇을 의미하는지, 사건 해결이 가능하기 위해서는 한국사회에서 어떤 담론적 전환이 이루어져야 하는지를 다시 성찰해보고 싶다. 강○○(가해남성)의 성폭력 가해, 그리고 그것을 은폐하기 위해 자행한 2차 가해들은 명백했는데, 어째서 이 사건은 가해자 처벌 없이 '미해결'로 끝나야 했던 것일까? KBS사건의 정치적 의미는 바로 이렇게 '명백한' 사건이 '미해결'로 끝나는 과정에 개입된 법·제도·문화 권력의 성별성을 여성주의 시각에서 다시 생각하는 과정을 통해 얻어질 수 있지 않을까 한다.

2. 문제화 과정

1) 2000년 10월, 묻어둔 기억을 말하다

KBS 노조 성폭력 사건은 1996년과 1997년 당시 노조 간부였던 가해자로부터 각각 강간 미수 및 성추행 피해를 당한 두 여성이 2000년 10월 말 가해자가 노조 위원장 선거에 출마한다는 소식을 듣고 공식적으로 문제제기함으로써 세상에 알려졌다. 가해자 강○○로부터 성폭력 피해를 입은 여성들은 이 사건을 공개한 피해자들 외에도 더 있다. 피해여성들은 대부분 KBS 노조에서 채용한 '여직원' 신분이었고, 노조 전임 간부였던 가해자는 업무상 상사-부하 직원 관계와 '노동운동가'로서의 신뢰를 악용하여 여러 차례 성폭력을 저질렀다.[2] KBS 노조는 예전부터 2~3명의 여직원을 고용해왔고, 피해 사실을 말한 최서린 씨와 손유영 씨는 모두 피해 당시 노조가 고용한 직원이었다.

노조 여직원들에게 특히 친절했던 가해자는 부산 KBS에 근무하면서, "숙식을 해결해줄 테니 부산에 놀러 오라"는 말을 입버릇처럼 자주 했다. 이를 호의로 믿고 간 여성들에게 성폭력을 가한 후, 아무 일 없었다는 듯이 "옷이라도 사 입으라"며 돈을 주거나 "비행기 표를 끊어주려 하는"[3] 등 유사한 패턴의 성폭력을 여러 차례 저질렀다. 그간 피해여성들은 "강간을 당한 것은 아니지 않는가," "내가 아무 말도 하지 않고 평소와 똑같이 행동한다면 별일 아니지 않은가"[4]라고 생각하며 '가해자는 부산에 있으니 안 보면 된다'는 생각으로 잊으려 애써왔다. 그런데 다른 피해자가 여러 명 있다는 것을 알게 되고 급기야 강○○가 버젓이 노조 부위원장 후보로 출마하여 서울로 올라올 상황이 되자 어떻게든 강○○의 성폭력 가해 사실을 알려야 한다는 생각을 갖게 되었다.

강○○의 출마 소식이 알려진 2000년 10월경 손유영 씨는 여전히 KBS 노조에서 직원으로 근무하고 있었고, 만약 강○○가 노조 부위원장으로 당선될 경우 가해자를 직속 상관으로 보좌하면서 한 사무실에서 2년간 근무해야 하는 상황이었다. 오래 묻어두었던 기억을 말하게 된 직접적인 계기는 손유영 씨 자신의 노동권을 지키기 위한 절박함이었다. 이 상황에서 손유영 씨는 당시 KBS 노조를 퇴사하고 다른 기관에서 일하고 있던 최서린 씨에게 도움을 청하였다. 처음에 두 사람은 '가급적 조용히 해결하자'는 생각으로 강○○ 측 선거운동원들을 만나 피해 사실을

---

2) 자세한 사건 경위에 대해서는 '운동사회성폭력뿌리뽑기100인위원회의 2차 실명 공개문'(2001)과 전국언론노동조합(2001) '진상조사보고서'(언론노조 홈페이지) 참조.

3) 이는 피해자를 폭력 상황에 연루·참여시킴으로써 책임을 회피하려는 가해자들의 전략이다.

4) 2002년 7월 4차 공판을 앞두고 준비했던 최서린 씨의 '판사님께 드리는 글' 중에서. 이때 작성된 두 피해자의 탄원서는 강○○의 공판 연기와 고소 취하로 재판부에 제출되지는 않았다.

알리고 강○○가 후보로 출마하지 않게 해달라고 요청하였다.

처음에는 "좋은 말로 이야기하면 당연히 사과하고 출마를 포기할 줄 알고"5) "지금이라도 개인적인 사과는 받고 싶다"6)는 생각으로 시작한 싸움이었다. 그러나 가해자는 범행을 강력히 부인하고 오히려 정치적 '음모론'을 제기하였다. 강○○와 함께 위원장 후보로 출마했던 이○○ 은 "살아도 같이 살고 죽어도 같이 죽겠다," "당신들 일은 당신들 마음 대로 하라"는 입장을 보였다. 후보 등록 기간(2000년 11월 3일~13일)이 점점 다가오자 최서린 씨와 손유영 씨는 2000년 10월 30일 열린 노조 회의석상에서 공식적으로 피해 사실을 밝히기에 이른다. 당시 피해자들 이 노조에 요구했던 것은 '진상 조사와 가해자의 조합원 자격 박탈'이라 는 소박하고 상식적인 것이었다. 그러나 이후 노조의 공식 결정에 따라 한 달 여간의 진상 조사가 이루어지는 동안, "꼭 해결해주겠다"고 약속 했던 7대 노조 위원장은 가해자를 징계해야 할 책임을 저버린 채 가족들 과 해외여행을 떠났다. 그리고 이미 가해자가 부위원장에 당선 확정된 후에 징계 수위를 결정하게 된 KBS 노조 185차 중앙위원회는 표결 끝 에 "물의를 일으킨 것에 대한 경고"라는 미미한 징계를 공표했다. 그러 나 가해자는 이조차 받아들이지 않았다. 2000년 11월 30일, 가해자의 8 대 노조 부위원장 당선이 확정되었고 진상 조사 자료는 비밀에 부쳐졌다.

2) 100인위의 사건 공개: 공론화 과정과 어려움

100인위는 2000년 6월 20일에 개최되었던 <이제는 말하자! 운동사 회 성폭력> 토론회를 계기로 2000년 7월에 결성되었다. 토론회는 운동 사회의 가부장성과 성폭력 은폐 구조에 대해 문제의식을 같이하고 있던 6개 단체(동성애자인권연대·서울여성노동조합·살맛 나는 세상·운동사회 내 가 부장성과 권위주의 철폐를 위한 여성활동가 모임·학내 성폭력 근절과 여성권 확

보를 위한 여성연대회의·평화인권연대)의 주최로 열렸고, 이 자리에 모였던 80여 명의 여성활동가들 중 일부가 주축이 되고 새로운 회원을 모집하여 가해자 실명 공개운동을 위한 개인간 네트워크 조직인 '100인위'를 결성하였다. '100인위'는 2000년 12월 11일 1차로 16명의 가해자와 그들이 저지른 성폭력 사례를 '진보넷(http://go. jinbo.net)'에 있는 100인위 커뮤니티에 실명으로 공개하였다.

익명의 제보자가 100인위에 KBS사건을 제보한 것은, 가해자는 버젓이 부위원장에 당선이 되고 피해자들은 모욕적인 소문에 시달리고 있었던 2000년 12월경이었다. 100인위는 제보자가 알려준 연락처를 통해 피해자들을 만나게 되었다. 이후 몇 차례 회의와 면담, 자료 수집 등을 거친 100인위원회 회원 중에서, 이 사건이 '전형적인 운동사회 성폭력'이라는 판단에 주저한 이는 아무도 없었다. 배후설·음모설 등 사건의 본질을 호도하는 악의적 소문, '중재'를 빙자하여 화해를 종용하고 용서를 강요하는 주변 사람들의 압력, 문제제기 자체를 무력화하려는 조직 보위 논리 등은 성폭력 사건을 묵인·방조·조장해왔던 운동사회 성폭력 사건의 전형적 양상이었다. 물론 성폭력 피해를 '전형적인·명백한' 피해와 그렇지 않은('예외적인·모호한') 피해로 나누는 것은 특정 경험을 부각시키는 대신 다른 경험을 침묵시키기 때문에, 피해여성의 입장에서 이러한 구분은 무의미하거나 심지어 해롭다. 그럼에도 불구하고 1차 공개 당시 성폭력 사건의 경중 구분을 부정했던 100인위가 '전형적'이라고 판단된 사건을 2차로 실명 공개했다는 사실은, 100인위의 입장 변화라기보다는 한국 사회의 담론 구조를 드러낸다. 즉 그것은 성폭력을 구분하고 위계화하며 피해자에게 입증의 고통을 전가해온 가부장제 사회 안에서 싸워야 하는 여성활동가들에게 남성 사회가 강제한 전략인 것이다. 그러나 흥미롭게도 1차 공개 당시 '모호한' 사건을 공개했다고 비난하던 이들이 정작 '명백한' 사건의 공개에 대해서는 일절 관심을 보이지 않았다.

KBS사건의 공론화 과정은 뜻밖에 쉽지 않은 일이었다. 100인위가 공개를 결정하기까지의 과정이 그랬고, 공개 전후에 '공동대책위원회(이하

'공대위')'를 결성하는 과정 또한 그러했다. 먼저 100인위가 사건을 공개하기까지 많은 논의와 고민이 있었다. 그것은 성폭력 사건에 대한 고민이 아니라 그 사건을 성폭력 사건으로 명명하고 인정받을 수 있는 '힘'에 대한 고민이었다. 여전히 성폭력 피해여성들은 피해를 '인정' 받기 위한 투쟁부터 시작할 수밖에 없는 상황이고, 그 과정은 가히 '목숨을 건 도약'이라 할 만큼 많은 위험과 또 다른 피해가 예비된 싸움이다. 그런데 100인위가 2000년 12월에 감행한 1차 가해자 실명 공개는 운동사회 안팎에 커다란 논란을 불러일으켰고, 그 과정에서 많은 100인위 회원들이 이에 대응하느라 정신적·육체적·감정적으로 거의 탈진해 있던 상황이었다. 과연 우리가 또 한 번의 실명 공개가 불러올 여파를 감당할 수 있을까? 피해자들이 겪게 될 예상치 못한 반격을 얼마나 막아낼 수 있을까? 100인위가 할 수 있는 일은 무엇이고 할 수 없는 일은 무엇인가? 연대세력은 어떻게 조직할 것인가? 회의는 새벽 2시가 넘도록 계속되었다. 우리는 지쳤지만 공개하지 않을 수 없었다. 피해자들이 처한 사면초가의 상황, 그 상황을 초래한 구조에 대한 '나·우리 자신의 분노'야말로 100인위 운동을 낳은 추동력이자 정체성이었기 때문이다. '운동의 대의와 동지애의 이름'으로 끊임없이 성폭력이 은폐되고, 피해자는 침묵을 강요당하다 못해 조직을 떠나고, 가해자는 또 다른 가해를 저지르면서도 처벌받지 않은 채 사회적 지위와 명성을 쌓아 '명사'가 되는 상황. 100인위의 실명 공개 운동은 이러한 운동사회 성폭력의 메커니즘 속에서 고통받아온 여성활동가들이 스스로를 구하려는 움직임이었다.

　사건 공개 전에 피해자들을 만나 100인위가 갖고 있던 당시의 여러 가지 '우려'들에 대해 조심스럽게 이야기했을 때, 손유영 씨는 100인위가 공개하지 않는다 해도 "그 놈이 죽든 내가 죽든 끝장을 봐야죠"라고 말했다. 우리는 이미 범죄를 예방하고 처벌해야 하는 국가권력과 법, '진보 운동권'을 자처하는 노조 모두 성폭력 사건 해결에서는 무능하다는 것을 알고 있었다. 성폭력특별법상 고소 기간은 1년으로 제한되어 있어 이미 사건을 법적으로 고소할 수도 없었고, 노조 내에서는 진상 조사와 징계라는 형식적 절차가 끝난 상황이었기 때문에, 당시 피해자들은 막다른 골목에 처해 있었다. 사건의 공론화가 많은 위험을 초래할 수 있다는 것을 알면서도 사건을 공개할 수밖에 없었던 것은, 그것이 피해 사실을 말한 이후 더 큰 피해와 고통을 당하게 된 상황에서 벗어나기 위한 '마지막 수단'이었기 때문이다. 2001년 2월 8일, 100인위는 총회와 온라인 투표를 거쳐 KBS 노조 성폭력 사건을 공개하기로 최종 결정했다. 2월 12일부터 KBS 노조 사건 대응팀[7]이 한 사회과학연구단체의 사무실을 임시로 빌려 '상근'을 시작했으며, 피해자들의 동의를 얻어 2월 19일 100인위 온라인 게시판과 보도자료를 통해 사건을 공개했다. 가해자 측에 의해 '반대파의 정치적 음모'로, '가해자·노조·진보운동에 대한 명예 훼손'으로, '배후 세력의 사주를 받고 하는 거짓말'로 매도되었던 피해자들의 경험을 '성폭력'으로 명명하고 공표한 것이다.

가해자 실명과 함께 사건을 공개하면서 100인위가 요구했던 것은 피해자 보호 조치, 가해자 징계, KBS 노조의 공식 사과와 재발 방지를 위한 조치 시행 등이었다. 당시 성폭력특별법 고소 기간(1년), 여성부 제소 기간(1년), 노동부 제소 기간(3년)을 모두 넘긴 상황이었기 때문에, 사건을 '해결'—최소한의 피해자 보호와 권리 회복, 가해자 징계, 재발 방지 조치 등—할 수 있는 실질적 권한은 KBS와 KBS 노조에게 있었다. 그러나 KBS 노동조합은 새로 부위원장이 된 가해자의 편에 섰고, KBS 사측은 이 사건을 모르는 척 했다. 이에 100인위는 사건 공개 이전부터 여성운동단체와 여성주의자들을 중심으로 다른 사회운동단체들을 광범위하게 아우르는 '공대위'를 결성하여 대항 담론과 사회적 압력을 형성할 필요가 있다

---

7) 개별 여성활동가들의 수평적 네트워크 조직을 표방한 100인위에는 단체 대표도, 수직적인 의사결정체계도 없었다. 이러한 상황에서 1차 공개 이후에는 100인위 내부에 '대응팀'이 만들어져 즉각적인 결정과 대응이 필요한 활동을 전개하였는데, 2차 공개의 경우 당시 가해자가 KBS기자이자 노조 부위원장이라는 권력 자원을 지니고 있다는 점으로 인해 다양한 차원의 반격이 있을 것을 고려하여 'KBS 노조 사건 대응팀'을 별도로 구성·운영하였다. 나는 2001년 2월 초 'KBS 노조 사건 대응팀' 결성 때부터 참여하여 최근까지 100인위 활동가로서 이 사건을 지원해왔다.

고 생각했다. 사건 공개와 동시에 연락처를 아는 거의 모든 단체 앞으로 '공대위 결성을 제안하는 공문'을 발송했다. 그러나 이러한 노력은 2차 실명 공개 직전에 제일 먼저 여성단체에 제안했던 공대위 결성이 좌절되면서 초반부터 예상하지 못한 어려움에 부딪히게 되었다.

당시 공교롭게도 정신대 피해여성을 위한 '나눔의 집' 실무자의 성폭력 사건 – 일명 '혜진 사건'[8]의 파장이 커지고 있던 시기여서, 여성운동단체들과 접촉 자체가 어려웠다. 또한 당시만 하더라도 100인위와 실명 공개 운동에 대한 여성단체 내부의 감정과 입장이 정해지지 않은 상황이었기 때문에 100인위가 공개한 사건의 공대위에 참여를 결정하기가 쉽지 않았던 것 같다. 여성운동가들의 100인위에 대한 복잡한 감정은, 가해자 실명 공개가 오히려 피해자에게 미칠 구체적인 영향을 걱정하는 입장에서부터 100인위가 진보 진영을 흠집 내는 '프락치'가 아닌지 의심하는 입장에 이르기까지 세대와 정체성에 따라 다양했다. 많은 논란을 불러일으킨 100인위의 1차 실명 공개가 3개월 여밖에 지나지 않은 상황에서, 100인위가 공개한 사건에 연대한다는 것은 곧 모든 쟁점에 대해 100인위 입장에 동의하는 것으로 비칠 수 있다는 우려와 부담도 있었을 것이다.

연대를 제안하는 과정에서 어떤 여성단체는 "일단 노조의 자정 능력을 믿어보자"는 입장을 취하기도 했다. 이러한 태도는 스스로를 '진보적' 여성운동, '남성 진보 진영'의 일원으로 정체화해왔던 여성단체들의 역사에서 나온다. '진보 진영'과 여성운동단체의 친밀성과 위계 관계는, 여성단체 활동가 중에서도 100인위를 '안기부 프락치'로 생각한 이들이 있을 정도로 영향을 미쳤다. '노조 내 해결' 과정이 성폭력 사건을 해결하기보

---

8) 100인위가 여성단체들에 연대를 요청했던 2001년 2월 초~중순 시기는, '혜진 사건'이 한국성폭력상담소에 접수되어 비공개로 진상조사단 구성을 추진하던 차에 2001년 2월 17일 가해자의 소위 '양심고백 기자회견'으로 사건 해결에 커다란 혼선과 차질이 빚어졌던 시기였다. '혜진 사건'의 자세한 내용을 보려면 한국여성민우회 여성노동센터 자료실에 등록된 <혜진 스님(배영철) 사건 진상조사위원회 '진상조사보고서'>를 참조(http://www.womenlink.or.kr/archive/list.php?mode=content&category=100&subcate=&id=10120010503&page=10&search=&search_cate1=&search_cate2=&search_cate3=&key=).

다는 오히려 은폐해왔던 구조에 대한 분노에서 출발한 100인위로서는 이러한 입장을 납득하기 어려웠다. 이미 KBS 노조 내에서 2차, 3차의 피해를 당하고 있었던 피해자들 역시 절망감을 느꼈다. 결국 애초의 계획과는 달리 '공대위'는 21개 단체로 구성된 'KBS 노조부위원장 강○○ 성폭력사건의 올바른 해결을 위한 공동대책위원회'[9]가 되었고, 여기에 참여한 여성단체들도 있었지만 주요 실무 활동은 사회운동단체가 주축이 되었다. 공론화의 내용과는 별개로, 공론화의 주체가 100인위였기 때문에 사건 지원에서 중요한 위치를 차지했던 공대위 결성이 어려웠다는 생각으로 나는 오랫동안 무척 괴로웠다.

3) 가해자가 물러나기까지: 모든 곳이 치외법권인 성폭력

어렵사리 결성된 공대위는 여론화 작업을 통해 가해자 징계 등을 강제하기 위해 다양한 활동을 펼치기 시작했다. 2001년 3월 13일 홈페이지를 개설했고(http://antikcg.jinbo.net), 3월 말부터는 정기적으로 KBS 본관 앞 아침 집회를 개최하였다. 또 기자회견,[10] 10여 차례의 성명서 발표, 각종 공문 발송, 서명운동 등을 통해 여론화에 힘을 모았다. 공대위와 더불어 많은 여성단체들과 여성주의 연구자·활동가들, 사회운동단체, KBS

---

9) '공대위'에 참여한 단체들은 다음과 같다. 경남여성회·국제연대정책정보센터·노동문화정책정보센터·동성애자인권연대·동아대학교민주동문회·또하나의문화(여성과인권연구회)·민주노동당여성위원회·민주언론운동시민연합·부산언론운동시민연합·사회진보연대·언니네·운동사회내가부장성과권위주의철폐를위한여성활동가모임·운동사회성폭력뿌리뽑기100인위원회·전국학생회협의회·진보네트워크센터·청년생태주의자 KEY·청년진보당·평화인권연대·학내성폭력근절과여성권확보를위한여성연대회의·한국노동이론정책연구소·(사)한국여성연구소(가나다순, 총 21개 단체, 2001년 4월 28일 당시).

10) 2001년 4월 9일. 100인위·100인위원회 공동변호인단·공대위의 공동 주최, <KBS 노조 강○○ 부위원장의 성폭력 사건 전면부인과 명예훼손 고소에 대한 공동기자회견>, 안국동 느티나무 카페. 이 기자회견은 가해자의 명예훼손 역고소에 대한 사회적·법률적 대응을 공식적으로 시작하는 자리로서, 공동 주최 3개 조직 각각의 입장과 함께 개인 연명 의견서가 처음 발표되기도 하였다(김은실·김현미·김효선·박혜란·유승희·이소희·조혜정).

노조 안에서 피해자들을 돕는 조합원 모임 등이 싸움에 함께했다. 이에
힘입어 4월 중순에는 KBS 노조 8대 집행부에 대한 탄핵 투표가, 그리고
2001년 5월 10일 전국언론노조의 가해자 중징계(조합원 자격 박탈) 결정
이 이어졌다.11)

그러나 가해자 및 8대 집행부는 이를 무효라고 주장하고 상황을 전국
언론노조와 KBS 노조 간의 '노-노 갈등'으로 몰고 가며 전국언론노조
를 상대로 소송을 제기했다. 얼마 안 있어 KBS 노조는 자신들이 약속했
던 손유영 씨에 대한 '특별 유급 휴가'를 철회하고 손유영 씨에게 '출근
명령 통보'를 보내왔다. 손유영 씨는 이 일방적인 약속 철회에 대해 '가
해자와 함께 근무해야 하는 상황이 변하지 않는 한 출근을 안 하는 것이
아니라 못하는 것'이라고 항의했지만, 8대 집행부는 아무런 답변 없이 7
월부터 급여 지급마저 중단했다. 결국 KBS 노조 내부의 징계도 받아들
이지 않고, 언론노조의 '진상 조사'에도 응하지 않고, 징계에 대해 노조
규약상의 재심 청구도 하지 않으며, 오로지 "법적으로 해결하겠다"고 초
지일관 주장했던 가해자는, 재탄핵 투표에서 탄핵이 가결되고12) 이에 대
한 무효 확인 가처분 신청이 법원에서 기각된 다음 날인 2002년 2월 22
일에 이르러서야 노조 부위원장 자리에서 물러났다.13) 100인위 실명 공

11) 전국언론노조, <KBS 강○○ 부위원장 성추행 의혹에 대한 전국언론노동조
   합 진상조사보고서-축약본>, 2001년 5월 10일. 언론노조 홈페이지(http://
   cham.jinbo.net/maybbs/view.php?db=kfpu&code=bd8&n=34&page=3) 참조.
12) 8대 정·부위원장에 대한 1차 탄핵 투표는 2001년 3월 21일 KBS 노조 대의
   원 94명의 탄핵 발의에 따라 2001년 4월 17~19일 동안 이루어졌으며, 결과
   는 탄핵 찬성 62.2%로 3분의 2 찬성 기준에 미달하여 아깝게 부결되었다. 2차
   탄핵투표는 2001년 10월 15~19일 동안 이루어졌으며, 90.73% 찬성으로 정·
   부위원장에 대한 탄핵이 가결되었다.
13) 2001년 10월 8대 노조는 언론노조의 징계와 2001년 10월 KBS 노조 조합원
   들에 의한 재탄핵투표가 모두 무효라고 주장하면서, 언론노조를 상대로 '임시
   총회결의 무효확인 등 청구의 소'와 '임시총회결의 등 효력 정지 가처분 신청'
   을 제기했다. 이에 대해 서울지법 민사50부는 2002년 2월 21일, 위의 가처분
   신청(2001카합2776)을 기각하였고, 바로 다음 날인 2월 22일 긴급 중앙집행위
   원회에서 가해자 측은 '사의를 표명'했다.

개 후 1년 만의 일이었다.

가해자가 부위원장직에서 물러나기까지의 과정에서 뼈저리게 느꼈던 것은, 성폭력 가해자 징계 과정이 철저히 우리의 통제력 바깥에 있다는 사실이었다. 한국사회에서 일단 사건을 공론화할 경우, 성폭력 피해자가 상황에 대한 통제력을 갖기란 매우 어렵다. 특히 법적 제재가 아예 불가능하여, 관련 집단이 의지를 갖도록 끊임없이 요구하고 협상하고 촉구해야 할 때는 더욱 그렇다. '칼자루'를 쥔 것은 늘 우리가 아닌 상대방─ KBS, KBS 노조, 언론노조, 민주노총 등─이었고, 결국 올바른 해결을 '촉구'하는 것이 공대위가 할 수 있는 유일한 방법이라는 현실이 우리를 완전히 지치게 했다. 공대위 활동 과정에서 100인위와 공대위가 KBS 노조에게 발송했던 수십 통의 공문들 중에 공식적으로 회신을 받은 경우가 단 한 번도 없었다는 사실은, 이러한 한계와 어려움을 단적으로 보여준다. 심지어 사건화 초기 KBS 노조측에 보낸 면담 요청 공문에 대해서 노조 상근자가 "100인위 및 공대위의 실체를 인정하지 않지만 면담에는 응하겠다"는 답신을 개인 이메일로 보낸 경우도 있었다.

또한 KBS사건 운동 과정에서 또 다른 성폭력 가해자를 알게 되었지만, 그가 우호적으로 협상해야 할 조직의 간부라는 이유로 넘어가야 했다. 공론화에 힘을 실어줄 수 있는 조직의 대표에게 도움을 청할 때는 그의 반말을 참아야 했다. 피해자 보호 조치를 요구하는 노조 간부 면담에서 "나야말로 강○○로 인한 최대 피해자"라고 목소리를 높이는 남성 간부를 만난 일도 있었다. 이런 상황에 맞닥뜨릴 때마다 나는 심한 무력감을 느꼈고, 무엇을 위해 어떻게 싸워야 하는가에 대한 고민을 처음부터 되짚어보아야 하는 막막함에 시달렸다. 법적 규제 범위를 넘어선 시간, 성폭력 예방과 해결에 대해 철저히 무능력한 공간에서, 사건 해결은 거의 전적으로 힘과 협상의 문제였다. 통제할 수 없는 싸움에서의 고통이야말로, 한국사회에서 법적 고소 기간이 지난 사건을 해결하려는 여성들이 말없이 감내해왔던 짐이다.

4) 역고소를 당하다: 피해자가 '피고인'으로

한편 100인위가 사건을 공개한 지 바로 몇 시간 후인 2001년 2월 19일 저녁, 나는 한 가해자 측근으로부터 항의 전화를 받았다. '본인에게 확인도 해보지 않고 이렇게 공개를 하다니 정말 무책임한 단체의 무책임한 행동이다. 가만히 있지 않겠다'라는 협박이었다. 그리고 일주일 후, 가해자는 피해자들과 100인위를 명예훼손 혐의로 고소했다.[14]

처음 검찰에서 소환 전화를 받던 아침을 아직도 기억한다. 2001년 3월 27일, 자다 깨어 검사실에서 걸려온 전화를 받은 나는 두려움, 걱정, 어이없음, 분노가 뒤범벅되어 정신이 없었다. 이미 피해자 두 사람은 1차 검찰 조사를 받은 터라 나도 곧 소환되리라는 것을 알고 있었지만, 막상 전화를 받으니 비로소 '피의자'가 되었다는 실감이 났다. 가해자 실명 공개 운동이 명예훼손 역고소의 위험을 '무릅쓰고' 감행된 것은 사실이지만, 역고소가 구체적인 운동 주체들의 일상·인생에 미치는 효과는 클 수밖에 없었다. 게다가 검찰 조사가 시작된 3월 중순, 100인위는 사건 공개 이후 공대위 결성으로 여념이 없었다. 가해자와 대면하지 않기 위해 궁여지책으로 끌어다 쓴 1년 치 휴가가 끝나 괴로워하던 손유영 씨가 특별 유급 휴가를 얻어내기 위해 전전긍긍하고 있는 상태였고, 최서린 씨는 언론노조 진상 조사 과정에서 자신의 여동생 역시 강○○에게 피해를 당했다는 사실을 확인하고 정신적 충격을 감당하느라 힘겨워했던 시기였다.

그러나 고소를 당한 처지에 선택의 여지는 없었기 때문에, 서둘러 대책을 논의하고 도움을 청했다. 이찬진 변호사가 피해자들의 변호를 맡았고, 100인위에 대해서는 여러 사람의 도움으로 민변 소속의 변호사들로 구성된 '100인위 공동변호인단'[15]이 구성되었다. 그러나 이후 검찰 조사

---

14) 사건번호 2001형제10825, 서울지검 남부지청 (담당검사: 이재헌). 당시 가해자는 100인위 사건공개 직후 기사를 게재한 ≪동아닷컴≫의 기자도 함께 고소하였으나, 나중에 그 기자로부터 '사과 각서'를 받은 후 2001년 5월 10일 그 기자에 대한 고소만 취하하였다.

15) 공동변호인단은 이석태·차병직·정연순·하승수·진선미·이정희·이상희 변호사

과정은 철저히 가해자 시각에 따라 편파적으로 이루어졌다. 검찰은 우리가 제시한 여러 명의 중요 참고인들 중에서 단 한 명만 조사하였고, 100인위가 검찰에 제출했던 자료들 중 일부는 기록에 편철하지 않거나 참고하지 않았다. 특히 2001년 4월 9~10일에는 피해자들에게 사전 고지조차 없이 적대적 분위기에서 가해자와 대질 심문을 벌이는 등 성폭력 피해자의 수사 과정상 권리를 침해하였다.

역고소 사실을 알게 된 직후 100인위는 대표자 없는 '개인 네트워크 조직'으로서 명예훼손 피소의 부담을 어떻게 나눌 수 있을지 고민했다. 공동 책임의 방법이자 실명 공개 운동의 공익성을 주장하는 시위의 일환으로 2001년 4월 10일 1차 검찰 소환 당시 회원 다수가 함께 검찰에 출두하였다. 물론 "우리 모두를 조사하라"는 요구는 받아들여지지 않았고, 실명공개 당시 보도자료에 담당자로 명시되었던 나를 100인위의 대표로 처벌해달라는 가해자의 의사에 따라 명예훼손 역고소 사건의 피의자는 피해자 2명과 나, 이렇게 3명이 되었다. 검찰은 2001년 7월 중순 참고인 조사를 마지막으로 별다른 조사도 없이 4개월을 끌다가 11월 30일에 이르러서야 갑작스럽게 피해자들과 100인위 활동가로 지목된 나를 불구속 기소했다. 변호사들의 노고, 후원금을 모아 재판 비용에 큰 도움을 주었던 KBS 노조 내부의 조합원들, 피해 사실 입증을 위해 진술서를 써주었던 많은 사람들, 2,000여 명에 이르는 일반 시민들의 서명, 여성 단체와 각계 인사들의 의견서, 여성단체 대표들의 담당 검사 면담 등 수많은 노

로 이루어졌으며, 주심은 이상희 변호사가 담당하였다. 2001년 4월 9일 공동 기자회견에서 공동변호인단은 다음과 같이 밝힌 바 있다: "100인위원회 공동 변호인단은 이 사건에 있어서 100인위원회의 실명 공개는 사회적·법적 정당성을 지니고 있다고 본다. 100인위원회의 실명 공개는 법률적으로도 명예훼손이라기보다는 피해여성들의 '자구적 노력'을 지원해준 정당한 행위로 보아야 할 것이다. ……성폭력을 고발한 여성들에 대해 가해자로 지목된 사람이 오히려 고소를 하는 상황에서, 용기 있는 고발자들을 보호하지 않는다면, 앞으로 우리 사회에서 여성들의 인권이 어떻게 보장될 수 있겠는가? 그런 점에서 우리는 100인위원회에 소속된 여성들은 마땅히 법률적으로 조력을 받아야 한다고 생각한다."

력들에도 불구하고16) 말이다. 우리의 혐의는 '3인이 공모하여 허위 사실을 유포해서 강○○의 명예를 훼손했다'는 것이다.17)

최서린, 손유영 씨와 나는 요즘도 가끔 만나면 "이럴 줄 알았으면 검찰 조사받을 때, 하고 싶은 말이나 마음껏 할 걸" 하며 울분을 토하곤 한다. 담당 검사의 판단에 따라서 향후 인생의 몇 년을 재판으로 보내느냐 마느냐 여부가 결정된다는 생각 때문에 위축되어, 검사의 편견과 불공정 수사에 대해 제대로 대응하지 못했다는 억울함 때문이다. 범죄자 취급하며 취조하듯 위압적으로 조사하던 검사 앞에서 말 하나하나를 신경 쓰며 6시간 넘게 조사받던 날 나는 거의 녹초가 되었다. 피해여성들은 눈앞에서 가해자의 뻔뻔한 거짓말과 그것을 의심 없는 사실로 간주하는 검사의 행태를 견디며 예고 없는 대질 신문을 한 후, 정신적·육체적으로 완전히 소진되다시피 했다. 당시 검찰 수사 기록을 살펴보면 검찰이 문제삼았던 것은 크게 두 가지였음을 알 수 있다. 첫째, (4~5년 전에 있었던) 피해 날짜나 교통편 등에 대한 기억이 정확하지 않다는 점, 둘째, 다시는 강○○와 대면하지 않겠다는 다짐에도 불구하고 강○○와 회식을 하거나 인사를 나누는 등 '피해자답지 않은' 행동을 했다는 점이 그것이다. 검찰은 피해자들을 일차적으로 의심했고, 지속적으로 의심했으며, 끝까지 의심

___

16) 2001년 4월 9일에는 여성학자 김현미·조혜정·김은실·김효선·박혜란·유승희·이소희의 의견서가, 2001년 4월 25일에는 여성 지식인 67인의 의견서, 서울대 대학원생 17인의 의견서, 남성 지식인 24인의 의견서가, 2001년 5월 2일에는 권인숙·서준식·이박혜경·이숙경·최보은의 의견서가 발표되었다. 한편 2001년 4월 18일에는 7개 여성단체가 검찰에 의견서를 제출하였고(한국여성단체연합, 한국여성의전화연합, 한국여성민우회, 한국여성노동자회협의회, 전국여성노동조합, 한국성폭력상담소, 한국여성단체협의회), 그 다음 날에는 5개 여성단체가 성명서를 발표하였으며(한국여성단체연합, 한국여성의전화연합, 한국여성민우회, 한국여성노동자회협의회, 한국성폭력상담소), 피해자들과 100인위에 대한 조사가 끝난 직후인 2001년 4월 26일에는 당시 여성단체 대표 3인(이경숙·정강자·최영애)이 서울지검 남부지청의 차장 검사 및 담당 검사를 면담하였다. 그 밖에도 공대위와 민주노총 등 사회단체들도 검찰의 불기소 처분을 요구하는 다수 성명서를 발표하였다.

17) 적용된 법조는 형법 제307조 2항(허위사실에 의한 명예훼손), 1항(사실에 의한 명예훼손), 제30조(공모)였다.

했다. 반면 가해자 진술은 거의 의심받지 않았고 심지어 조서상으로도
앞뒤 안 맞는 진술이 보이는데도 이를 신문하지 않았다. 그가 제기한 피
해여성에 대한 음해-'배후가 있다', '(비리 세력과) 부적절한 관계에 있었다',
'남자 관계가 복잡하다', '뭇 남자들보다 술이 세다' 등-는 근거도 묻지 않은
채 그대로 받아들여졌다. 그렇게 해서 성폭력 사건은 허위 사실이 '되었
고', 허위 사실에 의한 명예훼손일 경우 위법성 조각 사유에서 아예 제외
되기 때문에 100인위의 공익성 주장 또한 완전 배척되었다.

　검찰의 기소로 피고인이 된 우리는 이제 법정에서 두 가지-성폭력 사
실이 허위가 아니라는 것과 실명 공개가 명예훼손이 아니라는 것-를 입증해야
했다. 가해자가 아니라 피해자가 자신의 '무죄'를 입증해야 하는 상황이
된 것이다. 재판[18]은 총 3회 이루어졌는데,[19] 특히 가해자가 증인으로
나왔던 2차 공판이 끝나고 최서린 씨와 함께 (가해자 측에게 보이기 싫어서
복도에서는 못 울고) 법원 여자 화장실에서 많이 울었던 기억이 난다. '피
고인'석에 앉아 '증인'석에 앉은 가해자의 거짓말을 눈앞에서 듣고만 있
어야 했던 분통, 변호사들의 날카로운 신문에 하나둘씩 거짓이 밝혀지는
과정의 통쾌함, 모두 흰색 옷을 입고 방청석에 앉아 법정 분위기를 좌우
하며 든든한 지지가 되어주었던 방청객들에 대한 감동. 이 모든 것이 뒤
범벅된 눈물이었다. 특히 재판 때마다 흰옷을 맞추어 입고 방청해주었던
이들은, 성폭력 피해자로서의 법적 권리[20]를 전혀 보장받지 못한 채 일
반 범죄자들과 함께 공개 재판에서 '피고인'으로 재판받아야 했던 피해
여성들에게 커다란 힘이 되었다. 3차 공판은 특별 기일로서 총 9명의 증
인이 출석하여 대규모의 신문이 이루어졌다. 이 자리에서 피해자들의 진
술에 대한 여러 증인들의 정황적 뒷받침과 100인위 실명 공개의 공익성

18) 2001고단5542, 서울지법 남부지원 단독2부(판사: 장진훈).

19) 2002년 4월 4일, 5월 2일, 6월 3일.

20) 수사 및 재판 과정에서 성폭력 피해자의 권리는 1994년 제정된 성폭력 특별
　법, 1998년 한국여성단체연합이 '여성폭력추방주간'에 맞춰 선포한 '성폭력피
　해자권리헌장', 1999년 발표된 대검찰청의 '성범죄 수사 및 재판시 피해자 보
　호 지침' 등에 명시되어 있다.

에 대한 이화여대 여성학과 조순경 교수의 의견이 제시되었다. 또 일관되게 가해자를 비호해왔던 KBS 노조 8대 위원장도 증인석에 섰는데, 노조 내에서 공론화될 당시 손유영 씨로부터 피해 사실을 들었음에도 불구하고, "지퍼를 내리려고까지만 했다고 해서, 저로서는 어차피 시간이 많이 지났고 피고인들이 얘기한 내용은 별것도 아닌데 설쳐대는 것으로 생각해서 무슨 음모가 있는 것 아닌가라고 판단했다"21)고 진술하여, 여성인권에 대한 저열한 인식으로 방청객의 빈축을 사기도 했다. 이 과정을 통해 가해자 진술의 신빙성이 의심되자 재판부는 이례적으로 고소인인 가해자를 다시 한번 신문하기로 결정하였다.

기소 사실이 알려지면서 2002년 초부터 새로운 연대의 움직임들이 생겨났다.22) 운동의 축이 '운동사회 성폭력'의 맥락에 초점을 맞추었던 공대위에서, 성폭력 가해자 역고소를 문제화하는 여성단체를 비롯한 다양한 여성주의 조직·개인들로 넘어간 것이다. 대학 내 여성운동가들은 피해여성들을 지원하기 위해 일일호프를 주최하여 변호사 비용을 마련해주었다. 많은 여성들이 재판을 집단 방청하여 지지를 보여주었으며, 재판 과정에서는 특히 많은 여성단체들이 성명서와 집회 등을 통해 힘을 실어주었다. 2002년 10월 22일에는 명예훼손 역고소 문제를 다루는 토론회가 개최되어, KBS사건 이후 급속히 확산되고 있는 역고소 경향의 문제점을 상세히 비판하는 목소리가 가시화되었다.23) 희망이 1미터 앞까지와 있는 듯했다.

---

21) 서울지법 남부지원 2001고단5542(판사: 장진훈) 3차 공판 조서 중 증인 이○○에 대한 신문 내용 기록.
22) 2002년 1~2월에는 사건 지원을 함께하면서 반성폭력 운동의 의제를 논의하려는 모임 <생존자 명예회복과 가해자 처벌을 위한 반성폭력 여성주의자 연대(이하 '반성폭력여성주의자연대')>가 생겨났고, <성차별 판결 모니터링모임(이하 '모니터링모임')>이 제안한 명예훼손 역고소 관련 토론회 준비모임이 결성 단계에 들어갔다.
23) '성폭력 가해자 역고소 대책회의', '성폭력 추방운동에 대한 명예훼손 역고소 공동대책위원회', '민변 여성인권위원회' 공동주최 토론회, "성폭력 가해자의 명예훼손 무엇이 문제인가," 국가인권위원회 배움터.

5) 고소도 취하도 가해자의 뜻: '해결되지 않은 끝'의 의미

2002년 7월 11일 4차 공판을 앞두고 증인으로 나오기로 되어 있던 가해자가 하루 전에 승진 시험 준비를 이유로 공판 연기를 신청하였고, 이에 따라 공판은 10월 31일로 미뤄졌다. 그리고 재판 준비를 위해 정신 없이 뛰어다니던 우리는 공판을 1주일도 채 남겨두지 않은 상태에서, 느 닷없는 강○○의 고소 취하 소식을 접했다. 재판 결과가 낙관적인 상황 이었기 때문에 우리는 몹시 화가 났고 어이가 없었다.

가해자는 과거 2000년 말 KBS 노조 내 진상 조사 당시부터, "사법 기관에 의뢰하겠다," "법정에서 밝힐 일이다," "회사에서 밝혀내기 어렵 다"고 주장하면서 제대로 조사에 응하지 않았다. 언론노조의 진상 조사 에도 일체 불응하고 중징계에 대한 재심 청구조차 하지 않으면서까지 '법적 판단'을 고집해왔다. 사건의 공론화 이후 가해자가 제기한 총 5번 의 소송은, 한국 사회와 법률 구조가 가해남성에게 보장하는 권력을 잘 보여준다. 그는 100인위 사건 공개 전인 2000년 11월 3일에도 피해자들 을 '명예훼손 및 협박' 혐의로 고소한 후, 자신의 노조 선거 출마를 용인 받는 대가로 고소를 취하해준 전력이 있다. 2001년 2월 26일에는 100인 위 실명 공개에 대해 피해자들과 100인위를 형사상 명예훼손 혐의로 고 소했고, 2001년 3월 2일에는 사건을 보도한 ≪미디어오늘≫ 제281호에 대해 신문인쇄발매금지가처분신청을 제기했다.[24] 또 2001년 3월 20일 피해자들과 3개 언론사 및 기자 등에 대하여 '명예훼손' 혐의로 총 5억 원의 민사상 손해배상청구소송을 제기했고,[25] 한달 후인 2001년 4월 20 일에는 공대위 홈페이지에 대해 명예훼손금지가처분신청을 제기했다.[26]

---

24) 2001카합650호. 법원은 2001년 3월 8일 이 가처분신청을 받아들였다.

25) 2001가합4089. 서울지방법원 남부지원 민사 제2부. 가해자는 이 소송을 2003년 4월 28일에 이르러서야 취하하였다.

26) 2001카합976, 서울지방법원 제50부 민사부(담당판사: 이공현). 이 사건은 2001년 11월 8일 기각되었다. 그러나 덕분에 2001년 5월 초부터 공대위 홈페 이지는 해외 운동단체의 서버로 이전하여 운영하는 불편을 겪어야 했다. 물론

그런데 1년 반이 넘도록 수많은 단체와 개인들이 부당한 역고소를 취하하라고 요구했는데도 꼼짝하지 않던 가해자가, 막상 재판 과정에서 자신의 거짓말이 드러나 다시 추궁 당할 상황에 처하자 "진실은 반드시 판결로 가려지는 게 아니"라며 최근 간부로 승진하여 "단 한 시도 본인의 사사로운 일에 매진할 수 없는 입장"27)이라면서 선심 쓰듯 고소를 취하한 것이다. 그나마 민사소송은 그 후 반 년이나 더 지난 후에야 취하하였다.28) '피고인'이라는 불리한 입장에서도 성폭력 피해가 진실임과 실명 공개가 공익적 활동임을 입증하기 위한 우리의 노력은 가해자의 말 한마디로 하루아침에 물거품이 되었다. 공소 기각 결정이 나던 2002년 10월 31일 남부지원 법정에는, 달랠 길 없는 분노와 억울함에 판사가 준 발언 기회에도 말을 잇지 못하는 피해자들의 숨소리만 들렸다.

처음에 우리는 이렇게 서로를 위로했다. 가해자가 불리함을 깨닫고 고소를 취하한 것은 투쟁의 성과라고. 분명 뒤늦게나마 가해자가 역고소를 취하한 것은 잘된 일이다. 이로써 앞으로 몇 년이나 걸릴지 모르는 재판 때문에 인생을 설계할 수 없는 상황은 피한 셈이고, 긴 싸움 동안 빼앗겼던 '일상의 평화'를 다시 찾을 수 있다는 생각도 들었다. 길고 치열했던 싸움이 없었다면 가해자가 이렇게 꼬리를 내리지도 않았을 거라 생각하니, 함께 싸워온 모든 이들이 자랑스럽고 고맙기도 했다. 이제 모든 것이 끝났으니 다행이다, 축하한다고 말하는 이들도 있었다. 그러나 '미해결' 상태의 끝은 씁쓸한 것이었다. 피해자들은 여전히, 침해당했던 노동권을 조금이나마 되찾기 위해 악전고투를 거듭해야 했고, 공론화 자체를

소(訴)를 제기한 강○○에게는 아무런 불이익이 없었다.

27) 2002년 10월 23일 강○○가 법원에 접수한 고소취하서 내용 중 발췌. 형법상 명예훼손죄는 '반의사 불벌죄(고소인의 의사에 반하여 벌할 수 없는 범죄)'이기 때문에, 고소인이 고소를 취하하면 검찰이 제기한 공소는 기각된다.

28) 가해자가 민사소송을 취하한 2003년 4월 28일은 '진보적 인사'로 평가받는 KBS 신임 사장이 취임했던 날이다. "비윤리적이고 부정한 사례들에 관련된 분들은 불명예스럽게 문제가 공개적으로 제기되기 전에 스스로 KBS를 떠남으로써 자신의 명예를 지키시기 바랍니다"(2003. 4. 28. KBS 정연주 신임 사장 취임사 중).

지지하지 않았던 남편들과의 관계 회복을 위해 노력해야 했다. 그리고
더 이상 KBS사건을 기억하고 싶어하지 않는 주변 사람들 속에서 홀로
피폐해진 심신의 치유를 위해 애써야 했다. 그런데 가해자는 이제 KBS
의 부장급 간부가 되어 있고, 반성도 사과도 없이 여전히 아무런 처벌도
받지 않은 채 거리를 활보하고 있었다. 가해자를 위증죄로 고소할 수 있
다는 변호사의 조언이 있었지만, 긴 싸움에 지친 우리는 결국 고소를 포
기했다. 할 수 있는 마지막 일이라 생각하며 KBS 정연주 사장에게 제출
한 진정서와 여성단체들의 의견서는 받아들여지지 않았다. 2년 반의 긴
싸움은 사건을 '해결'하지 못한 채, 법정 싸움과 함께 끝나고 말았다.

3. 여성인권의 시각에서 본 쟁점들

KBS사건의 정치적 의미는 다양한 각도에서 논의할 수 있다. 처음에
이 사건은 '운동사회 성폭력'의 전형으로 공론화되었고, 이후 '가해자에
의한 명예훼손 역고소'라는 최근 성폭력 사건의 두드러진 경향의 시작을
알린 사건이 되었다. 또 고소 기간이 지난 성폭력 사건이라는 이유로 법
적인 입증·구제·처벌 모두가 불가능했던 사건으로, 직장 내 성희롱으로
인한 광범위한 여성 노동권 침해 사건으로, 여러 차원에서 문제화할 수
있을 것이다.

1) 운동사회 성폭력: '진보' 세력 내부의 여성 억압을 문제화한다는 것

(1) 100인위의 문제의식
KBS사건이 공론화된 과정의 정치학을 분석하기 위해서는, 100인위의
문제의식과 선 자리를 살펴보아야 한다. 이 사건이 '운동사회 성폭력'으
로 문제화된 데에는, 성폭력특별법과 직장 내 성희롱 처벌 등 현행법이
있음에도 불구하고 성폭력을 비가시화시키는 '운동사회'라는 맥락이 있

었기 때문이다. 2000년 말~2001년 초 운동사회 안팎에 커다란 파장을 가져왔던 100인위의 가해자 실명 공개 운동은 '진보 운동'의 가부장성에 대한 이론적·실천적 비판의 연속선에서 등장했다.29) 이전의 몇몇 '진보 인사'에 의한 성폭력 사건이 '경악'과 '충격'으로 받아들여진 것과는 달리,30) 100인위라는 조직의 결성과 1차 실명 공개는 운동사회 성폭력이 '예외'나 '일탈'이 아니라 구조화된 성별 관계에서 예견된 필연이자 (어떤 의미에서는) '정상'인 현실에 대한 비판이었다.

운동사회에는 성폭력이 없을 것이라고 가정하면 '충격'이겠지만, 젠더 관점에서 보면 그것은 운동사회의 구조화된 여성 억압의 연장이자 실현일 뿐이다. 따라서 100인위 운동에 대한 논란의 상당 부분은 '가해자 실명 공개'라는 방법의 적절성에 대한 것이었지만, 사실 우리가 질문해야 할 것은 '실명 공개 방식이 정당했는가'라기보다는 '왜 그러한 방식의 운동이 요구되었는가'이다. 실제로 100인위가 실명 공개 후 명예훼손 역고소를 당한 것이 알려진 후에도, 100인위 회원에게 찾아와 자신의 피해 사실을 상담하며 가해자 실명 공개를 의뢰하거나 직접 실명공개 운동을 하겠다면서 조언을 구하는 피해여성들이 꾸준히 있었다. 수많은 논란과 비판에도 이러한 요구가 계속 이어지고 있다는 사실이야말로 중요한 현실이 아닐까.

지금까지 한국사회에서 '진보'는 '보수'를 설정하고 비판함으로써 정의, 구축되어왔다. 이때 '보수'는 국가 권력, 기존 정치 정당, 미국, 자본

29) 1990년대 중반 이후 '진보' 세력의 가부장성을 비판하는 이론·조직·실천들이 등장하기 시작했고(조순경·김혜숙, 1995; 김현영, 1998; 전희경 2000), 이는 대학 여성주의 운동의 새로운 움직임과 1990년대 말 사회운동단체 여성활동가들의 세력화로 이어졌다. 남성의 경험·인식·실천·세계관으로 정의되어왔던 '진보'가 여성의 시각에서 새롭게 문제화되기 시작한 것이다(이박혜경, 2001b).

30) 녹색연합 전 사무총장이자 총선시민연대 대변인을 지낸 장원의 성폭력 사건, 임수경 씨의 고발에 의해 문제화된 이른바 '386 정치인들'의 단란주점 사건, 보건의료노조 사무처장 송보순의 성폭력 사건 등을 대하는 '충격'과 '경악' 이면에는, 대부분의 '진보' 운동권은 성폭력을 하지 않을 것이라는 암묵적 전제가 있었다. 「이제는 말하자, 운동사회 성폭력」 발제문 참조.

가 등을 의미한다. 따라서 운동 조직은 (자본·미국·기득권 세력의 이익에 봉사하는) 법의 외부에 그리고 그것에 대립하여 존재해야 한다고 설정된다. 따라서 조직 내 성폭력의 법적 고소나 성폭력 예방 교육 실시 등과 같은 법률상 의무 이행 등은 당연히 무시된다. 가해자를 비호했던 KBS 노조나 가해자를 징계했던 언론 노조나, 성폭력 예방 교육이나 상담 창구, 관련 규정 등을 갖추지 않고 있(었)다는 점에서는 다르지 않았다. 그러나 KBS사건에서 보듯이, 현행법보다 나은 원칙을 전혀 가지고 있지 못하면서도 현행법을 무시하는 운동사회의 문화는 피해자들의 손발만 묶을 뿐, 가해자의 명예훼손 고소에 대해서는 어떠한 제재도 하지 못했다. 이 사건은 '진보'의 의미를 독점한 '운동권'이 스스로를 '치외법권' 지대로 설정하고 대의, 조직 보위, 동지애의 이름으로 성폭력을 은폐·재생산해온 것에 대한 정면 도전이었다. 남성 중심적 운동 문화에서 살아남은 여성들이 스스로를 잠재적 피해자로 인식하여, 기존 '진보'의 의미를 비판하고 '진보 진영'이라는 단일화된 상상적 공동체에 균열을 내기 시작한 것이다.

나아가 100인위는 그간 당연시되어왔던 '진보'라는 범주가 여성 활동가의 인권을 무시, 희생시키면서 구축된 남성의 경험·해석·세계관임을 드러내고자 했다. '음모론'과 '조직보위론'이 팽배하여 해결의 실마리가 보이지 않았던 KBS사건을 100인위가 공개하게 된 것 역시 이러한 문제의식의 연장선상에 있다. 하지만 공론화의 주체가 '진보' 자체를 문제삼는 100인위였기 때문에 KBS사건은 초기 연대 과정에서 어려움을 겪기도 했다. 남성 주체가 독점한 '진보'의 정의 속에서, 여성의 비판은 '운동사회 내부의 자정과 치유를 위한 고언' 정도로 치부되거나 진보의 바깥('안기부 프락치의 소행')으로 규정되었다. 그러나 100인위 운동은 두 가지 시각을 모두 거부하는 것이었고, 따라서 남성 '진보' 세력에게는 물론이고, '진보' 진영과 복잡한 관계를 맺어온 여성운동단체까지 불편하게 한 정치학이었다.

(2) 음모론-남성간의 권력 갈등으로 치환되는 성폭력

운동사회 성폭력을 문제화할 때 항상 제기되는 대표적 담론인 '음모론'과 '조직보위론'은, 남성의 경험에서 정의된 '진보'의 대의·조직이 어떻게 여성의 경험을 주변화하는지를 잘 보여준다. 우선 '음모론'은 성폭력을 여성-남성의 문제가 아닌 남성-남성의 문제로 환원하는 방식의 하나이다. KBS사건에서 피해자들의 경험은 가해자와 대립하는 다른 남성(집단)의 음모로 끊임없이 치환되었다. 2000년 말 노조 선거 당시에는 "상대 후보의 조작"으로, 2001년 2월 100인위 공개 당시에는 "막 출범한 노조의 단합을 흔들려는 세력의 발흥"으로, 2001년 5월 언론노조의 가해자 징계 당시에는 "비리를 감추기 위한 언론 노조 일각의 비이성적 작태"로, 가해자는 전가의 보도처럼 음모론을 제기했다. 이러한 해석 속에서 피해여성들은 행위의 주체가 아니라 '배후 세력'의 조종에 의해서만 움직이는 '수단'일 뿐이며, 성폭력은 여성 인권 침해가 아니라 남성간 권력 투쟁에서 활용되는 '빌미'일 뿐이다.[31] 피해자들과 친한 주변 사람에서부터 기자, 검사에 이르기까지 이 사건을 접한 대부분의 사람들이 이 논리를 쉽게 받아들였다.

(3) 조직-개인 관계의 성별성, 조직보위론

'조직보위론'은 운동사회 성폭력 메커니즘을 단적으로 보여주는 담론으로서, '진보의 대의'를 위해 활동하는 운동 조직을 '적'의 공격으로부터 '보위'하기 위해 성폭력 사건이 조직 밖에 알려져서는 안 된다는 논리다. 이 논리는 성폭력 사건에 대해 함구령을 내리고, '조직 내에서 해결하는 것을 원칙'으로 제시함으로써 피해자가 외부의 도움을 받을 수 없도록 고립시킨다. 이 논리의 연장선상에서, 심지어 피해자에게 '동지애'를 갖고 가해자를 용서하도록 종용하는 등 사건을 은폐하고 무화(無化)시키는 행위구조가 정당화되어왔다.

---

31) "사사로운 이익을 위해 '두 여인'을 이용하고 노동조합을 흔들려는 검은 음모 세력들," KBS 노조 8대 집행부가 발표한 2001년 2월 27일 성명서 중.

'조직보위론'은 두 가지 점에서 비판되어야 한다. 첫째, 기본적으로 성폭력을 여성 인권의 관점이 아니라 '조직에 어떤 영향을 미치는가'의 시각에서 판단하는 논리이다. 이 논리 속에서는 조직의 위상과 피해자의 권리가 상호 충돌하는 구도로 나타나며, '조직보위론'은 그 두 가지 중에서 조직의 위상을 우선시해야 한다는 입장이다. KBS사건의 피해자인 최서린 씨와 손유영 씨는 둘 다 문제제기 이후 소속 조직의 상사·동료들로부터 "그런 일을 하려면 나에게 먼저 보고해야 하지 않느냐," "공식적으로 얘기하기 전에 나한테 먼저 상의를 하지 그랬냐," "안 해야 될 일을 했다," "이렇게까지 일이 커지지 않았어야 했다"는 이야기를 많이 들었다. 성폭력은 개인적 문제일 뿐이기에, 그 문제를 제기하는 것은 조직에 나쁜 영향을 미치기 때문에 하지 말았어야 한다고 보는 것이다. 여기서 중요한 것은, 그 조직의 질서와 위상 안에 여성 인권이 포함되어 있지 않다는 점이다. 여성은 조직·기업·국가에 유용할 때에만 '개인'으로서 인정받는다. 그렇지 않을 경우('조직에 악영향을 미칠' 경우) 여성 개인의 권리는 인정되지 않기 때문에, 언제나 성폭력보다 성폭력 신고가 더 문제시된다.

둘째, '조직보위론'의 논리가 일견 '개인'을 희생해서 '조직'을 보존하려는 성 중립적인 시도로 보이지만, 실제로 희생되는 '개인'은 언제나 피해자 여성이며 가해자 남성은 대개 그 조직의 진보성을 체현하는(embodiment) 존재로 간주되거나 조직 그 자체와 동일시되어 조직과 함께 '보위'된다.[32] 이처럼 누가 조직의 중요한 구성원이며 무엇이 공적 사안인가에 대한 정의는 항상 사회적 권력 관계 속에서 이루어지며, 성폭력이 조직·국가·사회의 문제가 아닌 '개인의 문제'로 보이는 것은 성별화된

---

32) ≪이제는 말하자≫ 자료집; 이박혜경, 2001a. 실제로 KBS 노조 8대 집행부는 100인의 실명공개 이후 성명서에서 "두 여성의 주장과 '100인위'의 무책임한 폭로는 부위원장 개인은 물론이고 KBS노동조합, 나아가 KBS에 대한 중대한 명예훼손"이라고 말하면서, 가해자의 명예훼손 역고소에는 "KBS노동조합의 의지가 실려" 있다고 천명하기도 했다. KBS노동조합 8대 집행부, "성추행 의혹 재론에 대한 조합의 입장," 2001년 2월 27일.

해석·실천의 결과인 것이다. 이러한 상황에서는 '개인'일 수 있는 것도 남성뿐이고, '조직의 일원'일 수 있는 것도 남성뿐이다.

(4) 전국언론노조의 가해자 징계의 의미와 한계

KBS사건에서 가해자가 퇴진하는 데 중요한 계기가 되었던 것은 언론노조의 중징계였다. 당시 언론노조가 성폭력에 관한 별도의 내규가 없었음에도 불구하고 가해자의 조합원 자격을 박탈하는 중징계를 내렸던 것은, 가해자가 아니라 피해자를 축출하는 방식으로 무마되어왔던 운동사회 성폭력 메커니즘을 생각해볼 때 혁신적인 변화였다. 그리고 그 배경에는 1990년대 말부터 가시화된 운동사회의 가부장성에 대한 여성주의 비판과(전희경, 2000) 공대위를 비롯한 제 연대 세력들의 구체적이고 끈질긴 요구가 있었다는 점 또한 짚어야 한다. 하지만 언론노조의 가해자 징계가 '놀라운 결단', '굉장한 호의'로 받아들여지는 것은 그 자체가 해석이 필요한 현상이다.

언론노조의 가해자 징계는 여성 인권의 관점보다는 조직 보위의 관점에서 이루어진 것이었다. 당시 언론노조에는 성폭력에 관한 어떠한 제도적 장치도 없었다.[33] 게다가 산별노조로 재출범한 지 얼마 안 된 상황에서 전체 조합원의 3분의 1을 차지하는 소속 조직(KBS 노조)의 직선 간부를 징계한다는 것은 상당한 부담을 가질 수밖에 없는 일이었다. 그럼에도 언론노조가 공식적으로 진상조사에 착수하여 공식절차를 통한 부위원장의 '제명'이라는 과감한 결정을 내린 것은, 피해자 관점에서 성폭력 사건을 보았기 때문이기보다는 새로운 형태의 '조직 보위'에 가깝다. 애초에 언론노조가 진상 조사에 착수했던 이유는 이 사건이 성폭력 "사실 여부를 떠나" "KBS본부와 언론노조는 물론 민주노총 전체의 위상을 추락

---

33) 여기서 '성폭력 관련 제도'란 예방교육, 전문 상담 및 신고 창구, 사건 발생시 올바른 해결을 위한 명문화된 규정 등을 포괄적으로 지칭하는 용어로 사용하였다. 현재 민주노동당, 사회당, 국제연대정책정보센터, 사회민주연대 등을 비롯한 몇몇 사회운동조직에는 성폭력 관련 규정이 있다.

시키고 있으며 조직 내부 갈등을 심화·확대시켰기"[34] 때문이었다. 그리고 가해자에 대한 징계 사유가 "조직 결속력과 도덕성에 큰 상처를 입히고 조합 활동을 저해"했다는 이유였다는 점 역시 이를 단적으로 보여준다. 즉 과거의 운동 조직들이 성폭력 사건의 문제화 자체를 '조직 위상 추락'과 '내부 갈등 심화'로 보고 피해자를 침묵·축출함으로써 조직을 보위하고자 했다면, 언론노조는 동일한 상황 인식에 기반하되 가해자를 제명함으로써 흔들린 조직을 보위했던 것이다.

언론노조의 가해자 징계가 높이 평가되는 이면에는, 그동안 조직 내 성폭력 사건에서 가해자 징계가 거의 이루어지지 않았으며 징계가 조직의 책임이나 의무로 간주되지도 않았다는 역사적 배경이 놓여 있다. 많은 연구 및 조사 결과들이 밝혀왔듯이 직장과 같은 특정 집단·관계 내에서 발생한 성폭력 사건에서는, 형사상 처벌과는 별개로 그 집단 안에서의 '신속한 가해자 징계'가 필수적이다. 그것이 2차 피해를 방지하는 거의 유일한 방법이기 때문이다. 즉 가해자를 방치하는 것이 피해자의 2차 피해로 직결되는 상황에서는 가해자 징계가 '권한'이 아닌 '의무'로 접근될 필요가 있다.[35] 그러나 KBS사건에서 책임지고 가해자를 징계했어야 할 사용자들은[36] 아무 조치도 취하지 않았다. 그로 인해 피해자 손유영 씨가 가해자와 한 달 이상 같은 사무실에서 근무해야 했던 상황이 벌어졌는데도 사회운동단체들의 공식·비공식적 요구가 있은 후에야 비로소 '특별유급휴가'라는 잠정적 조치가 취해졌을 뿐이다. 언론노조의 가해자

---

34) 2003년 3월 7일 전국언론노동조합 제3차 중앙집행위원회 결정사항. 이민우 기자, "언론노조, KBS 노조 간부 성폭력의혹 해결 촉구," ≪오마이뉴스≫ 2003년 3월 8일자.

35) 직장 내 성희롱에 대한 현행법상 '사용자 책임' 강화 방안 모색이나(국미애, 2003) 100인위가 성폭력 사건 해결 원칙으로서 가해자 소속 조직의 '의무'를 강조했던 것은(100인위, 2000), 가해자 징계가 '의무사항'으로서 당연시되어야 함을 사회적 상식으로 확립하려는 노력의 일환이라고 할 수 있다.

36) KBS사건의 경우 고용관계로 보면, 피해발생 당시 KBS기자였던 가해자의 사용자는 KBS 사장이고, 노조 채용 간사로 근무했던 피해자들의 사용자는 KBS 노조 위원장이다.

징계 조치가 '최소한의 책임'이기보다 '최대한의 호의'로 높이 평가되는
것은, 운동사회의 여성 억압 현실에서 반사된 효과이다.

  2) 명예훼손 역고소: 인권의 위계, 명예의 성별성

  지금까지 한국사회의 반(反)성폭력 운동은 "보이지 않던 것에 이름 주
기"이자 여성의 경험에 대한 여성의 해석 권리를 주장하는 것이었고, 성
폭력 사건의 공론화(사건화)를 중요한 방법론으로 채택해왔다(변혜정,
2000; 배지선, 2003). 이때 공론화는 그동안 '개인의 문제', '사적인 문제'
로 치부되어왔던 성폭력을 '공적인 사안'으로 만들려는 노력의 일환이다.
1980년대 이후 사회적으로 공론화되었던 많은 사건들이나 1990년대 후
반 대학에서 많이 활용되었던 '실명 공개 대자보'를 통한 성폭력 사건의
공론화, 그리고 100인위의 가해자 실명공개운동은 이런 면에서 맥락을
같이한다. 그런데 최근 성폭력 사건의 공론화가 가해남성의 권리('명예',
'인권')를 침해한다는 주장이 활발히 제기되고 있다. 그러한 주장이 표출
된 것이 바로 '명예훼손' 역고소이다.
  성폭력 가해자가 피해자를 명예훼손, 무고, 모욕, 심지어 간통 등으로
역고소한 예는 이전에도 있었다. 1986년 부천서 성고문 사건(명예훼손 역
고소), 1988년 강정순 씨 피해 사건(무고 및 간통죄로 피해자 구속), 1993년
서울대 신정휴 성희롱 사건[37]등이 그 대표적인 예이다. 이러한 현상은
'성폭력 피해 말하기'를 범죄로 만듦으로써 성폭력 근절 노력을 사회적
으로 처벌하는 것이다. 이때 피해여성의 성폭력 문제 해결 노력은 남성
특권에 도전하는 행위로 간주된다. 주목해야 할 것은 100인위가 공개한

---

37) 피해자 우조교가 1993년 8월 피해 사실을 알리는 대자보를 서울대학교 안에
   붙이고 이것이 언론에 알려지자, 가해자 신정휴는 우조교를 명예훼손으로 고소
   하였다(사건번호 1994형제75417호). 이에 대해 검찰은 '명예훼손 혐의는 인정
   되나' 우조교가 '24세의 처녀로 초범'이라는 점과 검찰에서 '반성의 뜻'을 보
   였다는 이유를 들어 불기소(기소유예) 처분(1994년 10월 31일)으로 사건을 종
   결하였다. 이후 신정휴는 1994년 11월 30일 검찰에 항고하였으나 기각되었다.

KBS사건을 시작으로 지난 2~3년간 명예훼손 역고소 사건이 급증하여[38] 급기야 최근에는 여성단체에 "성폭력 상담보다 역고소에 대한 상담이 더 많은" 상황이라는 점이다. 성폭력 피해를 당했다고 알리는 것이 '범죄'가 되고 있다. 피해자는 성폭력 사건 재판에서 고소인임에도 피고인 취급을 당하는 데서 그치지 않고 실제로 피고인이 되고 있다. 왜, 어떻게 이러한 현상이 합법적으로 일어나고 있는 것일까?

(1) 역고소의 정치적 의미와 효과

역고소가 하나의 경향으로 일반화되는 현상은 역고소가 정당하다는 즉 성폭력 사실 공개가 가해자의 명예를 훼손한다고 보는 사회 전반의 문화적 각본 없이는 가능하지 않다. 가해자의 역고소는 다음과 같은 의미 작용을 동반한다. 첫째, 성폭력 가해 사실에 대한 강력한 부인("고소까지 한 걸 보니 정말 결백한가 보다"), 둘째, 가해자에게도 인권이 있다는 환기("설사 성폭력 가해자라고 하더라도 사회적으로 매장시켜서는 안 된다")가 그것이다.[39] 이러한 명예훼손 역고소의 사회적 해악은 이루 말할 수 없다. 우선, 역고소 그 자체가 피해자 증언의 신빙성을 흔드는 결과를 가져와, 사건 해결을 가로막는 결정적인 계기로 작용한다. 둘째, 피해자를 압박함으로써 사건을 해결하고자 하는 의지 자체를 일거에 위축시킬 뿐만 아니라 향후 잠재적 피해자들까지도 확실하게 침묵시키는 효과를 가져온다("명예훼손 역고소 당할까봐 걱정되서 사건화하지 않겠다"). 셋째, 성폭력 피

---

38) 「성폭력 가해자의 명예훼손 무엇이 문제인가?」 토론회 자료집 참조. 대표적인 사례로는 소설가 박일문 사건(피해자, 100인위, 여성신문 기자 등에 대한 명예훼손 역고소), 경산 K대 교수·대구 K대 교수 사건(대구여성의전화 공동대표가 사이버 명예훼손으로 고소 당하여 1, 2심에서 각 200만 원 벌금형을 받고 상고하여 현재 대법원 계류중), 동국대 김○○ 교수 사건(피해자 명예훼손·무고 고소, 동료교수 명예훼손·업무방해로 역고소), 제주도 우근민 지사 사건(제주여민회와 피해자에 대한 명예훼손 역고소) 등이 있다.

39) "명예훼손(defamation of character)은 보통 성폭력 가해자들이 사용하는 가해자 인권 논리의 큰 축을 형성하고 있다," 여성주의 커뮤니티 '언니네' 자기만의 방(http://www.unninet.co.kr/papermoon); '언니네' 2003년 11월 특집 「성폭력, 침묵에 대한 의문」(http://www.unninet.co.kr) 참조.

해와 저울질할 수 있는 '명예훼손 피해'를 구성해냄으로써 성폭력 가해의 책임을 덜고 협상 조건을 만들어낸다("서로 고소 취하하기로 합의하자"). 이는 더 이상 침묵하고 있지 않는 성폭력 피해자들의 저항에 대한 가해자들의 '반격'으로서(조순경, 2002: 84) 반성폭력 운동의 많은 성과들을 후퇴시키고 있다. 그 어떤 범죄도 가해자와 상의하고 피해 사실을 공개하지 않는다. 가해남성은 명예훼손죄를 활용함으로써, 성폭력특별법을 얼마든지 무력화시킬 수 있는 것이다.

(2) 여성에게 '명예'는 있는가? ─ '명예'의 성별성

가해자들이 훼손당했다고 주장하는 '명예'란 무엇인가? KBS사건에서처럼 성폭력 가해 사실을 강력히 부인하기 위한 방법으로 역고소하는 가해자의 경우, 그들이 주장하는 '명예'는 성폭력 가해를 완전히 부인함으로써만 지켜진다. 이는 곧 피해여성의 진술에 대한 의심과 부인을 통해서만 가능하다. 한편 심지어 형사재판에서 성폭력으로 유죄 선고를 받고도 이를 공개했다고 명예훼손 역고소를 하는 가해자들의 경우, 그들이 주장하는 '명예'는 그들이 성폭력범임을 비밀에 부칠 때만 성립한다. 두 경우 모두 '가해자의 명예'라는 관념은 피해자의 증언과 경험을 부정하는 방식으로 작동한다. 그러나 가해자는 성폭력을 저지르는 순간 이미 스스로 자기 명예를 훼손한 것이다.

또한 성폭력 사건의 공론화 과정에서 명예를 훼손당하는 것이 과연 가해자인지 반문해볼 필요가 있다. 성폭력 피해여성들이 사건을 공개적으로 해결하고자 할 경우, 갖가지 명예훼손을 '당연한 수순'으로 감수해야 하는 것이 현실이다. KBS사건의 공론화 과정에서도 피해자들이 당한 명예훼손은 회복할 수 없을 정도로 컸다. 가해자 측은 피해자들이 '배후 세력의 조종을 받는 꼭두각시', '비리를 저지른 자와 부적절한 관계에 있는 여자', '거짓말쟁이'라고 공공연하게 주장했다. 심지어 "노조 여직원은 노조원의 궁녀"라는 글이 KBS 노조 관련 인터넷 게시판에 버젓이 올라오기도 했다. 그러나 이러한 피해자에 대한 명예훼손은 '사건의 전모'를 파악하기 위해 고려해야 할 사항으로 수용되었고, 인터넷 게시판의 모욕적인 글을 신고했으나 경찰 사이버수사대는 수사가 불가능하다고 말했다. KBS사건의 공론화는 이러한 상황을 타개할 수 있는 아무런 법적·제도적 방법이 없었기 때문에 감행한 것이었다. 그런데도 현실에서 가해자의 명예가 크게 훼손된 것처럼 '보이는' 것은, 가부장제 사회에서 여성의 명예와 남성의 명예가 동등한 의미와 중요성을 갖지 않기 때문이다.

남성의 명예는 늘 법의 보호를 받고 세인의 관심사가 되며 보호해야 할 가치로서 중요하게 다루어지지만, 여성의 명예는 거의 다루어지지 않을 뿐만 아니라 사실 '명예'로조차 보이지 않는다. 성폭력 사건의 공론화 과정에서 대다수의 피해자들이 명예훼손을 당하지만 이를 법적으로 고소하는 경우는 드물고, 고소를 하더라도 법적으로 인정받는 경우가 거의 없다. 명예훼손 관련 법 조항은 외견상 '모든 사람'의 명예를 보호하기 위한 법처럼 보이지만, 실제로는 압도적으로 특정 집단(사회적 권력을 지닌 남성)의 명예만을 보호하고 있다.[40] 성폭력 사건의 공론화 과정에서 정작 '명예'를 훼손당하는 것은 피해여성들임에도 그것은 '명예훼손'으로 보이지 않는다. 왜냐하면 우리 사회에서 여성들은 '명예'를 가진 주체가 아니며 여성 자신이 국가·민족·조직·가족의 명예를 대표하는 기호처럼 여겨지기 때문이다.

(3) 역고소의 문화적 각본―'가해자의 인권'

명예훼손 역고소를 정당화하는 문화적 각본은 흔히 '가해자의 인권'이라는 말로 압축적으로 표현된다. 역사적으로 '인권'은 개인의 권리를 의미해왔으며, 가부장제 사회에서 '개인'은 남성을 의미한다(매키넌, 1993:

---

40) 배금자 변호사는 우리나라 공직자 명예훼손 소송의 특징을 분석하면서 "명예훼손 제도가 정당하게 보호를 받아야 할 개인의 명예 손상에 따른 구제수단으로 활용되기보다는 오히려 정부, 정당, 공직자, 정부기관 등이 자신들의 공적인 업무 수행에 관련한 비판을 효과적으로 방어하고, 함부로 의혹제기를 못하도록 봉쇄하는 수단으로 남용되고 있다"고 지적한 바 있다. 배금자(2002), 조순경 (2002: 87-88)에서 재인용.

120-121). 남성은 '개인'이며 '개인'으로서 권리를 침해당할 수 있다. 그러나 여성은 '개인'에 미달하는 존재로 간주되기 때문에, 단순히 한 개인일 때는 인권을 보장받을 수 없다. 여성은 항상 다른 조건이 있을 때―'피해의 심각성'을 강조하거나 '사회적(공적) 문제로 공론화'될 때―만 인권을 보장받을 수 있는 것이다.

우리 사회에서 인권은 그것 자체로는 긍정적이며 진보적인 가치·규범이라고 간주된다. 그러나 관념적 승인과 달리 우리 사회에서 사회적 약자의 인권이 민족 혹은 가족과 같은 집단의 규범이나 사회적 강자의 지배 가치들과 경합하게 되면 인권의 구체적 실천은 사회적 혹은 문화적 관행 속에서 사소하고, 유보될 수 있는 부차적인 문제로 사라져버린다. 우리 사회는 자유로운 인간으로 사는 데 제한을 주는 사회·문화적 조건에 저항하는 개인들의 노력보다는 우리가 살고 있는 사회공동체의 생존과 유지를 더욱 중요시하는 담론이 지배적이다. 그래서 사회공동체에서 누가 더 중요하고, 누가 더 사회적 책임과 의무를 지고 있느냐에 따라 인권의 가치가 위계화된다(김은실, 2000: 116).

나는 KBS사건 피해자들이 뒤늦은 문제제기의 이유로 '가해자가 부위원장이 되면 노조의 도덕성이 훼손되기 때문에', '더 이상 또다른 피해자들이 나오지 않기를 바라는 마음에서'라고 설명할 때 늘 마음이 아팠다. 그러한 '공익적 목적' 없이는 피해자들의 행동이 정당화될 수 없는 현실을 보여주기 때문이다. 한국사회에서 성폭력 피해 공개는 피해여성 개인의 인권 회복을 위해서만으로는 충분하지 않고, 반드시 '공공의 이익을 위해서' 행해졌을 때에만 정당화된다.[41] 여성 개인의 인권은 공익적 가치로 간주되지 않기 때문이다. 따라서 성폭력 피해여성이 역고소를 당했을 때 그녀가 처벌을 면하기 위해서는, 그것이 개인의 이익이 아니라 공

---

41) 강○○의 역고소로 인한 수사 및 재판 과정에서 우리 측 변호인들이 주장한 핵심 요지도, 공개 내용(성폭력 사건)이 '진실한 사실'이며(또는 사실로 믿을 만한 '상당성'이 있으며) 사건을 공개한 것은 '공익을 위해서'였다는 '명예훼손의 위법성 조각사유'(형법 제310조)에 그대로 부합하는 것이었다. 이러한 주장은 피해자가 처벌받는 상황을 피하기 위한 불가피한 선택이었지만, '공익'과 '인권'의 정의 자체를 문제화하지는 못한 방어적 대응이었다고 생각한다.

공의 이익을 위한 행동이었음을 증명해야 하는 것이다.

이것은 '인권'의 젠더화된 작동을 잘 드러내준다. 피해여성은 '공익적 목적' 없이 '개인'으로서는 침해된 인권을 회복할 수 없지만, 가해남성은 그러한 목적 없이도 얼마든지 '인권'의 이름으로 명예훼손 역고소를 제기할 수 있다. 즉 "가해자에게도 인권이 있다"는 이 말은 보편적 인권 개념의 수사학을 차용함으로써, 지금까지 성폭력 가해자들이 누려온 것 그리고 명예훼손 역고소를 통해 계속 유지하고자 하는 것이 남성의 (인권이 아니라) 특권이라는 사실을 은폐한다. 인권이 논해지는 사회적 맥락에 대한 인식 없이 보편적 권리로서의 인권을 논하는 것은, 현실에서 경합하는 해석과 상충하는 권리를 제대로 다룰 수 없다. 인권이나 명예가 여전히 남성의 권리를 뜻하는 현실에서, 성폭력 사건의 공론화는 가해자에 대한 인권 침해가 아니라 피해자의 인권 회복을 위해 가해남성이 누려온 특권을 상대화하는 것일 뿐이다(정희진, 2000).

(4) 반(反)성폭력 운동에 대한 반격

성폭력 사건의 공론화는 피해자 개인을 지원하는 여성단체를 통해 이루어지는 경우가 많다. 이는 1980년대부터 시작된 한국 반성폭력 운동의 방법론이기도 했다. 그런데 이제 성폭력 가해자들이 공론화 자체를 '인권 침해'라고 주장하기 시작했다. 이것은 성폭력 관련법의 제·개정, 여성부 출범, 대학 여성주의 운동의 성장을 통한 학칙 제정 등 지난 10여 년간의 반성폭력 운동의 역사와 성과에 대한 집단적 반격이다. 가해자를 지원하는 사회는 '(거대한 집단적 세력으로서의) 여성운동 대 (개인에 불과한) 가해자'라는 구도를 통해 이러한 반격을 정당화한다. 즉 외견상으로는 피해자 대 가해자로 보이지만 피해자의 뒤에는 그녀를 지원하는 여성운동단체가 있기 때문에 결국 싸움은 개인 대 집단의 싸움이며, 이때 개인인 남성 가해자는 불리한 상황에 처하기 때문에 여성운동집단이 가해자 실명공개를 하거나 성폭력 사건을 공론화하는 것 자체가 '폭력'이고 '인권 침해'라는 것이다.[42] 이러한 논리는 가해자를 '피해자'처럼 보이게 만든다.

국가권력이 침해하는 개인의 권리를 인권으로 정의해온 근대 인권 개념의 역사는, 여성운동을 '국가만큼이나 강력하다고 느끼는' 남성들의 집단적 착시와 쉽게 결합된다. 여성운동 세력이 엄청난 권력을 가지고 있으며 이를 부당히 휘두르고 있다는 것이다. 이들은 여성운동·여성주의가 지배적인 세력·이념이 되었다고 가정하며, 자신이 마치 기득권 세력의 횡포에 희생당한 소수자인 듯 설정한다(Chamallas, 2000: 81). 여성에 대한 폭력이 남성(가해자)에 대한 폭력으로 둔갑하는 현상은, 반성폭력 운동이 가져온 충격과 변화로 인해 불만이 누적되어 있던 남성 동맹의 정서적 연대 없이는 불가능하다. 즉 명예훼손 역고소가 일반화되고 있는 현상은 1990년대 이후 급진화되어온 여성주의 운동에 대한 '반격(backlash)'43)으로 분석될 필요가 있다.

어떤 면에서 이러한 '반격'은 반성폭력 운동의 힘과 취약점을 모두 보여주는 현상이 아닐까 생각한다. 한편으로 그것은 반성폭력 운동이 성폭력을 저지르고도 별다른 처벌을 받지 않는 남성 특권에 도전하기 시작했음을 뜻한다. 사실 반성폭력 운동이 급진화·세력화되기 이전까지, 남성들은 굳이 '명예훼손 역고소'라는 법의 도움 없이도 피해여성을 '말하지 못하게' 할 수 있었기 때문이다.44) 하지만 다른 한편으로 이것은 반성폭

---

42) 많은 남성들, 특히 가해자들은 100인위의 가해자 실명공개를 '백색 테러단', '홍위병', '마녀사냥', '페미 파쇼' 등에 비유하였다. 이러한 용어들은 모두 지배 집단이 권력(폭력)을 휘둘러 결백한 희생자를 양산해낸 역사적 사실들을 지시하는 것들이다. 이는 (그들로서는) 정체와 향방을 알 수 없는 상태에서 무방비로 공격을 당하고 있다는 공포감의 표현일 것이다.

43) 수잔 팔루디는 1991년에 쓴 책에서 '페미니즘에 대한 반격'을 '여성의 독립성에 대한 적대감(hostility to female independence)'과 '페미니즘에 대한 공포와 격렬한 혐오(fear and loathing of feminism)'로 정의한 바 있다(Faludi, 1991). 앤 커드는 변화에 대한 남성의 저항이 비조직화되고 무의식적이며 심지어 제도화된 형태를 띨 수 있다고 덧붙인다(Cudd, 2002: 10). 줄리 메이비(Julie E. Maybee)에 따르면 우리가 '반격'하에 있다는 것은 "여성 및 페미니스트들에게 있어서 모든 것이 과거보다 악화되고 있음을 의미"하며, 반격은 "'다른 목소리'가 제기한 위협을 제거하고자 하는 시도"이다(Maybee, 2002: 133, 145).

44) "비록 국가가 어떤 식으로든 남성이 여성에게 행하는 대부분의 일 배후에 있

력 운동이 많은 성과에도 불구하고 남성 특권이 작동하는 담론 구조 자
체를 해체하는 데까지는 이르지 못했다는 의미일 수 있다. 가령 '공론화'
라는 운동방법은 (의도했든 그렇지 않든 간에) 성폭력을 사적인 문제가 아
니라 공적인 문제라고 주장해왔는데, 이러한 주장은 공·사 분리와 '개
인', '인권', '명예'를 정의하는 기존의 방식에 도전하기 어렵다. 여성운
동은 기존의 '인권' 개념을 비판하면서 동시에 그것에 호소해야 하고,
'인권'에 호소하면서 동시에 그것을 재구성해야 하는 과정이었다.

3) 성폭력 피해의 객관성—'진실'을 구성하는 성별정치학

(1) 가해자 중심 사회에서 피해를 입증한다는 것

"정말 그런 일이 일어났을까?" 이것은 대다수의 성폭력 피해자들이 문
제를 제기할 때 처음부터 끝까지 계속 맞닥뜨리게 되는 질문이다. 질문
이 제기되는 방식이 "정말 성폭력이 없었을까?"가 아니라 "정말 그런 일
이 일어났을까?"라는 것 자체가, 우리 사회의 가해자 중심성을 보여준다.
가해자는 끝까지 부인하는 것만으로 처벌을 피할 수 있지만, 피해자는
끝까지 피해 사실을 말해도 결코 피해를 인정받을 수도, 가해자를 처벌
할 수도 없다. 성폭력 사건을 공론화한 피해자와 지원자들은 흔히 "왜
가해자 본인에게 확인하지 않고 사건을 공개했느냐"는 질문을 받는다.
이 사건에서도 마찬가지였다. 대다수의 가해자가 성폭력 가해 사실을 적
극적으로 부인하는 것이 일반적인 상황에서 "가해자에게 확인"해야 성폭
력이라 말할 수 있다는 것은, 가해자가 인정하는 것만 피해로 인정될 수
있다는 의미다. 가해자와 피해자의 진술이 상반될 때, 피해여성의 경험을
해석할 수 있는 권리는 피해자 자신에게 있지 않은 것이다.

피해여성들은 말하기 전까지는 그동안 침묵했던 것을 후회하고, 말한
후에는 계속 침묵하지 않은 것을 후회하게 된다. '명백한' 증인·증거가

지만, 남성은 국가가 명시적으로 그러한 일을 허용하지 않아도 으레 여성들을
지배하고 침해할 수 있는 충분한 힘을 가진다"(McKinnon, 1993: 122).

없고 피해 발생 후 4~5년이 지난 상황에 있었던 KBS사건의 피해자들 역시, 가장 '가까운' 관계(가족·파트너·회사 동료)부터 가장 '먼' 관계(검사·판사)에 이르기까지 만나는 모든 이들에게 피해 사실을 증명해야 하는 중압감에 시달렸다. 피해자들은 KBS 노조의 진상조사(2000년 11월), 100인위 면담조사(2001년 1월), 언론노조 진상조사(2001년 3~4월), 검찰 조사(2001년 3~5월), 재판 과정(2002년 4~10월) 등 2년 내내 끊임없이 사실 입증을 요구받아왔다. 그리고 기존 남성 언어의 틀 속에서 '입증'을 하기 위해, 증인 진술 확보, 교통편 예약 기록 확인, 관련 사진 자료 제시, 심리 검사, 정황 진술의 제시 등 할 수 있는 모든 것을 했다.

피해자들은 이 사건 문제제기 이후 다양한 불이익과 피해를 당해왔다. 8대 집행부는 피해 사실이 법적으로 입증되지 않았다는 이유를 들어 피해자 손유영 씨를 가해자와 한 사무실에서 근무하도록 한 달 넘게 방치하였고, 이후에도 약속했던 특별유급휴가를 일방적으로 중단하고 임금을 체불했다. 가해자 퇴진 이후 들어선 보궐 집행부 역시, 그동안 체불된 임금을 '휴업 수당'으로 명목 전환하여 총액의 70~80%만을 지급하였으며, 암묵적 분위기를 통해 퇴직을 종용하는 등 고용 불안을 조성하였다. 최서린 씨는 성폭력을 문제화했다는 이유만으로 승진에서 누락되는 등 고용상 불이익을 당했고, 피해 자체를 희화화하는 모욕적 언사와 시선에 시달렸다. 그러나 이 지난한 과정을 거치고도 여전히 KBS사건은 KBS 노사 양쪽에서 '사실'이 아닌 '의혹'으로 간주되고 있다. '법적인 판단'이 내려지지 않았다는 것이 그 이유다. 그렇다면 '법적인 판단'의 내용은 무엇이며, 최후·최선·최고의 근거로서 '법적인 판단'이 갖는 권위는 어디서 오는가?

(2) '법적인 판단'의 성별성

많은 여성주의자들이 지적해왔듯이, 법은 결코 중립적이지 않으며 "모든 법의 뒤에는 결국 누군가의 이야기가 있다."[45] 수사 기관은 수사의

---

45) McKinnon(1993: 108). 따라서 "문제-정치와 역사의 문제이며 따라서 법의

필요성을 '합리적인 평균인'을 기준으로 하여 합리적으로 판단해야 하고,
범죄 혐의의 유무 역시 합리적인 평균인을 기준으로 판단해야 한다고 간
주된다. 범죄인을 구속할 경우에도 범행 결과의 경중에만 집착할 것이
아니라 피의자와 피해자의 관계, 피해자가 범죄를 유발했는지 여부, 도의
적 비난가능성 정도 등 개별적인 정상을 참작하여 선량한 일반 국민의
정의감에 부합하여 처리하도록 규정되어 있다(사법연수원, 2003). 한마디
로 근대 형법이 전제하는 인간은 '중립적인 추상적 인간', 즉 '일반 평균
인'이다. 그러나 수사 과정에서 재판 과정까지 지속적으로 등장하는 '합
리적인 평균인', '일반 국민', '일반 평균인' 등은 사실상 남성을 의미했
다. KBS사건의 명예훼손 역고소 관련 검찰 조사에서, '허위 사실'에 의
한 명예훼손인지 '사실'에 의한 명예훼손인지 여부를 가리기 위한 수사
가 이루어진 방식은 이를 잘 보여준다.

> 문: 피의자가 성추행을 당했다면 강○○가 다시 찾아올지도 모르는 불안감,
> 호텔 객실에 대한 불쾌감 등으로 성추행 당한 호텔 객실을 떠나 다른 호
> 텔이나 여관에서 잠을 잤어야 할 것 같은데, 그대로 조선비치호텔 그 객
> 실에서 밤을 새운 이유는 무엇인가요?
> 문: 성추행을 당한 일시(계절, 시간, 교통편) 등은 정확하지 않으면서, 호텔
> 방안의 특징 등에 대해서 정확히 진술한 이유는 무엇인가요?
> 문: 강○○로부터 성추행을 당한 이후에도 또다시 만난 이유가 무엇인가
> 요?46)

> 문: 단란주점 안에서 강○○가 성추행을 하고 있었다면, 단란주점 밖으로 나
> 갔던 동료가 들어오는지 여부를 예의 주시하면서 출입문을 계속 쳐다보았
> 을 텐데 출입문의 종류를 기억하지 못한단 말인가요?
> 문: (피해 발생 다음날) 사진을 찍고 싶지 않으면 충분히 찍지 않을 수도 있
> 는데 강○○의 강요에 의하여 사진을 찍었다는 말인가요?47)

문제-는 누구의 경험이 어떠한 법을 근거 짓는가이다."
46) 2001년 4월 9일 최서린 씨에 대한 2차 '피의자 신문조서'에 기록된 검사의
질문에서 발췌.
47) 2001년 4월 10일 손유영 씨에 대한 2차 '피의자 신문조서'에 기록된 검사의
질문에서 발췌.

만약 여자 검사가 위와 같은 방식의 질문을 가해자에게 했다면 그 검사는 '편파적'이라고 비난받았겠지만, 남자 검사가 자신이 생각하는 '합리적' 행동에서 어긋나는 모든 것을 의심하는 위와 같은 신문은 '편파적'이라고 간주되지 않는다. 기존의 성규범이나 성역할 모델에서 조금이라도 벗어날 경우, 피해여성은 형사절차의 전 과정에서 불신 당한다. 그간 여성주의 운동·이론은 성폭력 피해자들이 겪게 되는 이 '의심받는 고통'을 기존의 틀 속에서 납득시키기 위해 성폭력 사건의 '특수성'을 부각시켜왔다. 즉 성폭력 범죄는 다른 범죄와 달리 피해자와 가해자 단 둘이 있는 공간에서 발생하는 경우가 많아 증거나 증인이 없는 경우가 대부분이기 때문에, 이러한 '특수성'을 고려해서 피해자의 진술을 중요한 판단 근거로서 인정해야 한다는 것이다. 이러한 설명 방식은 법의 성별적 작동 방식인 '보편-특수' 구도를 문제화하지 않은 채, 여성의 경험을 남성의 논리에 '적용'하는 것이다.

(3) 성폭력 사건의 '특수성'을 법의 '보편성'에 호소하는 딜레마

형식적으로 '모든 국민'이 '평등'하다고 선언하는 자유주의 법체계 속에서, 젠더화된 폭력(gender violence)으로서의 성폭력은 '국민' 외에 (보호와 시혜를 필요로 하는) '여성'이라는 범주를 창조할 때에만 법과 정책 속으로 들어갈 수 있었다. 성폭력이 남성이 여성에게 가하는 범죄라는 점은 성폭력이 젠더 폭력임을 여실히 보여주는데, 이러한 '젠더 폭력' 개념은 '여성 범죄'라는 '특수한 범주'를 통해 이해되고 있다. 추상적 개인의 평등 이념에 기반한 자유주의 법·정치·국가는 여성을 (남성)국민의 '보편 범주'에 대비되는 '보호 대상'으로 위치시킴으로써 보편-특수의 구분을 재연한다.[48]

48) 대부분의 여성 정책이 '가족'과 묶이거나 (여성부의 명칭을 여성가족부로 해야 한다는 일부 주장에서 보듯이), 성인에 미달하는 존재로서의 청소년과 묶인다(경찰청 '여성청소년계'가 그 대표적 예이다)는 사실도 이러한 맥락으로 이해될 수 있다. 이 논의에 대해서는 전희경(2003) 참조.

사실 인적 없는 곳에서의 절도, 협박, 아리랑 치기, 안기부 고문 등 딱
히 증거나 증인이 없고 가해자가 '적극적으로 부인'하는 상황은 성폭력
외에도 얼마든지 있다. 즉 어떤 면에서 모든 범죄가 다 '특수'하다. 그럼
에도 불구하고 성폭력 범죄에서만 유독 피해자 의심이 당연시되는 것은
남성의 경험을 '보편'으로 간주하는 권력의 효과다. 수많은 '증거 없는'
사건을 수사하는 과정에서 실제로 수사기관이 많은 경우 '자백만 받는
수사'를 해왔다. 그럼에도 불구하고 유독 성폭력 사건에서만 '증거·증인
의 부재와 진술 배치'가 부각되어왔던 이유는, (다른 사건과는 달리) 성폭
력 사건은 '그 정도로는 증거가 충분하지 않다', '그 정도로는 피해자의
진술을 믿기 어렵다'는 수사 기관·사법 기관의 판단이 작용했기 때문이
다. 무엇을 '증거'로 인정하는가, 어떤 내용과 어떤 요건을 갖춘 진술을
'신빙성 있는 진술'로 받아들이는가 자체가 성별화되어 있다는 것이다(전
희경, 2003).

우리 사회에서 성폭력 사건의 '객관성'이란 남성의 경험에 입각해서
피해여성의 진술을 심문함으로써 구성된다. 즉 가해자의 진술이 아닌 피
해자 진술의 '진실성', '일관성', '신빙성'을 심문하는 방식으로 '사실'이
구성되고 있다는 것이다. 가해자가 '끝까지 강력하게 부인하는 것'만으로
도 처벌을 면할 수 있는 것은 바로 이 때문이다. 이런 상황에서 대부분
의 여성들이 경험하는 성폭력을 '특수'한 경험으로 간주하고 그것을 의
심하는 가부장제 권력을 문제화하지 않은 채, "특수하기 때문에 피해자
진술을 믿어야 한다"고 주장하는 것은 '법적 판단'이 남성 권력으로 작
동하는 방식인 '보편-특수'의 구분을 해체하기 어렵다.[49] 여성 피해 진

---

49) 다음과 같은 페미니스트 법학자들의 통찰은 여성주의가 문제화해야 할 것이
    무엇인지를 잘 보여준다. "여성들에게 일어난 일은 너무 특수하여 보편적이지
    않거나 너무나 보편적이어서 특정할 수 없거나 둘 중의 하나이고, 너무나 인간
    적이어서 여성적일 수 없거나 또는 너무나도 여성적이어서 인간적일 수 없든
    지 어느 하나를 뜻한다"(McKinnon, 1993: 109); "'북경행동강령'은 (전통적인
    인권 기준을 여성들에게 적용하는 것을 의미하는) 여성의 (보편적인) 인권과,
    (여성들에게만 특수한 관련성을 지닌 권리들을 의미하는) 여성의 (보편적이지
    않은) 권리 두 가지를 구분한다"(Charlesworth, 2003: 87).

술의 '객관성'을 주장하는 것이 아니라 가해자·검찰·법원의 '객관성'을 문제화해야 한다. 가부장제 사회의 질문에 '특수성'으로 답하는 것은, 왜 남성의 경험은 '보편'으로 간주되는지에 대한 비판적 해체 및 상대화와 함께 이루어질 때 그 전략적 효과를 극대화할 수 있다.

KBS사건에서도 '법적 판단'이 갖는 권위의 내용과 효과는 다양했다.

> 강○○의 성폭력 의혹 건은 지난 1996년과 1997년에 발생된 것으로, 2000년 제기 이후 피해자와 강○○ 간의 성폭력 사실 여부에 있어 현재까지도 상반된 주장을 하고 있습니다. 만일 강○○의 성폭력이 사실이라 하더라도 KBS 사규상 징계는 징계사유 발생일로부터 2년이 경과한 경우에는 징계할 수 없음을 양지하시기 바랍니다.
> ─2003년 5월 28일 가해자에 대한 징계를 요청하는 여성단체의
> '공동요구안'에 대한 KBS 감사실의 회신 공문 중

이러한 입장은 KBS 사측뿐만 아니라 진상 조사를 했던 언론노조와 KBS 노조 일각에서도 마찬가지였다. 일례로, 가해자의 퇴진 이후 들어선 KBS 노조 보궐 집행부는 노조 채용 직원으로서 '특별유급휴가' 중에 있던 손유영 씨의 권리 회복 과정에서 '쌍방 책임'을 주장하며 다양한 피해자 불이익 조치를 정당화했다. 그 가장 큰 이유는 법적인 결론이 나지 않았다는 것이었다. '진보'를 자처하는 노동조합이 상급 단체인 전국언론노조의 진상 조사 결과를 부인하면서까지 법적 판단을 우선시했다는 것은, 여성 인권 문제에 대해 법적 판단이 갖고 있는 막대한 권위를 보여준다. 고소 및 제소 기간 제한으로 인해 피해를 법적으로 해결할 수 없거나 논쟁적 쟁점을 담고 있어 해결하기 어려운 사건을 이슈화할 때, 여성운동단체를 비롯한 사회운동단체들이 이를 다루어온 주된 방식은 '진상조사'였다. 그러나 사법적 판단의 절대적 권위가 상대화되지 않는 한, 그리고 '진상조사' 활동이 법의 한계를 극복하기보다는 법을 모방하고 대신하고자 하는 한, 사건 해결에 기여하기 어렵다.

객관성은 권력의 성격이 아니라 권력이 행사되는 방식·기술이기 때문에 성폭력에 대한 여성의 대응은, 피해여성의 경험이 객관적이라는 주장

보다는 성폭력에 대한 남성의 객관성이 구성되는 과정에 대한 비판이 좀 더 효과적이다. 즉 여성과 남성의 경험이 지식과 역사로 구성되는 절차와 방식의 차이를 이해하고 비판하는 것이 더 '현실적'이며 실제로 여성의 이익에 봉사할 수 있다. 현재 우리 사회에서 수용, 통용되고 있는 객관성이 특정 세력에 의해 선택된 것이라는 점을 드러내는 것이 중요하다(정희진, 2002). 사법적 권위를 구성하는 '보편' '중립' '객관'의 신화는 사실상 남성의 경험과 해석을 반영·실천하는 방식이므로, 그러한 '상상적 권위' 자체를 상대화하고 해체하는 것이 필요하다.

4. 생존자와 함께 다시 생각하는 성폭력 사건의 '해결'

이 글을 쓰는 내내, 나는 컴퓨터 앞에서 자주 울었다. 책장 하나를 채울 정도의 분량으로 쌓여 있는 자료와 파일들을 뒤적이자, 예상하지 못한 곳에서 그동안 묻어두고 지나쳤던 고통과 분노들이 속속 되살아났다. 처음에는 '일단 하나라도 해결하는 게 급선무라서', 나중에는 '모든 게 끝났고 더 이상 어떻게 해볼 방법이 없어서' 묻어두었던 것들이었다. 한국 사회에서 성폭력 피해를 말하고 여성의 인권을 회복하려면 언어, 지식, 학력, 직업, 돈, 건강, 지지 세력 등 정말 많은 능력과 자원이 필요했다. 사건을 공론화하고 해결해나가는 과정에서는 이 엄청난 능력을 요구하는 사회를 문제화하기보다는, 능력 없는 나와 우리를 탓하기가 훨씬 쉬웠다. 우리가 가진 이나마의 자원에도 접근할 수 없는 대다수 피해자들에게 성폭력 사건 해결 과정이 어떠한 것일지는 상상하고도 남음이 있다.

KBS사건을 지원하는 동안 피해, 피해자, 사건 '해결'에 대한 나의 생각과 입장은 많이 변화했고, 지금도 변화 중이다. 처음에 '만능 해결사'가 되어야 한다는 강박에 시달리며 사건 지원을 시작했던 나는, 피해자들과 함께 싸우는 과정에서 내가 피해여성에 대해 어떤 고정된 상(stereotype)을 가지고 있었다는 것을 깨닫게 되었다. 사실 KBS사건의 피해자들은 성폭력 피해 생존자인 동시에, 그 어떤 여성운동가보다도 적극적으로 상황을 타개해나가는 뛰어난 활동가였고 나의 가장 든든한 지지자이기도 했다. '취약한 피해자'와 '투쟁하는 지원자'의 구분이 허물어지는 과정을 경험하면서, 피해 경험을 타자화하지 않고 들을 수 있는 방법이 무엇인지를 다시 고민하게 되었다. 피해자는 정지해 있지 않다. 그리고 피해자를 지원하고 피해자의 경험을 듣는 '나' 또한 변화한다. 피해자에게 들을 거라 기대하는 얘기, 실제로 들은 얘기, 나에게 '들리는' 얘기 등이 서로 다르다는 것을 깨닫게 되면서, 다르게 듣는 나 자신을 성찰해야 할 필요성을 느낀다.

운동 과정에서 내내 고민이 되었던 또 한 가지는, 100인위 운동과 피해자 지원 사이에는 간극이 있다는 사실이다. 성폭력 피해를 '사건화'해서 사회 문제화하는 것과 구체적인 피해자들의 인권 회복과 개인적 치유는 서로 다른 차원과 방식의 운동과 사유를 필요로 한다. 가해자 중심의 사회에서 피해자의 말을 '들을 수 있는' 언어와 재현 체계 자체가 존재하지 않을 때, 성폭력 사건의 공론화는 어쩔 수 없이 기존의 담론 체계 안에서 수용 가능한 방식으로 문제화되기 때문이다. 나는 어느날 이 사건에 대한 성명서를 쓰면서, 내가 적고 있는 '고통'이라는 단어가 공허하다는 느낌을 받았던 적이 있다. 그날은 성명서 초안을 피해자들에게 보여주지 못했다. 피해자들의 말이 제대로 들리지 않은 상황에서, "피해자들이 극심한 고통을 겪고 있다"고 말하는 것은 자칫 피해자를 '거기에 그대로 있도록' 박제화하고 타자화할 위험이 있다. 성폭력 피해는 흔히 특정 시점—사건 발생 시점 또는 사건을 문제화한 시점—에 정박해 있다고 여겨지고 다루어지지만, 사실 그 여파는 장기적으로 지속되며 삶 속에 복합적으로 얽혀 있다. 또 피해가 '극심'해지는 것은 그렇게 만드는 특정한 사회적 조건 때문이다. KBS사건의 운동 과정에서 정작 피해를 제대로 듣는 것, 피해를 치유한다는 것에 대한 고민을 많이 하지 못했다는 부끄러움이 있다.

2년 반의 싸움 끝에 '해결되지 않은 사건'으로 끝난 KBS사건은 그렇게 끝난 이유와 과정에 대해 새로운 사유를 시작할 것을 요구한다. 성폭력 피해와 피해의 문제화 경험을 새롭게 해석해낼 수 있는 힘이야말로 '여성주의 시각에서 성폭력을 문제화한다는 것'의 의미와 방법론을 모색할 수 있는 공간을 열어줄 것이라고 생각한다. '해결되지 않은 사건'을 역사화·맥락화해야 하는 이유가 여기에 있다.

<참고문헌>

국미애. 2003, 「직장 내 성희롱 규제의 실효성 제고를 위한 사용자 책임 강화 방안」, 이화여대 대학원 여성학과 석사학위논문.
김은실. 2000, 「일상의 억압과 인권」, 한국인권재단 엮음, 『일상의 억압과 소수자의 인권: 제주인권학술회의 2000』, 사람생각.
김혜숙·조순경. 1995, 「민족민주운동과 가부장제」, ≪교육부 광복 50주년 기념 학술논문집≫, 제18권 여성편.
김현영. 1998, 「내면화된 지배질서, 성별화된 위계질서」, 서울대학교 교지 편집위원회 ≪관악≫ 1998년 겨울호, 서울대학교.
대검찰청. 1999, 「성범죄 수사 및 재판시 피해자 보호 지침」, 1999년 2월 23일.
민변 여성인권위원회, 성폭력가해자역고소대책회의, 성폭력추방운동에대한 명예훼손역고소공동대책위원회 주최 토론회, 「성폭력 가해자의 명예훼손, 무엇이 문제인가」자료집, 2002. 10. 22.
배금자. 2002, 「공직자의 명예훼손 소송과 그 법리」, ≪언론중재≫, 2002 여름, 통권 83호.
배은경. 2001, 「100인위 활동을 어떻게 볼 것인가」, ≪문화연대신문≫ 2001년 2월호.
사법연수원. 2003, 「수사절차론」.
운동사회성폭력뿌리뽑기100인위원회. 2000, '100인위원회 입장글', 진보네트워크 참세상 100인위원회 커뮤니티 자유게시판(http://go.jinbo.net).
_____. 2001, 'KBS 노조 강○○ 성폭력 사건을 공개합니다', 진보네트워크 참세상 100인위원회 커뮤니티 자유게시판.

이박혜경. 2001a, 'KBS 노조 8대 집행부는 여성들의 경험으로부터 배우라', 여성주의 커뮤니티 사이트 '언니네' 칼럼. 2001년 3월 10일. (http://www.unninet.co.kr/spc/s_view.asp?sort0=3&sort1=1&sort2=7)

_____. 2001b, 「여성(주의), '진보'를 묻는다」, (사)한국여성연구소, ≪여성과 사회≫ 2001년 상반기 제12호, 창작과 비평사.

이상희. 2001, 「성폭력 사건의 가해자 실명공개는 무죄」, 월간 ≪말≫, 2001년 5월.

이소리. 2000, 「돌을 던질 수 있는 자 누구인가? - "장원 씨 사건"에 대한 인터넷 담론 분석」, ≪경제와사회≫ 제48호(2000년 가을), 한울.

장임다혜·한은영. 2001, 「검찰은 왜 강○○ 성폭력 사건에 관한 실명공개를 '허위사실에 의한 명예훼손'이라고 판단했는가? - 현행법의 명예훼손죄 적용과 해석 및 성희롱 수사의 한계와 문제점」, 이화여대 대학원 여성학과 ≪비교여성노동≫ 연구보고서.

전희경. 2000, 「사회운동의 가부장성과 여성주의 정체성의 형성」, 연세대학교 대학원 사회학과 석사학위논문.

_____. 2003, 「성폭력 사건 수사 과정의 성별정치학」, 이화여대 대학원 학생회, ≪이원 학술논집≫, 2003년 가을, 제1집.

정희진. 2000, 「진보 남성의 성폭력」, 한국여성의전화연합 소식지 ≪여성의 눈으로≫ 2000년 3-4월호

_____. 2002, 「성폭력 피해의 객관성에 관한 고민」, 이화여대 여성학과 20주년 기념 학술제 "피해 경험을 '말하고' '듣는다'는 것: 여성의 성과 폭력에 대한 몇 가지 고민들" 발표문.

조국. 2003, 『형사법의 성 편향』, 박영사.

한국성폭력상담소. 2002, 「사건지원 과정에서 그녀들이 하고 싶은 말」, ≪나눔터≫ 2002년 가을, 제42호.

황정미. 2001, 「성폭력의 정치에서 젠더 정치로 - 운동사회 내 성폭력과 100인위 활동에 대한 논란을 보고」, ≪경제와사회≫ 제50호(2001년 봄), 한울.

Charlesworth, Hilary. 2003, "Feminist Approaches to Human Rights," 이화여대 한국여성연구원 김옥길 기념강좌 위원회 주최, ≪제3회 김옥길 기념강좌 - 새로운 지구질서와 여성주의 인권 자료집≫.

Cudd, Ann E., "Analyzing Backlash to Progressive Social Movement"; Martha Chamallas, "The Backlash against Feminist Legal Theory";

Julie E. Maybee, "Politicizing the Personal and Other Tales from the Front Lines," in Cudd, Ann E and Anita M. Superson(eds.), 2002, *Theorizing Backlash: Philosophical Reflections on the Resistance to Feminism*, New York: Roman & Littlefield Publishers, Inc.

Faludi, Susan. 1991, *Backlash: The Undeclared War against American Women,* New York: Crown.

McKinnon, Catherine. 1993, "전쟁시의 범죄, 평화시의 범죄," Stephen Shtue and Susan Hurley (eds.), *On Human Rights: The Oxford Amnesty Lectures*, Basic Books, 민주주의법학연구회 옮김, 『현대 사상과 인권—옥스퍼드 앰네스티 강의』, 사람생각, 2000.

아내폭력 피해여성의 정당방위

"저를 죽이고 살리는 것은 남편의 마음이었습니다"

정춘숙

한국사회에 여성폭력 문제가 최초로 제기된 것은 1983년 여성의전화가 창립되면서부터이다. 여성의전화는 '아내폭력'을 가부장제 사회에서 여성과 남성의 힘의 차이로부터 오는 사회구조적인 문제의 하나로 보았다. '여성주의 상담', '쉼터 운동' 등을 통해 여성 개인을 지원하는 한편 '가정폭력방지법' 제정 운동 등을 통해 '아내폭력'을 발생·유지시키는 법질서, 관행, 사회구조의 변화를 요구해왔다. 아내에 대한 남편의 폭력은 '아내구타', '가정폭력', '아내학대' 등 여러 가지 용어로 불리어왔다. 이 글에서는 물리적 폭력에 한정하는 듯한 '아내구타', 성적·심리적 학대를 중심으로 하는 듯한 '아내학대' 용어보다는, 아내에 대한 남편의 신체적·언어적·성적 폭력을 포괄하는 의미에서 '아내폭력'이라는 용어를 사용한다. 이러한 명명은 성 중립적으로 보이는 '배우자 학대', '부부폭력', '가정폭력'이 가부장적 가족 제도와 성역할(gender)에서 비롯되는 '아내'에 대한 '남편'의 폭력임을 드러낼 수 있다(정희진, 2001). 그러나 이 사건이 '가정폭력방지법' 제정 이후에 발생했기 때문에 '가정폭력'이라는 용어도 맥락상 필요에 따라 사용하도록 하겠다.

김정미(가명) 사건은 2000년 4월 26일 부터 2001년 5월 대법원에서 상고 기각의 판결을 받기까지 서울여성의전화가 1년 반 동안 지원한 사건이다. 이 사건이 여론의 주목을 받았던 것은 폭력 피해여성이 남편을 살해한 기존 사건들과는 몇 가지 점에서 달랐기 때문이다. 특히 김정미에 대한 남편의 성 학대 문제는 언론에서 선정적으로 다룰 수 있는 소재였다. 또한 표면상으로는 '살해 사건'임에도 검찰이 이례적으로 사건을 불구속 기소했다는 점, 불구속 상태에서 진행된 1심-1심 판결에 대한 검사의 항소-2심에서의 법정 구속이라는 상당히 극적인 결과 등으로 인해 여론의 주목을 받았다. 이 사건을 계기로 아내에 대한 성 학대 문제가 '아내강간'이라는 용어와 함께 수면 위로 떠올랐고, 가정폭력 피해여성의 정당방위 문제가 다시 쟁점화되었다.

이 글은 2000년 서울여성의전화가 진행한 김정미 사건을 분석한 것이다. 당시 사건을 담당한 최일숙 변호사, 이문자 서울여성의전화 여성인권상담소장(당시 서울여성의전화 회장), 이화영 서울여성의전화 조직부장(당시 사건 담당자), 정춘숙 서울여성의전화 부회장(당시 한국여성의전화연합 사무처장)은 이 사건 집필을 위해 사전 회의를 수차례 진행했다. 그리고 사건의 경위, 진행 과정, 쟁점과 이후 이야기를 정리하였다. 집필은 정춘숙이 담당하였고 집필 후 준비회의를 함께 했던 이들이 원고에 대해 조언하였다. 집필 과정에서 서울여성의전화와 최일숙 변호사는 가지고 있는 사건 관련 자료는 물론이고 원고 내용에 필요한 자료를 찾아주고 사실 관계를 확인해주었다. 주요한 쟁점에 대해서는 다시 논의해 원고 내용을 더욱 풍부하게 해주었다. 운동의 주체였던 서울여성의전화, 특히 김정미 씨 본인이 이 글의 실질적인 주인공이다. 논평에 참여해주신 전희경과 정희진 님에게도 감사의 마음을 전한다.

1. 사건개요와 진행과정

김정미 사건이 언론에 보도된 것은 2000년 4월 24일 월요일 ≪한겨레≫ 사회면을 통해서였다. 사건이 발생한 날은 4월 23일 일요일이었고, 피의자 김정미는 '살인' 혐의로 강동경찰서에 구속된 상태였다. 기사는 "폭력남편 살해 30대 영장"이라는 제목하에 "……김 씨는 23일 오전 10시 30분께 별거중인 남편 강 아무개(38세, 무직·동대문구) 씨가 찾아와 이혼을 요구하는 자신을 가위로 위협하면서 변태적 성행위를 요구하자, 숨겨놓은 20cm 길이의 부엌칼로 이 씨의 배를 찔러……"로 비교적 자세히 사건을 다루었다. 기사를 접한 당시 서울여성의전화 이문자 회장은 이 사건이 서울여성의전화가 그동안 다루어왔던 가정폭력 피해자에 의한 가해자 살해 사건임을 직감하고 사건을 지원할 방법을 찾고 있었다.

당시 인권사업 담당자가 이 사건을 지원해야겠다고 생각하고 강동경찰서에 사건에 대해 알아보고 있던 중 피의자 김정미의 동생이 서울여성의전화가 운영하고 있던 '여성1366'으로 도움을 요청해왔다. 피의자의 동생 김정화(가명)는 강동경찰서 경찰로부터 서울여성의전화를 알게 되었고 도움을 요청하라는 조언을 들었다고 한다. 다음날 서울여성의전화 이문자 회장, 인권사업담당 이화영, 최일숙 변호사, 김정미의 동생 김정화는 강동경찰서에서 김정미를 접견했다. 접견 당시를 회고하며 이문자 회장과 최일숙 변호사는 김정미가 다른 피의자들처럼 울고불고 하지 않았고, 비교적 침착하게 사건 당시의 상황과 결혼생활에 대해 진술했다고 말했다. 이문자 회장은 김정미가 경찰 수사과정에서 많은 위로를 받은 것 같았고 큰 키에 당당해 보이는 주체적인 여성이라는 인상을 받았다. 아래의 살아온 이야기와 사건 당일에 대한 정리는 김정미의 경찰·검찰 조사 자료, 서울여성의전화와 최일숙 변호사의 접견일지, 1·2심 재판 자료를 토대로 정리한 것이다. 살아온 이야기는 연대순으로 정리하였다.

1) 살아온 이야기—폭력 피해자가 살인 '가해자'가 되기까지

강인식(38세, 가명)과 김정미(35세, 가명)는 일본어 학원에서 만나 7개월의 연애 끝에 1987년 10월에 결혼했고, 1999년 11월 말 별거에 들어가기 전까지 12년간 함께 생활하였다. 두 사람 사이에는 열한 살짜리 딸과 일곱 살 된 아들이 있었다. 강인식은 4남 1녀의 셋째이고 180cm의 키에 당당한 체격을 가졌으며 막노동을 했다. 김정미는 4녀 중 셋째 딸로 결혼 기간 내내 예식장과 부동산 중개업소 등에서 일하며 생계를 책임졌고 167cm 키에 체격은 늘씬한 편이었다.

결혼할 당시에는 두 사람 모두 일정한 직장이 없었지만 양가 부모의 도움으로 800만 원에 방 두 칸짜리 전세를 얻어 신혼 생활을 시작하였다. 김정미는 1988년 예식장 종업원 일을 시작하면서 이후 계속 생계를 책임졌다. 강인식은 신혼 때부터 도박으로 며칠씩 집에 들어오지 않았으며 일정한 직업이 없었다. 1989년 말, 강인식은 돈을 번다며 전세 보증금 800만 원을 빼가지고 일본에 갔다가 1992년 6월경에야 귀국했다. 이 기간에 김정미는 큰 아이를 출산하고 경제적 문제 때문에 친정에서 지내고 있었다. 연락도 강인식이 연락을 해와야만 연락이 되었다. 이에 김정미의 언니가 "아이도 있는데 일본에 가서라도 찾아와야 하지 않느냐"고 강인식의 친가에 얘기를 했는데, 이를 나중에 알게 된 강인식은 김정미 언니에게 "보지를 갈기갈기 찢어버리겠다"고 욕설을 퍼부었다고 한다. 이 동안 강인식이 돈을 보내온 것은 90만 원씩 단 두 번뿐이었고, 돌아올 때는 돈이 없다고 해 김정미가 45만 원 정도를 보내주었다.

김정미는 남편이 돌아오자 그동안 모아두었던 돈 1,000만 원을 가지고 방을 얻어 친정에서 분가했다. 김정미의 말에 따르면 직장 생활이 힘들어 남편이 일본에서 돌아오면 쉬려고 했는데 그럴 수가 없었다고 한다. 강인식은 귀국 후 가끔 막노동을 했을 뿐 별다른 일을 하지 않았다. 김정미는 아침마다 자고 있는 강인식의 머리맡에 용돈 1~2만 원을 주고 나갔다. 그러나 습관이 될까봐 현금카드를 주었더니 도박을 하여 이틀만

에 100만 원 가까이 써버렸고, 귀국 후 6개월 만에 큰아이 앞으로 들었던 교육보험을 깨서 쓰고 주택청약예금도 깨서 써버렸다. 김정미는 남편의 기를 살려주고 자존심을 살려주려 무척 세심하게 신경을 썼다. 그러나 강인식은 돈이 생기기만 하면 그 돈이 어떤 돈이든 2~3일씩 집에 들어오지 않고 도박을 했다. 김정미의 형제들로부터도 돈을 빌려 도박을 했고 자신의 집에도 돈을 요구해 도박을 하였다.

김정미는 결혼 후부터 사건 당시까지 생계를 책임졌다. 1988년 예식장 종업원에서부터(1988~1992년), 보험회사를 다니기도 하고, 식당 아르바이트, 부동산 중개업소 직원, 비디오 가게를 운영(1994~1997년)하기도 했다. 그러나 강인식은 직장일 때문에 김정미가 늦게 퇴근하면 "어느 놈하고 놀고 왔냐"고 빈정대며 김정미를 의심하고 괴롭혔다. 강인식은 여러 차례 김정미의 직장에 와서 행패를 부렸으며, 김정미는 강인식이 직장을 못 다니게 할 때는 직장을 그만두었다가 생활이 어려워지면 다시 직장을 다녔다. 그러나 김정미는 자존심과 홀로 계신 어머니께 걱정을 끼칠까 하는 마음 때문에 친정 자매들과 어머니에게 아무런 의논도 하지 않았다.

강인식은 일본에서 돌아온 후부터 김정미를 폭행하기 시작했다. 강인식이 일본에서 돌아와 약 1년이 지난 1993년, 두 사람은 둔촌동에서 비디오 가게 운영을 시작했다. 비디오 가게로 이사하기 전날 강인식은 술을 마시고 들어와 이삿짐을 발로 차서 쓰러뜨리고, 혼자 이삿짐을 싸고 있던 김정미의 배를 발로 차고 벽으로 밀쳤다. 그가 술을 먹고 집에 늦게 들어와 문을 발로 차고 온 집안을 뒤엎는 일은 자주 있었다. 그럴 때면 강인식은 김정미의 배를 발로 차고, 머리채를 잡아 끌고 다니고, 칼을 들어 행패를 부렸다. 1992년부터 1999년 별거에 들어갈 때까지 7년 동안 칼을 들고 김정미를 협박하는 일은 약 10여 차례 있었다. 강인식은 아침이 되어 김정미가 깨우면 "씨팔년" 등의 욕설을 퍼부었고, 술에 취해 길에 쓰러져 있는 강인식을 집에 데려오려고 깨워도 폭력을 행사하였다. 때로는 술을 마시고 술값을 내라고 김정미를 불러내기도 했는데, 김

정미가 술값을 내고 나오는 길에서 김정미를 때렸다고 한다. 강인식은
술을 마시면 보통 소주 3병 가량을 안주도 없이 마셨는데 이렇게 술을
마시거나 화가 나면 김정미에게 "찢어 죽인다, 갈아 먹어버린다"는 등의
폭언을 평소에도 자주 하였다. 강인식은 칼로 깊이 찌르거나 큰 상처를
내지는 않았지만 칼로 김정미의 몸을 그으면서 겁을 주었다. 위협에 그
치지 않고 칼로 직접 상처를 낸 것은 1~2차례 정도였다. 김정미가 가장
무서워한 것은 "너 잘났다, 죽여버린다, 찢어 죽인다, 갈아 먹어버린다"
등 강인식이 일상적으로 퍼붓던 협박이었다. 검찰 신문 조서 기록에 의
하면 김정미는 조사 당시 남편의 해코지가 두려웠다고 진술하였고, 검찰
이 어떤 해코지를 했냐고 묻자 "때린다거나 욕을 하는 것이며 저는 남편
이 욕을 하면서 쳐다보는 눈빛이 겁이 납니다"라고 답하였다.

1997년부터 강인식은 김정미를 성적으로 학대하기 시작했다. 그는 매
일 성관계를 요구했고, 10번 중 3번 정도는 김정미의 거부에도 불구하고
가학적 성행위를 강요하였다. 강인식은 자신의 성기를 빨게 하거나 김정
미에게 손가락을 자신의 항문에 집어넣으라고 하고, 김정미에게도 같은
행위를 하곤 하였다. 다른 남자 얘기를 해보라고 하고 형부랑 잤냐고 묻
기도 하였다. 형부를 상대로 성행위를 하는 것을 꾸며서 이야기하라고
한 적도 있다고 한다. 김정미가 검찰에 제출한 '반성문'에는, 강인식이
소주를 마시다가 소주를 병째 김정미의 머리끝에서 발끝까지 줄줄 쏟고
김정미의 성기에 소주병을 넣겠다고 협박을 했다는 내용도 있었다. 강인
식의 폭력이 일상화되자, 김정미는 남편의 귀가 시간이 늦어지면 '또 술
을 먹고 오겠구나' 하는 생각에 겁이 나 가슴이 두근거렸다. 하지만 '자
녀들을 바르게 키워야 한다, 어릴 때 입은 마음의 상처는 돌이킬 수 없
다'는 생각에 폭력에 대항하기보다는 남편의 요구를 대부분 들어주었고,
아이들이 알지 못하게 하기 위해 전전긍긍했다. 검찰 조사에서 김정미는
"어떤 어려운 걸 요구해도 아이들이 깰세라 숨죽여 감당해야 했던 저는
단칸방에서 그 사람과 부딪히며 적나라하게 애들한테 보여지는 게 제일
큰 고통이었습니다"라고 진술하고 있다.

1998년, 김정미는 이혼을 결심하고 멀리 언니네 집으로 피해 간다. 그러나 '정말 잘살아보겠다'는 강인식의 말에 "그래도 (아이들을) 엄마 아빠 밑에서 제대로 키우고 싶은 욕심에" 다시 남편과 합쳤다. 그러나 며칠 되지 않아 강인식은 백화점 카드로 카메라 두 대를 구입한 후 그것을 160만 원에 전당포에 팔아 현금을 만들어 도박을 했다. 또 술을 마시고 들어와 갖은 욕설을 하고 집에 휘발유를 뿌리고 '애들과 같이 죽어버리자'며 라이터를 들고 난동을 부리는 것을 김정미가 만류한 일도 있었다. 이렇게 '다 같이 죽자'는 강인식의 협박은 이후에도 계속되어, 아이들이 자고 있는 침대와 이불에 신나를 부으며 라이터로 불을 질러버린다고 협박하기도 하였다. 이런 일이 있으면 김정미는 속으로는 무서워서 덜덜 떨렸지만 겁먹은 내색을 하지 않고 "그렇게 하지 못할 거면서 왜 그러냐"고 남편을 '다독여' 그 상황을 모면하곤 했다.

그러나 이러한 필사적인 노력에도 불구하고 아이들이 아버지의 폭력을 눈치채가고 두려움에 떨자, 김정미는 이혼을 하기로 결심한다. 김정미의 검찰 조서에 의하면 두 사람이 함께 살면서 이혼 합의를 한 것이 수십 차례였다. 김정미는 1998년에 한 번, 1999년에 두 번 합의이혼 신청을 하였지만 그때마다 강인식이 정해진 시간에 법원에 나타나지 않아 이혼이 이루어지지 않았다. 사건 당시에도 이혼에 합의하고 나서 김정미가 이혼 소송을 내자 김정미에게 이혼을 취소하라고 한 상태였다. 마지막으로 협의이혼을 시도했던 1999년 10월 말경에는 강인식이 이혼을 해준다고 하여 협의이혼을 신청했는데, 법원에 가기로 한 날 강인식이 돈 30만원을 주면 이혼을 하겠다고 하더니 그날로 집을 나가 들어오지 않았다. 상황이 이렇게 되자, 이혼을 결심한 김정미는 11월 초 아이들을 데리고 친정 집으로 이사했다. 그러나 김정미가 이사한 후 2~3일 뒤 밤늦게 강인식이 찾아와 "어떻게 소리도 없이 집을 옮길 수 있느냐"면서 발로 차고 뺨을 때리는 등 김정미에게 폭력을 행사했다. 김정미의 동생과 친정어머니가 '조용히 얘기하라'며 말리자 강인식은 김정미만 데리고 나가겠다고 했다. 김정미가 가지 않겠다고 하자 허리춤에 차고 있던 식칼을 김정미에게 던졌으나 겨우 피하였다. 그는 집에 있던 밥통을 내던지고 주먹과 발로 그릇장의 유리문을 부수고 화병과 전등을 깨트리는 등 닥치는 대로 가재도구를 부수었다.

　　김정미의 언니와 이웃이 112에 신고했지만 경찰은 그 상황을 보고도 강인식을 입건하지 않고, "가정사니 두 사람이 잘 얘기하라"면서 그냥 돌아갔다. 잠시 후 강인식이 아들을 데리고 나갔다가 아들만 집에 들여보낸 사이 김정미가 문을 걸어 잠갔지만, 강인식이 문을 열라고 발로 현관문을 차고 소동을 피워 다시 김정미가 이미 여러 번 출동한 경찰의 핸드폰으로 경찰에 신고했다. 그러나 경찰은 4~5차례 출동하고도 김정미를 달래기만 하고 번번이 그냥 돌아갔다. 새벽 3시까지 행패를 부리던 강인식은 결국 전봇대를 타고 베란다를 통해 3층 김정미의 집에 들어왔다. 김정미의 어머니는 다시 잘 살라고 김정미와 강인식을 타일렀고, 두 사람은 11월 말까지 김정미의 친정에서 기거하였다. 그런데 김정미가 직장에서 늦게 퇴근한 어느날, 강인식은 김정미가 이사 나올 때 돌려 받은 300여만 원의 보증금을 가지고 나가 돌아오지 않았다. 김정미는 결국 이혼 소송을 결심했다. 그것은 "하루를 살더라도 가슴 졸이며 두려움 없이 살고, 어차피 혼자 벌어 살던 살림이니 그리 어려울 것도 없고, 이제 그 사람에 대한 기대는 정말 끝내버리자"라는 생각에서였다. 1월 10일경 이혼소장을 제출하였고, 친정 어머니와 다른 가족에게 피해를 줄까봐 1월 말경 방을 얻어 친정에서 나와 살기 시작했다.

　　이렇게 별거가 시작된 후 강인식은 여러 차례 전화해서 이혼소송을 취하하라고 종용하였고, 말을 듣지 않으면 죽여버린다고 했다. 김정미의 핸드폰에 "얼마나 잘사는지 보자, 나도 잘난 놈이다"라는 등의 메시지를 남기기도 했다. 2000년 4월 27일 첫번째 이혼 재판 기일을 앞둔 4월 20일에는 그날 하루에만 6통의 음성 메시지가 입력되었는데, 메시지 내용은 "이젠 아니야, 너는 웬수야, 니 목숨 잘 추스리고, 정말 이젠 난 너 죽일 거야. 나 가만 안 놔둬. 너 이젠 죽는 줄 알아. 씹어 먹어버릴 거야," "니가 피한다고 피할 수 있을 것 같으니?" 등의 내용이었다. 사건 발생 3일 전이었던 2000년 4월 20일, 강인식은 아이들을 보여달라고 요구했고, 김정미는 이혼소송에 남편의 주소가 필요하여 강인식을 만났다. 그렇게 해서 당시 김정미가 살고 있던 집이 강인식에게 알려진 것이다.

2) 사건 당일─죽임 당하지 않기 위해 죽이다

2000년 4월 23일, 김정미는 강인식이 자신이 현재 살고 있는 집을 알아낸 것 같아 불안하여 이사를 할 생각으로 부동산 업소에 방을 보러 나가려던 참이었다. 3일 전 강인식을 만나고 돌아오는 길에 택시비가 아까워서 20분 정도 되는 거리를 아이들과 걸어왔는데, 그때 강인식에게 미행 당한 것 같아 매일 불안에 떨었다고 한다. 남편을 피해 이사하는 일은 이때가 처음이 아니었고 과거에도 여러 번 강인식을 피해 이사를 했고 아이들도 여러 번 전학했었다.

아침식사를 마치고 나갈 준비를 하던 김정미는 누군가가 부엌으로 통하는 문을 잡아 당겨 덜컹덜컹 소리를 내고 다시 방 창문 쪽으로 오는 소리를 듣고 숨을 죽이고 있었다. 창문 유리창에 비치는 모습을 본 김정미는 순간적으로 남편 강인식이 왔음을 알아챘고 "가슴이 두근거리고 큰일났구나 싶었다." 방에 숨으려 했으나 다시 문을 두드리는 소리가 들렸고, 경황없이 싱크대에 있던 칼 두 자루를 침대 밑에 숨기고 문을 열어주었다. 이때 '왜 문을 열어주었냐'는 경찰과 검찰의 물음에 대한 김정미의 대답은 간단했다. "문을 열어주지 않아도 문을 부수거나 어떤 방법으로든지 들어올 사람이라는 것을 알기 때문에 열어줄 수밖에 없었다." 칼을 숨겼던 이유 역시 그동안 강인식이 여러 차례 김정미를 칼로 위협하고 상처 입힌 경험이 있는 데다, 이혼 소송 중이었던 당시에는 이전에 위협했을 때보다 더욱 위험을 느꼈기 때문에, 강인식의 눈에 띄지 않는 곳에 칼을 숨겼던 것이다.

경찰이나 친정에 도움을 요청할 수도 없었다. 이미 경찰에 여러 차례 신고했지만 아무런 도움도 받지 못했고, 이미 강인식이 문 앞까지 와 있는 상황에서 누구에게 도움을 청할 경황도 없었다. 집안에 들어온 강인식은 김정미에게 이혼하지 말자고 얘기했고, 김정미는 이미 이혼을 신청했으니 이제 어쩔 수 없다고 말했다. 강인식은 이혼소장을 접수했더라도 취소하면 이혼을 하지 않을 수 있다고 하면서 이혼을 취소할 것을 요구했다. 그는 김정미가 자신을 무서워한다는 것을 알고 있었기 때문에 계속 협박을 했고, 말다툼을 하다가 김정미를 때렸다. 김정미는 뛰쳐나와 집 밖으로 나가려고 쪽문을 잡아당겼는데, 바로 그 순간 강인식이 쫓아와 머리채를 잡아 방으로 끌고 들어갔다. 강인식은 가스 렌지 불판 삼발이로 김정미의 머리를 때렸다. 강인식은 부엌으로 가서 싱크대에서 칼을 찾았고, 칼이 없자 칼이 어디 있느냐고 소리를 지르다가 칼 대신 가위를 들고 방으로 들어왔다. 방에 들어온 강인식은 방문 옆에 서 있던 아이들 책꽂이를 쓰러뜨려 김정미가 도망가지 못하게 하였다. 계속 이혼을 할 것인지 묻는데도 김정미가 이혼하겠다고 뜻을 굽히지 않자 강인식은 "법적으로 이혼을 하였더라도 너는 나의 아내이니 언제든지 내가 너를 죽일 수 있다"고 말했다. 그가 김정미의 한 쪽 종아리를 가위로 그어 약 6cm의 정도의 상처가 나 피가 흘렀고, 가위 끝으로 김정미의 목을 쿡쿡 찌르며 이혼 소송을 취소하지 않으면 죽여버린다고 계속 협박했다.

또 가위를 들고 장롱 속의 넥타이를 꺼내 조각조각 자르며 "너도 말 안 들으면 이렇게 잘라 죽이겠다"고 한 뒤 김정미에게 옷을 벗으라고 하였다. 겁에 질린 김정미가 옷을 벗지 않자 강인식은 따귀를 서너 차례 때리고 옷을 찢어 강제로 옷을 벗기고 자신도 모두 옷을 벗었다. 침대에 누워 김정미에게 자신의 성기를 빨 것을 요구했다. 김정미는 위협에 못 이겨 침대에 올라가 무릎을 꿇고 강인식이 요구하는 대로 해주었고, 강인식은 김정미에게 자신의 항문에 손가락을 집어넣게 하고 침대로 올라올 것을 요구하며 김정미에게도 똑같이 해주겠다고 했다. 김정미는 그런 행위가 죽도록 싫었다. 강인식이 자신에게 그런 행위를 하도록 하면 자신이 강인식을 받아들이는 것이 되어 강인식이 집에 계속 눌러앉을 것만 같아, 방바닥에 앉은 채 강인식의 요구를 계속 거부하였다. 강인식은 김정미에게 "빨리 올라오지 않으면 가만 두지 않겠다"고 하면서 손에 들고 있던 가위로 김정미의 음부를 서너 차례 툭툭 치며 위협했고 서너 차례 뺨을 때렸다.

또한 김정미의 몸의 털을 깎겠다고 면도칼을 찾아다니다가 찾지 못하자 김정미에게 침대로 올라오라고 계속 강요하였다. 강인식은 "너는 이혼을 원하지만 나는 너랑 떨어져 살 수 없다, 네가 필요하다, 차라리 너를 죽여줄까?"라며 협박하였다. 김정미는 너무나 무섭고 굴욕적이었지만, 죽어도 강인식이 요구하는 행위를 하기 싫다는 생각에 침대로 올라가지 않았다. 가위를 들고 위협하던 강인식은 김정미가 계속 버티자 "죽고 싶냐," "너 그런 식으로 하면 죽여버린다"고 말하며 가위를 들고 찌를 듯이 상체를 일으켰다. 그 순간 무릎을 꿇고 앉아 있던 김정미가 침대 밑에 치워두었던 칼로 강인식의 가슴 아래 부분을 한번 찔렀다. 그러나 강인식은 칼에 찔리고도 아무렇지 않게 몸을 일으켜 칼을 빼앗으려 달려들었다. 김정미는 칼을 빼앗기면 죽는다는 생각에 오른손으로 칼의 손잡이를 잡고 왼손으로 칼날을 잡고 몸을 웅크렸다. 강인식은 칼을 빼앗으려 뒤에서 김정미의 몸을 붙잡다가 몸의 중심을 잃고 함께 침대로 넘어졌고, 김정미는 끝까지 칼을 뺏기지 않으려고 뒤에서 붙잡는 팔을 입으로 물어 당시 칼날을 잡고 있던 왼손에 상처를 입었다. 알몸인 채 가까스로 부엌으로 도망쳐 나갔던 김정미는 방에서 아무 소리가 나지 않기에 옷을 입으려 다시 들어와보니 강인식이 움직이지 않았다. 김정미는 겁이 나서 옷을 입고 밖에 나가 동생에게 전화를 걸어 정신 없는 목소리로 계속해서 "혜정이(딸, 가명) 아빠를 죽였다"고 했다. 112에도 전화하여 "사람을 죽였다, 무섭다, 데려가달라"고 신고하였다.

김정미의 112 신고를 접수한 강동경찰서 형사과장과 경찰관 7명이 김정미가 세 들어 살던 집으로 출동하였다. 김정미는 집 앞마당에서 동생의 부축을 받으며 자신이 남편을 죽였다고 울부짖으며 모든 사실을 다 인정하였다. 체포 당시 김정미는 몹시 긴장한 상태에서 울고 있었고 모든 것을 체념한 듯 체포에 순순히 응했다. 동생 김정화는 마당에서 떨면서 울고 있던 언니를 끌어안고 안정시켰고, 김정미가 경찰서에서도 부들부들 떨면서 소리를 지르고 해서 계속 안정을 시켜야 했다고 진술하고 있다. 조사 과정에서 김정미는 변호사를 선임하면 입회하여 조사받을 수 있다는 얘기에도 "모든 걸 사실대로 말하겠으며 변호사는 필요 없다"고 말했다.

3) 죄명 변경과 불구속 기소

김정미를 접견한 서울여성의전화 이문자 회장은 이 사건이 많은 가정폭력 피해자의 가해자 살해 사건 중에서 드물게 정당방위를 인정받을 가능성이 높은 사건이라고 판단하고, 사건을 담당한 최일숙 변호사에게 죄명을 변경해야 하지 않느냐는 의견을 제시했다. 이문자 회장의 제안으로 최일숙 변호사는 '변론서'를 제출해 적용 법조 변경에 대한 의견을 제시한다. 변론서에서 최일숙 변호사는 우발적인 범죄였고, 이혼소송 중에 남편이 강간하려고 하여 치명상을 낼 수 있는 가슴을 찌르겠다는 의식 없이 상황을 모면키 위함을 강조하며 적용 법조를 '살인'에서 '상해치사'로 변경할 것을 요구하였다.

2000년 4월 23일 사건 당일 구속되었던 김정미는 5월 19일 검찰의 불구속 기소 결정으로 풀려나게 된다. 당시 검찰은 이례적으로 기자회견을 열어 김정미를 '상해치사'로 불구속 기소한다고 밝혔고, 각 신문사들은 이를 주요 사건으로 보도하였다. 서울여성의전화 역시 김정미에 대한 불구속 수사를 환영하는 성명서를 발표했다. 기자회견 당시 검찰은 김정미의 행위가 강인식의 강요된 변태적 성행위로부터 자신을 지키기 위해 저질러진 것으로, 법리상 "현재의 부당한 침해에 대한 방위행위"인 것은 분명하나 그 방위행위에 "상당한 이유"가 있는지의 여부에 대하여는 논란의 여지가 있다고 말했다. 검찰은 상당성 유무는 시대적 가치관을 반영하는 것이므로 검찰에서 구속 기소하거나 불기소하는 것보다 피의자로 하여금 충분한 자기 주장 기회를 부여하는 차원에서 불구속 공판하여,

공개 재판을 통해 법원의 판결을 받아봄으로써 우리 사회의 가치관을 정립해볼 필요가 있다는 판단하에 결정했다고 밝혔다. 적용 법조에 따라 법정형과 양형 기준이 다르기 때문에 어떤 죄명으로 기소되는가는 가정폭력 피해자들에게 현실적으로나, 심리적 고통의 측면에서나 중요한 문제이다. 김정미 사건에서 죄명을 변경한 것은 폭력 피해자의 가해자 살해 사건 처벌에 있어 검토해야 할 중요한 지점을 제시한 것이다. 그러나 죄명 변경은 피해여성을 지원해주는 자원들이 있어야만 가능하다. 김정미 사건의 죄명 변경은 여성폭력 반대 투쟁에 대한 오랜 경험을 가진 여성운동가와 여성인권 문제에 열정을 가진 변호사가 이루어낸 결과였다.

한편 검찰의 기자회견 후 각 신문사는 이 사건을 주요 기사로 다루었다. 이 과정에서 강인식이 '변태 성욕자'로 표현되는 일이 발생했고, 한 주간 신문에서는 선정적인 만화를 곁들여 흥미 위주의 기사를 실었다. 이 일로 인해 강인식의 가족들은 크게 분개하여 2개 일간 신문을 고소하고, 이전까지 김정미에 대한 선처를 호소하던 태도를 바꾸어 '강인식이 변태 성욕자로 매도되면서 명예를 훼손당했고 김정미가 반성의 모습이 없다'며 강력한 처벌을 요구했다. 이 사건을 흥미 위주로 다루는 것은 서울여성의전화도 반대했으며 선정적으로 기사를 다룬 신문사에 항의 전화를 하기도 했지만, 상황을 돌이킬 수는 없었다. 강인식 가족들의 태도 변화는 김정미에게 큰 영향을 미쳤다. 김정미는 시집 식구들이 자신이 남편으로부터 폭력을 당하는 것을 자세히 알지는 못했지만, 강인식의 폭력성을 알고 겪어본 바 있었기 때문에 자신을 이해해주리라는 심리적 기대가 있었다. 그러나 시집 식구들이 자신을 비난하며 돌아서자 안절부절하지 못했다. 이후 김정미는 남편 살해에 대해 심한 죄책감에 시달렸고, 자신을 적극적으로 방어하지 못하고 위축되었다. 결국 김정미는 2년 실형을 선고받고 만기 출소한 후에, 차라리 마음이 편하다고 이야기하였다.

2. 김정미 사건, '아내강간'을 드러내다

1) 아내강간—남편의 권리, 아내의 의무

가부장제 사회에서 아내강간은 아내구타와 함께 남편의 '권리'였다. 가정의 주인인 남편은 자신의 소유물(재산)인 아내를 때리거나, 강간하거나 성적으로 학대할 수 있었다. 또 이러한 행동은 범죄가 아니라 외부로 알려지면 안 되고 알릴 필요도 없는 가정 내의 '사적인' 사건으로 은폐되어왔다. 남편의 강간이나 성적 학대는 아내가 마땅히 받아들여야 할 '결혼의 의무'로 간주되어왔다. 아내강간에 대한 이론적 정당화는 17세기 영국의 매투 헤일 판사에 의해 처음으로 제기되었는데, 그는 "남편이 자신의 법률상 처를 강간한 것은 유죄가 될 수 없다. 왜냐하면 부부 상호간의 혼인시 동의와 계약에 의하여 아내는 자신을 남편에게 내놓았으며(given up), 그녀는 이를 철회할 수 없기 때문이다"고 했다. 이 '철회할 수 없는 암묵적 동의(irrevocable and implied consent)' 이론[1]은 그간 아내강간의 면책의 논리로 사용되어왔다. 이 입장은 혼인으로 인해, 아내는 남편에게 복종해야 하고 그의 소유물이 됨을 명시하는 것이었다. 흔히 기혼 여성에 대한 성적 침해가 그 여성에 대한 침해가 아니라 그녀의 남편의 재산권 침해라고 인식되는 현상은 이를 잘 보여준다. 이러한 인식이 바뀌기 시작한 것은 아주 최근의 일이다.

한국에서 아내강간 문제가 처음 대두된 것은 성폭력특별법 제정 과정에서였다. 당시 여성의전화는 성폭력을 남녀간의 힘의 불균형에서 오는 다양한 폭력—강간, 아내구타, 살해, 성매매, 포르노 등—을 모두 포괄하는 광의의 개념인 여성에 대한 폭력(gender violence)으로 규정했다.[2] 그러나 아내구타를 성폭력 개념에서 제외하는 것이, 법 제정을 이루어내는 데

---

1) 조국, 『형사법의 성편향』, 박영사, 2003, 18쪽.
2) 이현숙·정춘숙, 「아내구타 추방운동사」, 『한국 여성인권운동사』, 한울, 1999, 145쪽.

더 현실적이라는 주장이 우세하였고 여성의전화도 이러한 현실 앞에서 양보하지 않을 수 없었다.

아내구타를 제외하고 아내강간을 포함시킨 성폭력특별법안은 이후 국회의원들의 반대에 부딪혀 아내강간 조항마저 삭제된다. 당시 한 국회의원은 "아내강간을 처벌한다면 우리나라 남자들의 대부분은 아침에 직장에 가지 못하고 경찰서로 오게 될 것"이라며 반대했다. 이는 역설적으로 '아내강간'이 남편의 권리이자 아내의 의무로서 얼마나 일상화·정상화되어 있는지를 보여줌과 동시에, '일상'이고 '정상'인 여성폭력을 문제화하기가 얼마나 어려운가를 반증한다. 김혜선(1995)은 아내구타 후 발생하는 강제적 성관계를 몇 가지 측면에서 분석하고 있다. 첫째, 이렇게 이루어지는 성관계를 문제 해결의 한 방식으로 본다는 점이다. 둘째, 이러한 성관계는 여성을 비하하는 폭력의 마지막 단계라는 점이다. 셋째, 강제적인 성관계는 아내에 대한 남편의 통제를 확인하는 방식이다. 이처럼 아내강간은 가족 내 성역할을 둘러싼 성별 권력 관계 속에서 '정상적 부부관계'의 일부로 존재해왔던 것이다.

2) '아내강간'의 문제화

'아내강간'은 늘 존재했었지만 그것을 '문제'라고 이름 붙이고 그로 인해 여성들이 얼마나 고통받는지를 인식하려면, '사실'의 존재뿐만 아니라 그것을 문제화할 수 있는 주체의 인식과 사회적 맥락이 존재할 때 가능해진다. 아내강간을 성별 권력의 문제로 접근할 수 있는 언어와 담론이 부재할 때, 그러한 폭력이 발생·재생산되는 구조와 메커니즘은 이해되기 어렵다. 이는 1993년도에 발생한 김명희(가명) 사건을 보아도 알 수 있다. 이 사건은 남편으로부터 18년간 극심한 폭력과 성 학대를 당해오던 피해자가 결국 남편을 전기줄로 목 졸라 살해한 사건이었다. 당시 피해자가 겪었던 심각한 성 학대 자체는 많은 언론의 주목을 받았다. 그러나 그러한 성 학대를 가능하게 하는 아내의 몸에 대한 남편의 지배라는 문제는 제기되지 않았고, 따라서 문제 자체가 '아내 강간'으로 명명되지 않았다. 이 사건은 당시 가장 시급한 문제였던 '가정폭력의 심각성'을 드러내는 데 집중했다. 사건 발생 전 출동한 경찰이 아무런 조치 없이 돌아간 것을 비판하여, 공권력 개입을 통한 가정폭력의 처벌과 예방 필요성을 역설하고 '가정폭력방지법' 제정의 필요성을 강조했던 것이다.

김정미 사건은 우리 사회에서 아내에 대한 성 학대와 '아내강간'을 본격적으로 문제화하는 계기가 되었다. 여기에는 몇 가지 요인이 있었다. 이혼을 신청하고 별거 상황에 있던 김정미가 남편의 성폭력을 피하려다 사건이 발생했다는 정황과, 그녀가 결혼 생활 내내 남편의 성 학대에 시달려왔다는 사실이 그것이다. 가해자 살해가 성 학대 및 아내강간과 직접적으로 연관되어 있는 사건이라는 점과 더불어, 이 사건의 문제화 과정에서 주된 역할을 담당했던 한국여성의전화연합과 검찰 또한 김정미 사건이 전사회적으로 이슈화되는 데 영향을 미쳤다. 검찰은 이례적으로 김정미를 불구속 기소하고 기자회견을 열어 언론으로 하여금 이 사건에 관심을 갖도록 만들었다. 여성폭력 문제를 주요한 여성운동의 과제로 삼아온 한국여성의전화연합은 이미 1999년 정책협의회에서 '아내에 대한 폭력을 신체적 폭력 중심으로 다루는 것은 아내폭력 문제를 협소하게 접근하게 한다'고 지적하고 성적·언어적 폭력을 드러내는 데 역점을 두기로 하는 정책적 변화가 있었다. 김정미 사건을 접한 지 한 달 만에 '여성인권과 아내강간' 토론회를 개최했던 것도 이러한 운동의 일환이었다.

토론회에서는 아내강간의 유형이 세 가지로 발표되었는데, 첫째, 강압적 강간(force-only rape), 즉 신체적 구타가 동반되지 않고 아내의 강한 거절 의사에도 불구하고 강압적으로 성행위를 하는 경우, 둘째, 아내구타 강간(battering rape), 즉 강간이나 성행위 거절을 이유로 구타를 당한 경우, 셋째, 가학적 강간(sadistic rape)으로 신체적 폭력을 동반하는 것뿐만 아니라 도착적(perverse) 행동이나 고통을 주는 행위가 그것이다. 그러나 어떤 형태의 성행위든지 아내가 거절하는데도 남편의 강압이나 위협에 의해 성행위가 이루어지면 아내강간이라고 볼 수 있다.[3] 이 자리에서는 발표된 폭력 피해여성들의 사례는 "구타도 견딜 수 없었지만 구타 후 남편의 성관계 요구는 더욱 치욕스러웠다, 내가 사람이 아닌 쓰레기통이나 물건 같다고 느꼈다"고 말하고 있다. '여성인권과 아내강간' 토론회는 한국사회에서 '아내강간' 문제를 사회적으로 공론화하여 '아내강간'이라는 용어를 가시화하였고, 그것이 여성인권을 침해하는 심각한 사회문제임을 알려냈다. 또 김정미 사건을 계기로 성폭력특별법 개정안에 구타 후 강간, 원하지 않는 성 행동으로 인한 가학적 강간, 별거나 실질적인 혼인의 파탄 상태에서의 강간 등 아내강간 조항을 신설할 것을 요구하였다. 애초에 성폭력특별법 제정 과정에서 빠져버린 아내강간 문제를 새롭게 범죄화하여 제기한 것이었다. 김정미 사건은 이후 가정폭력 피해여성들이 남편의 성 학대를 드러내는 데 커다란 영향을 미쳤다.

3) 섹스, 변태적 섹스, 아내강간—명명의 성별 정치학

그러나 김정미 사건은 사건 초기 선정적인 이슈로 언론의 관심을 받았을 뿐 구체적인 조사나 재판 과정에서는 '아내강간', '아내에 대한 성적인 학대'가 비중 있게 다루어지지 않았다. 가해자의 성 학대가 황색 언론, 법조인, 여성운동단체에 의해 어떻게 다르게 명명되는가는 '아내의 섹슈얼리티'에 대한 한국사회의 담론 지형을 단적으로 보여준다. 우선 황색언론은 '변태적 섹스'라는 명명하에 강인식을 아내폭력 가해자가 아닌 "변태 성욕자"로 묘사하였다. 이는 아내에 대한 성 학대를 일부 특수한 상황의 '비정상' 남성의 일탈행위로 간주함으로써, 갈등 상황 자체가 일상적 성역할과 가족 구조에서 기인, 내재한다는 현실을 은폐한다. 아내폭력은 일탈이 아니라 규범이다(정희진, 2001).

한편 검찰이나 재판부는 "비정상적인 성교"라고 명명함으로써 아내강간을 성관계의 일종으로 보아 그 심각성을 축소하였다. 사실 성행위에서

3) 신성자, 「아내강간의 실태와 대책」, '여성인권과 아내강간 토론회', 한국여성의전화연합, 2000, 41-42쪽.

정상과 비정상의 기준은 매우 모호하며 두 사람의 합의가 가장 중요한 기준으로 간주되는 현실을 볼 때, 김정미에게 발생했던 사건은 원치 않는 성 행동에 의한 가학 행위이자 강간임이 분명하다. 그런데도 재판부는 두 사람의 관계가 '아내'와 '남편'이라는 이유로 가해자의 행위를 폭력이 아니라 '비정상적 성행위'로 본 것이다. 만약 이 사건의 당사자가 부부가 아니고 모르는 사람들 사이에 발생했다면 법원은 과연 어떠한 판결을 했을까? 최소한 이 사건에서와 같이 "성관계중"이었다고 하지는 않았을 것이다. 한국의 사법부는 아직도, '으슥한 밤길에 모르는 사람에게 끌려가 강간당하는 것'이 '진짜 강간'이라는 통념을 유지하고 있는 것이다.

또 재판부는 행위 자체에만 관심을 집중할 뿐 그로 인한 김정미의 심리적·신체적 피해에는 무관심하였고 피해 사실 역시 가볍게 다루었다. 그러나 그것이 초래하는 사회적 결과와 분리된 채 평가될 수 있는 '행위 자체'란 존재하지 않는다.

> ……피고인은 피해자의 변태적 성행위의 요구에 대하여 그로 인하여 이미 이혼하기로 마음먹은 피해자와의 관계가 유지되는 것이 싫어서 이를 거부하였는데 피해자가 가위를 들고 찌르려고 하면서 죽이겠다 하기에 피해자를 칼로 찔렀다고 주장한다. 그러나 피해자 성행위(피고인이 '변태적'이라고 표현하는 성행위는 피해자와 동거기간중에도 이미 행하였던 것으로 새삼스러운 것이 아니다)로 인한 피해자와의 관계 유지가 싫었다면 당초부터 이를 거절하였어야 할 것으로 보이는데 비록 피고인의 자의에 의한 것은 아니었다고 하더라도 피고인이 피해자를 상대로 성행위를 5분 이상이나 하고 나서 그 반대의 경우에는 이를 허용하지 아니한 피고인의 처신을 이해하기 어렵고, ……피해자가 피고인을 죽이겠다고 한 말은 부부 싸움시에는 평소에도 해오던 말이고 피해자가 가위로 피고인에 대하여 가해하였다는 상처의 정도가 경미하였던 점(증거보전상의 사진 등 참조)이나 당시 두 사람이 성행위중이었던 점에 비추어 보면…….
>
> ―항소심 판결문 중 일부

항소심 재판부는 피고인(김정미)이 애초부터 피해자(강인식)가 요구한 성행위를 거절했어야 했는데 그렇지 않았다는 것을 "이해하기 어렵다"고 말한다. 이는 원하지 않는 성 행동을 수용할 수밖에 없었던 그 이전의 폭력 상황을 고려하지 않은, 남성의 경험에 입각한 해석이다. 강인식이 김정미에게 이미 수차례 폭력을 가했고, 죽이겠다고 협박하였으며, 가위로 다리에 상처를 낸 것을 법원은 '경미하다'고 보았다. '경미하다'는 판단 속에는 김정미가 그 모든 과정에서 느낀 공포와 '나를 죽일 것'이라는 절망 상태에 있었던 것은 전혀 고려되지 않았다. 더욱이 법원은 '변태적'이라고 표현된 성행위가 동거 기간 중에도 이미 행하였던 것으로 '새삼스러운 것이 아니라'고 말하고 있다. 이러한 재판부의 태도는 '지난 세월 동안 그렇게 살았으니, 현재 당하는 것도 당연하다'는 말과 다르지 않다.

김정미는 당시 상황에 대해 "남편이 요구하는 행위를 받아들이는 것이 죽기보다 싫었다"고 진술했다. 항소심 재판부는 판결문에서 강인식이 김정미에 대해 "성행위를 요구한 것은 육체적인 욕구를 만족시키려는 면도 있었겠으나 그보다는 피해자(강인식)의 열등 의식 등을 어느 정도라도 해소하고 피고인(김정미)을 지배하고 싶은 심리적 요인도 크게 작용한 것으로 여겨진다"며 강인식이 김정미의 몸·섹슈얼리티에 대한 통제를 통해 그녀를 지배하고 싶었을 것이라고 판단했다. 그럼에도, 이를 심각한 문제로 보기는커녕 오히려 김정미가 "평소와 달리 피해자의 언동에 과대하게 받아들여 10여 년을 같이 살아온 남편을 사망하게 했다"고 말하고 있다. 이는 "남편에 의한 아내 지배를 '있을 수 있는 일'로 인정하는 가부장적이고 남성 중심적인 판결이며 피해여성의 인간으로서의 권리를 박탈하는 시대착오적 발상"에 다름 아니다(서울여성의전화 성명서).

3. 정당방위 해석을 둘러싼 담론의 경합

아내폭력 피해여성의 가해 남편 살해 사건은 누가 가해자이고 누가 피해자인가에 대한 정치적 담론의 경합을 초래할 수밖에 없다. 이러한 경합은 첫째, '살인'인가 '상해치사'인가, 둘째, 가해 남편을 죽게 한 것을 정당방위로 볼 수 있는가를 둘러싸고 이루어진다.

1) 죄명과 형량의 성별성

지금까지 가정폭력 피해자의 가해자 살해 사건은 대개 '살인'으로 기소되어왔다. '살인'은 법정 최저형이 징역 5년으로 되어 있어 아무리 구명 운동을 하여 감형을 받아도 2년 6개월 이상의 형을 선고받는 것이 대부분이었다. 그나마 징역 2년 6개월을 선고받는 경우는 여성에게 매우 온정적인 판사를 만나 '정상 참작'이 되는 경우이고 더 많은 형량을 선고받는 경우도 많았다. 오랜 기간 남편 혹은 아버지의 폭력에 시달려온 피해자가 마지막 자구책으로 가해자를 살해하여 '살인'으로 기소되면 무거운 형벌을 받는다. 반면, 여성폭력 가해남성이 피해여성을 살해한 경우는 "살의가 없었다"는 이유로 '상해치사'나 '폭행치사'로 기소되어 훨씬 가벼운 처벌을 받아왔다. 죄명이 상해치사, 폭행치사, 과실치사의 경우는 '살인'에 비해서 양형 기준이 낮기 때문이다.

2001년 5월 서울여성의전화에 접수된 이모 씨 사건은 그 좋은 예이다. 이 사건은 남편 이모 씨가 결혼한 지 21년 된 아내가 "외도한다"며 폭행하여 살해한 사건이다. 이모 씨는 결혼 생활 동안 지속적으로 아내 박모 씨를 폭행해왔고, 피해자 박모 씨는 "남편의 발자국소리만 들어도 가슴이 뛴다"고 할 정도로 남편을 무서워했다. 피해자는 남편에 대한 두려움 때문에 한 번도 놀러다닌 적이 없었고, 생계를 홀로 책임져야 했고 항상 일에 매여 있었다고 한다. 경찰에 따르면 사건 당일 가해자는 피해자가 외도한다며 의심하여 1시간 10분 정도 폭행했다고 했으나, 목격자들은 가해자가 3~4시간에 걸쳐 피해자의 안면과 전신을 주먹과 발로 폭행했다고 증언하였다. 한탄강에 끌고 가 머리를 강물에 억지로 박게 하고 숨을 못 쉬게 하였고 그로 인해 피해자의 이마에는 돌에 긁힌 자국이 있었다고 진술하였다. 가해 남편은 피해 아내가 신고 있던 하이힐을 벗겨 뒷 굽으로 수차례 머리와 전신을 폭행하고 머리채를 잡고 끌고 다니며 바닥에 넘어뜨린 후 온몸을 짓밟는 등 폭행하였고, 결국 피해자는 뇌출혈을 일으켜 사망하였다. 피해자를 병원에 데려가기 전에 피해자를 씻

긴 여종업원과 딸의 진술에 의하면, 당시 피해자의 옷은 피투성이가 되어 몇 번을 빨아도 지워지지 않을 만큼 흙탕물에 흠뻑 젖어 있었다고 한다. 가해자는 피해자가 생명이 위험한 상황이었음에도, 차로 5분 거리에 있는 종합병원에 데려가지 않고 방치하여 결국 피해자가 죽음에 이르게 하였다. 그러나 가해자는 '살인'이 아닌 '폭행치사'로 기소되었고, 피해자 가족은 피해자가 억울한 누명을 쓰고 처참하게 죽어갔는데도 가해자가 제대로 처벌받지 않는 것에 대해 억울함을 호소하였다. 이렇듯 아내폭력 상황에서 발생한 살해에 대해 적용되는 죄명과 형량이 성별에 따라 달라지는 것은, 한국의 사법 체계가 누구의 경험을 기준과 '경험칙'으로 받아들이고 있는가를 적나라하게 보여준다.

2000년 6월 21일 한국여성의전화연합이 가진 긴급토론회 '가정폭력 피해자에 의한 가해자 살해, 정당방위 인정될 수 없는가?'에서는 바로 이 죄명 문제가 다루어졌다. 법학자 한인섭은 발제에서 가정폭력 피해자가 가해자가 되는 경우 대부분 살인죄를 인정하고 있는데 오히려 각 사건을 자세히 살펴볼 때 상해치사나 폭행치사라고 볼 여지의 사건이 많다고 주장했다. 그는 살의의 고의에 대해서는 사건의 전후 과정을 객관적으로 판단하여 고의 여부를 논하는 것이 타당한데도, 피의자의 진술에 지나치게 기댐으로써 죄책감에 젖은 피의자로 하여금 '살인'을 자백하게 하는 불합리를 초래했다고 지적하고 있다. 이를 개선하기 위해서는 사건 초기 단계에 피의자(아내폭력 피해자)와 긴밀히 접촉하여 피의자의 진술 내용에 따른 법적 평가의 차이를 지적해주는 것도 중요하다. 하지만 더 근본적으로는 법원의 해석이 남성 경험에 입각한 편파성을 띠어왔다는 점에 대한 사회적 문제 의식이 확산되어야 한다. 이런 측면에서, 김정미 사건이 검찰 수사단계에서 '살인'이 아닌 '상해치사'로 적용 법조가 변경된 것은 중요한 의미를 지닌다고 하겠다.

2) 무엇이 정당방위인가

　필자는 10여 년의 여성의전화 활동에서 수십 년간 남편이나 아버지의
폭력에 시달리던 피해자들이 결국 가해자의 손에 죽임을 당하거나, 막다
른 처지에서 가해자를 살해해 살인 사건의 피고인이 되어버린 사건들을
다루면서 울분과 안타까움, 한없는 무력감을 느낀 적이 한두 번이 아니
었다. 대부분의 경우 폭력 피해자들은 거의 예외 없이 '살인'으로 기소되
어 중형을 선고받았고, 우리는 이에 대해 정당방위를 주장하였지만 인정
받은 경우는 없었다. 정당방위에 대한 법적 근거는 형법 21조로 '자기
또는 타인의 법익에 대한 현재의 부당한 침해를 방위하기 위한 행위는
상당한 이유가 있는 때에는 벌하지 아니한다'고 되어 있다. 그러나 정당
방위는 기본적으로 대등한 힘을 가진 당사자들을 상정하고 있기 때문에
성인 남성보다 기본적으로 힘의 열세에 있는 여성이나 아동, 장애인들에
게는 매우 불합리한 것이다. 더욱이 법원은 정당방위 판단의 중요한 기
준인 '침해의 현재성과 상당성'에 대해 엄격한 입장을 보이고 있어, 폭력
피해자들의 맥락을 해석하는 데 큰 한계를 지닌다.

　　전통적 의미의 정당방위는 즉각적인 공격에 대한 즉각적인 방어를 기본으
로 하여 구성된다. 현재의 급박한 침해는 정상적인 법질서의 보호를 불가능
케 하는 긴급상황이며 그에 대한 즉각적 방어는 필요하고도 불가피하다는
것이다. 그런데 이러한 '부당한 침해에 대한 정당한 반격'의 구도는 자기방
어의 능력과 의지를 갖춘 성인(남성)의 경우를 전형적으로 예상한 것이며,
그것도 낯선 사람의 일회적 공격에 대한 단번의 격퇴(가령 강도의 공격을 실
력으로 격퇴하는 것, 살인하러 총을 들이대는 사람을 총으로 부상을 입히거
나 사망시키는 것)를 주로 예상하고 있다. 실제로 정당방위의 요건에 적합한
방어행위를 하려면 대단히 신중한 자가 지적 통찰력을 가지고 물리적 자원
을 적절하게 통제하면서 법적으로 허용되는 범위 내의 예견 가능한 결과에
이를 것이 요구된다. ……이러한 정당방위론은 다음 몇 가지 문제를 포함하
고 있다. 첫째, 비등한 실력과 능력을 갖춘 당사자간이 아니라 힘의 우열관
계가 확고하고 일방이 타방을 거의 전적으로 지배하는 상태하에서, 열등한
자가 우월한 지위에 있는 자를 상대로 자신을 방위하기는 매우 어렵다. ……
부부관계도 법적으로는 대등하다고 하지만, 아내구타를 자행하는 남편과 그

에 일방적으로 당하는 아내는 실제로 지배 복종관계와 같은 모습이 구조화
된다. 이때 적절한 방위를 한다는 것이 대단히 어려울 것이라는 점이 감안되
어야 한다. ……둘째, 반복되는 폭력의 피해자는 그에 대한 자기방어를 할
능력을 상실하고 무기력하게 대응하게 된다. 곧 아내구타를 연구하는 학자들
이 '학습된 무기력증'이라고 표현하는 증세이다. 이들은 현재 상황을 주어진
것으로 받아들이며, 그에 대한 능동적·적극적 대응방법을 알지 못하거나 알
아도 제대로 구사할 수 없게 된다. 혹은 폭력의 악순환 속에서 피해자는 인
격적으로 피폐해지고 폭력의 노예화 과정을 걷게 되고, 공포감과 수동성을
체질화하게 된다. 매맞는 아내증후군으로 정리되는 그러한 피해증세를 포함
하는 상태에서 '통상적인 지각과 능력을 갖춘 합리적 인간(기실은 남자)'들
에게서 기대되는 것과는 다른 반응을 보일 가능성이 많다. 상황과 조건이 다
른 것이다. 사회적 약자인 여성(그리고 아동)이 처한 특수한 조건을 무시한
정당방위의 이론 및 판례의 경향은 ① 강자에게 유리한, 공격자에게 유리한
해석이라는 결과를 초래하며 ② 여성보다 남성, 아동보다 성인에 유리한 성
인 남성 위주 해석(male-oriented interpretation)이라는 비판을 받을 수밖에
없다.[4]

3) 사법부의 해석―'침해의 현재성'과 '정당방위의 상당성'

서울여성의전화는 김정미 사건이 그동안 다룬 가정폭력 피해자 살해
와는 달리 정당방위의 구성요건인 침해의 현재성과 방위의 상당성에서
정당방위로 판결 받을 가능성이 높은 사건이라 판단하였다. 이 사건에
대한 검찰의 입장은 이중적이었다. 우선 정당방위 여부에 대해서 검찰은,
강인식이 "자신의 뺨을 때리고 다시 가위를 들고 죽인다고 위협하기에
순간적으로 더 이상 거부하면 실제 자신을 죽일 것 같은 생각이 들어 자
신의 생명·신체를 지키고 자신의 성관계의 자유 의사를 지키기 위하여
찌른 것"이라는 김정미의 주장에 대해 다음과 같은 입장을 취했다. 당시
강인식은 성관계를 요구하려는 단계이고, 가위를 든 것은 단순히 위협용
이지 실제 죽이려고 한 것은 아니었다고 판단되고, 피의자도 그러한 사
실을 짐작하고 있었다고 보이므로 피의자의 행위를 생명의 위협으로부터

4) 한인섭, 「가정폭력 피해자에 의한 가해자 살해: 그 정당화와 면책의 논리」, 『가
정폭력 피해자에 의한 가해자 살해, 정당방위 인정될 수 없는가?』, 한국여성의
전화연합, 2000, 19-20쪽.

자신을 지키기 위한 행위라고까지 보기는 어렵다는 것이다. 이러한 검찰
의 판단은 아내폭력의 지속성과, 반복성 그리고 이로 인해 피해여성이
지속적인 공포상태에 있다는 특수성을 전혀 이해하지 못한 채 일반 폭력
과 같은 선상에서 이 사건을 파악한 결과이다.

그러나 정당방위의 상당성에 대한 해석에 있어서는 상당성을 엄격히
해석하는 경우와 신축적으로 해석하는 두 가지 가능성 모두를 열어놓았
다. 그리고 정당방위의 요건인 '상당성'을 신축적으로 해석할 경우, 이
사건의 경우 부부간이긴 했지만 상당한 이유가 있어 이혼 소송중이고,
별거 상태에 있었던 남편의 성교 요구를 거부할 여성의 권리를 인정한다
면, 제3자에 의한 강간과 다르게 볼 하등의 이유가 없다고 보았다. 피의
자 입장에서는 성교까지 하게 되면 이혼 포기로 이어질 수 있다는 마음
에 살해에까지 이르렀고, 비록 일각에서 남편을 찔러 살해한 것은 지나
치다고 보기는 하나 피의자가 당시 피해자의 협박으로 겁에 질린 상태인
데다가 성교에 응하지 않으려면 달리 다른 수단이 없지 않느냐는 관점에
서 보면 상당성을 인정해야 한다는 의견도 있을 수 있다고 보았다.[5]

이후 김정미에 대한 재판은 1심에서 4번, 2심에서 5번의 공판이 열렸
다. 1심 재판은 피고인(김정미)에 대한 심문, 피고인의 동생에 대한 증인
심문, 제출한 증거자료에 대한 증거심리, 피해자(강인식)의 형에 대한 증
인 심문 등으로 진행되었다. 재판부는 김정미에게 징역 3년에 집행유예
5년을 선고하였다. 집행유예가 선고된 것은 피고인의 어려웠던 결혼 생
활과 이혼 소송 여부를 놓고 서로 다투다가 사건이 일어난 점, 피고인이
부양하여야 할 어린 자녀가 있다는 점, 잘못을 깊이 반성하고 있다는 점

5) "피의자가 이미 5개월 전에 이혼을 결심하고 피해자와 별거에 들어갔으며, 별
거 이후로는 피해자와 한 번도 성관계가 없었고, 다시 재결합할 의사가 추호도
없는 여자로서, 그러한 피의자를 상대로 이혼소송을 취소하라고 흉기로 협박하
고, 더 나아가 강제적인 성행위를 통해 이혼의지를 꺾으려고 한 피해자의 행위
는 남남 사이에 일어난 강간행위보다 더한 법익침해 행위라고 볼 여지가 있으
며, 실제 본 건 피의자의 행위는 남편의 성교 요구를 거부하고자 하는 자신의
자유의지를 고수하고, 성관계 거부로 인하여 계속될 피해자의 폭행과 괴롭힘으
로부터 벗어나 자신을 지키기 위하여 이루어진 것"(검찰의 발표 내용 중).

등에 대해 정상참작하였기 때문이었다. 그러나 재판부는 "이 사건 범행이 정당방위 또는 야간 등 기타 불안스런 상태에서의 과잉 방위에 해당되어 죄가 되지 아니하거나 형의 필요적 면제 사유에 해당한다"는 변호인의 주장은 받아들이지 않았다. 그 이유는 "……피해자가 평상시에도 피고인에게 '죽여버린다'는 말을 자주 해왔으나 그다지 중한 상해를 가한 적은 없었던 사실 등을 인정할 수 있는바, 비록 피고인이 피해자로부터 먼저 가위 등으로 폭행·협박당하여 이에 맞서 위 피해자를 칼로 찔렀다고 하더라도 피고인의 위 행위는 상대방의 불법한 공격으로부터 자신을 보호하고 이를 벗어나기 위한 저항수단으로서의 소극적인 방어의 한도를 넘어 상대방에 대한 적극적인 반격 행위에 해당한다고 할 것이어서……"라고 밝히고 있다. 즉 평상시에도 "죽여버린다"는 말을 자주 했지만 지금까지 죽이지 않았기 때문에, 상황이 바뀐 현재에도 '죽이지 않을 것'을 예상할 수 있다는 것이다. 따라서 피고인의 피해자의 폭력에 대한 대항 행위는 자신을 보호하기 위한 소극적 방어의 한도를 넘은 것으로 정당방위의 요건인 '방어의 상당성'을 인정할 수 없다는 것이다.

　이러한 법원의 시각은 2심 판결문과 대법원 상고 기각 이유서에도 잘 나타나 있다. 대법원의 상고기각 판결문은 "……피고인이 이와 같이 피해자로부터 먼저 폭행·협박을 당하다가 이를 피하기 위하여 피해자를 칼로 찔렀다고 하더라도, 피해자의 폭행·협박의 정도에 비추어 피고인이 칼로 피해자를 찔러 즉사하게 한 행위는 피해자의 폭력으로부터 자신을 보호하기 위한 방위 행위로서의 한도를 넘어선 것이라고 하지 않을 수 없고, 따라서 이러한 방위 행위는 사회통념상 용인될 수 없는 것이므로……"라고 판결하고 있다. 대법원의 이러한 태도는 폭력 피해자의 정당방위 사건일 경우 '상당성'을 매우 엄격하게 적용하는 것이다. 또한 피고인 여성의 사정을 고려하기보다는 객관적 제3자의 입장에서 피고인의 방어행위를 평가하고 있으며, 대법원이 상정하는 '사회통념'이 어떠한 것인가가 확인되지 않는다(조국, 2003). 김정미가 수사 및 재판 과정에서 일관되게 주장해왔듯이, 그녀는 다른 폭력 피해여성들과 마찬가지로 일상

적인 남편의 폭력에 대한 공포와 두려움에 떨고 있었고 남편은 그의 말
대로 결국은 나를 죽이고 말 것이라고 확신하고 있었다. 이것은 그녀가
12년의 결혼생활 동안 경험해왔던 누적된 폭력의 결과였다.

또한 정당방위의 또 다른 요건인 '침해의 현재성'에 대해서, 침해의
현재성 자체는 인정하나 그 심각성은 미약하다는 것이 재판부의 입장이
었다. 사건 당시 강인식이 김정미에게 행했던 폭력은 평소 그가 일삼던
폭력의 정도와 크게 다르지 않다는 것이다. 그러므로 '경미한' 침해에 대
해 피고인(김정미)이 과도하게 반응하였으며 따라서 이는 자신을 방어하
는 소극적 방어행위가 아니라 적극적 보복행위라고 보았다. 과거에 견딘
폭력은 '경미한' 것이고 그에 대항하는 것은 '과도한 반응'이라는 이 같
은 인식은 아내폭력을 정상적 부부관계의 일부로 간주하는 남성중심적
해석에 기반한 것으로, 아내폭력을 근절하기보다는 그것을 정상화하는
사법부의 무능과 편견을 드러낸다고 하겠다.

아내폭력 피해여성은 남편의 지속적이고 반복적인 폭력에 시달리게
된다. 서울여성의전화가 개최한 '가정폭력방지법 시행 5주년, 현주소와
개선방향' 토론회에서 발표된 아내폭력 피해여성 168명을 대상으로 한
조사를 살펴보면, 조사 대상자의 53.9%가 거의 매일 남편의 폭력에 시
달리거나 1~2주에 한 번 정도 폭력에 시달리는 것으로 나타났다. 이렇
게 일상적으로 발생하는 폭력으로 인해 피해여성들은 언제 또 다시 발생
할지 모르는 폭력에 대한 불안과 공포 속에서 생활하고 있다.6) 가장 친
밀하다고 간주되는 부부관계에서 지속적으로 발생하는 아내폭력은 모르
는 타인으로부터 당하는 폭력보다 피해자에게 더 큰 심신의 상처를 주는
행위이다. 최근 남편의 폭력을 피해 도망가다 추락사한 필리핀 이주여성
의 경우나 남편의 폭력으로 뇌일혈로 죽고만 임모 씨의 경우는 아내폭력
의 심각성을 잘 보여준다. 피해여성들이 겪는 심리적 고통은 더욱 심각
하다. 이들은 남편의 일상적 폭력으로 인해 불안, 초조, 긴장과 공포 속

6) 정춘숙, 「가정폭력관련법 실행 실태 및 집행에 대한 조사」, 『가정폭력방지법
시행 5주년, 현주소와 개선방향』, 서울여성의전화, 2003, 6쪽.

에서 생활하게 되며, 우울증과 무기력증을 느낀다. 환상을 보기도 하고, 폭력이 지속됨에 따라 자존감이 손상되고 판단력을 상실하게 된다. 이들이 경험한 폭력의 유형은 따귀 때리기에서부터 흉기로 위협 당하거나 흉기에 찔리는 것까지 다양하다. 특히 폭력 지속 기간이 길수록 모든 종류의 폭력을 전부 경험하며 찔리거나, 목을 졸리는 등 '심각한' 폭력을 훨씬 더 많이 경험한다. 또 가족도 경찰도 자신을 도와줄 수 없다는 고립과 절망에, 주변의 도움을 기대하지 못하게 된다.[7] 법이 입법 취지대로 집행되지 않고, 주변의 도움을 얻지 못하는 상황에서 폭력 피해여성들은 남편의 폭력은 고쳐지지 않을 것이라고 절망하며 참고 살거나 이혼하는 수밖에 없다고 생각하게 된다.

김정미가 검찰 수사단계에서 조사받은 내용을 보면, 그녀가 다른 아내폭력 피해여성들과 마찬가지로 남편의 폭력에 대한 공포에 질려 있었던 것을 알 수 있다.

검사: 남편을 칼로 찌른 이유가 무엇인가요?

김정미: 제가 그대로 있으면 죽을 것 같아서 칼로 찌른 것입니다.

검사: 강인식이 평소 자주 "찢어 죽인다, 갈아 먹어버린다"는 등의 말을 한 것인데 당시 가위를 들은 강인식이 피의자(김정미)를 죽인다고 할 때 실제로 죽이지 않고 비정상적인 성행위를 하기 위하여 겁을 주기 위해서 죽

---

7) 위 통계에 따르면 폭력피해여성들이 피해 사실을 의논하는 대상은 첫번째가 시댁식구로 39.3%, 두번째가 친정식구로 27.6%를 차지하고 있다. 의논대상의 반응을 보면 가장 높은 26.6%가 "결혼 생활에 있을 수 있는 일"이라고 했고, 17.7%가 "피해여성 자신에게 무슨 문제가 있는지 생각해보라"고 했으며, 15.5%가 "남편이 원하는 대로 해주면 나아질 것"이라고 조언했다. 아직도 이렇게 아내폭력을 '있을 수 있는 일'로 간주하고 그 원인을 피해자에게 돌리는 것이 일반적인 상황에서, 피해여성들은 자연히 주변의 도움을 기대하지 못하고 고립되어갈 수밖에 없다. 피해여성들이 가장 가까이에서 접할 수 있는 공권력인 경찰의 태도 역시 크게 다르지 않다. 폭력 피해여성 중 경찰에 신고한 88명의 보고에 따르면 신고했을 때, 경찰이 즉시 출동한 경우는 65.9%이고 한참 후 출동한 경우가 28.7%, 출동을 안 한 경우도 5.7%에 달한다고 한다. 경찰이 출동한 경우에도 집안 일이니 알아서 하라는 경우가 28.6%, 법으로 고소하라고 한 경우가 60.4%인 것에 반해 가정폭력방지법을 고지시킨 경우는 37.8%에 지나지 않았다.

인다고 했을 수도 있지 않나요?

김정미: 당시 저는 강인식이 저를 죽일 줄로 안 것입니다.

검사: 왜 그렇게 생각했는가요?

김정미: 당시 남편의 분위기로 보아서 저를 죽일 수도 있다고 생각한 것입니다

검사: 남편이 죽이겠다고 설치는데 살려달라고 하지 않았는가요?

김정미: 제가 살려달라고 애원한다고 저를 죽이지 않을 사람은 아니어서 애원을 하지 않은 것입니다.

검사: 당시 남편이 침대에서 몸을 일으키면서 죽여버리겠다고 하는 말은 겁을 주기 위해서 위와 같은 말을 한 것으로 보이는데 어떤가요?

김정미: 저는 당시 남편이 비정상적인 성행위를 하려고 침대로 올라오라고 하였을 때 저는 하기가 싫어서 남편의 요구에 응하지 않은 것이며, 제가 요구를 들어주지 않으면 죽일 수도 있다고 생각이 들은 것입니다.

검사: 죽일 수도 있다는 것은 안 죽일 수도 있다는 의미이며, 당시 남편이 피의자를 안 죽일 수도 있었던 것이 아닌가요?

김정미: 그러나 저를 죽이고 살리는 것은 남편의 마음이었습니다.

이처럼 그녀는 '자신을 죽이고 살리는 것은 남편의 마음이었고 그 과정 속에서 자신이 할 수 있는 일은 아무것도 없다'고 확신하고 있다. 수사 및 재판 과정에서 "남편을 왜 죽였냐"는 질문을 수도 없이 받았지만, 어떤 질문에도 김정미는 시종일관 '그가 나를 죽일 것'이라고 답변하였다. 얼마전 모 방송 프로그램에서 만들었던 가정폭력 피해자들의 인터뷰에서도 알 수 있듯이,8) 이것은 아내폭력 피해자들이 갖고 있는 절망을 짐작케 하는 대목이다. 사건 당시 남편이 평소와 같이 자신을 칼로 위협할 뿐만 아니라 이혼소송을 제기한 상태였기 때문에, 김정미는 당연히 더 심각한 일이 일어날지 모른다고 느꼈던 것이다. 그녀의 행위는 죽음의 위협 앞에서 자신을 지킬 수 있는 아무런 현실적인 방법이 없는 상황에서, 오로지 자신의 생명을 지키고자 한 불가피한 선택이었다.9)

---

8) 이 방송에서 피해여성들은 모두 한결같이 "그가 결국 나를 죽일 것이고, 그가 죽거나 아니면 내가 죽어야만 해결될 것"이라고 대답했다.

9) '가정폭력방지법 시행 5주년, 현주소와 개선방향' 토론회에서 한남대 이창무 교수는 미국의 여성폭력방지법(VAWA)의 영향 및 효과에 대한 평가에서 이 법의 시행 이후 여성보다는 남성 배우자의 살인 피해가 크게 줄었다고 보고하

4) "다른 방법이 얼마든지 있었다"―남성의 경험에 입각한 법 해석

이 사건에서 재판부는 막연한 가능성에 근거한 선택 대안들을 제시하
며 "살인 이외의 다른 방법이 얼마든지 있다"고 하면서 '정당방위의 상
당성'을 부정하였다. 그렇다면 과연 현실적으로 김정미에게는 어떤 선택
대안들이 있었을까?

검찰과 법원은 피고인(김정미)이 피해자(강인식)가 집에 들어오지 못하
게 문을 열어주지 않았어야 한다고 말한다. 그러나 과거에 이미 문을 열
어주지 않자 전봇대를 타고 3층에 있던 친정 집으로 들어왔던 강인식의
행동 양식을 상기할 때, "문을 열어주지 않으면 문을 부수고 들어오는
사람이기 때문에 성격을 아는 이상 문을 열어주지 않을 수 없었다"는 김
정미의 대답은 아내폭력 피해자의 합리적인 '경험칙'이다. 둘째, 검찰은
"경찰에 신고하지 않았느냐"고 묻는다. 그러나 김정미는 별거 전에 남편
의 보복이 두려워서 경찰에 신고할 엄두를 내지 못했을 뿐만 아니라, 경
찰에 신고하는 것이 도움이 안 된다는 것을 이미 알고 있었다. 이미 경
찰에 수차례 신고해보았지만 경찰은 별다른 대책을 세워주지 못했다. 가
정폭력방지법이 시행되고 있음에도 불구하고, 경찰을 움직이는 것은 경
찰력의 근본동력인 법이 아니라 가부장적 통념이다.[10] 셋째, 검찰 조사

었다. "FBI SHR(Supplementary Homicide Reports)에 의하면 1976년부터
1999년까지 배우자 살인 사건의 숫자는 지속적으로 감소하고 있다(Fox &
Zawit, 2001). 여성보다는 남성 배우자의 살인 피해가 크게 줄었다는 것이다.
1999년 1,218명의 여성들이 남편을 비롯한 남성 배우자에 의해 피살된 데 반
해, 아내를 포함한 여성 배우자에 의해 피살된 남성 피해자는 424명에 불과했
다. 왜 여성의 배우자 살인이 최근 감소하고 있는 것일까? 무엇보다도 아내가
남편을 살해하는 것은 지속적인 폭력을 계속 참아오다 더 이상 참을 수 없는
상황에 이르러 자신을 구하기 위한 유일한 탈출구로 선택하는 경우가 많다는
점이다. 따라서 여성들이 지속적인 학대와 폭력으로부터 탈출할 수 있는 조건
과 상황이 만들어질 때, 극단적인 살인을 피할 수 있게 된다" 이창무, 「외국의
가정폭력방지법 시행의 효과 및 평가」, 『가정폭력방지법 시행5주년, 현주소와
개선방향』, 서울여성의전화, 2003, 65쪽.
10) 2003년 서울여성의전화의 『가정폭력방지법 시행5주년, 현주소와 개선방향』
에서도 피해여성 168명 중 경찰신고가 도움이 안 됐다는 응답이 53.55%에 달

에서 검사가 다른 선택 대안으로 제시했던 내용들–"다리나 팔 부위를 칼로 찌르고 그 자리를 모면할 수도 있지 않나요," "당시 피해자는 벌거벗고 침대에 누워 있었는데 피의자는 문을 열고 다시 도망할 수 없었나요"–은 검찰이 얼마나 당시의 상황에 대한 이해가 없는지를 극명하게 보여준다.

이미 한 번 남편의 폭력을 피해 도망가다 잡혀 들어와 폭행당했고, 성적 학대로 수치심과 두려움에 숨죽여 있던 피고인이 자신의 명령에 따르지 않는다고 "죽여버리겠다"고 가위를 들고 몸을 일으키는 남편에게 대항할 때, 어떻게 팔 다리를 구분하여 찌를 수 있으며 어떻게 다시 도망갈 엄두를 낸단 말인가? 그럼에도 불구하고 검사는 항소 이유서에서 "피고인은 피해자를 사망케 하는 외 다른 선택의 여지가 충분히 있었음에도 감히 살인이라는 결과를 의욕하였다는 점에서 그 죄질이 극히 불량합니다"라고 살인의 고의성을 주장했다. 검사는 양형 부당을 이유로 항소하였고, 항소심 재판부 역시 판결문에서 이를 인정하여 김정미에게 징역 2년을 선고하고 법정 구속하였다. 그러나 "다른 방법이 얼마든지 있을 수 있다"는 판단은 성인-비장애-남성의 특수한 경험을 보편화하는 남성 권력의 실천일 뿐이다.

5) 항소심 재판부의 폭력 남편 옹호

김정미는 1심에서 징역 3년에 집행유예 5년을 선고받았다. 변호사나 서울여성의전화 모두 이러한 결과에 만족하지 못했지만, 김정미가 죄책감에 시달리며 항소를 원치 않아 항소를 포기하였다. 변호사와 서울여성의전화는 김정미 사건을 통해 아내폭력 피해자의 가해자 살해가 정당방위로 인정되는 선례를 남기고자 했으나, 당사자의 의견을 존중한 것이다. 그런데 어이없게도 검사 측에서 오히려 "양형이 부당하다"(너무 적다)면서 항소를 제기하였다. 검사의 항소이유서는 가부장적 시각을 여지없이 드러내고 있다.

───────────────

했다.

  본 건 당시 피고인으로 하여금 이혼소송을 취하케 하여 재결합할 의도로 피고인을 찾아온 점 등으로 미루어 볼 때 피해자는 가정을 지키고자 노력하는 평범한 가장이었으며, 오히려 피고인이 피해자와 이혼을 꼭 이루어내야할 어떤 말 못할 사정이 있지는 않았느냐는 의구심이 듭니다. 위와 같은 사정을 고려할 때 피해자가 피고인에게 자주 폭행을 가하고 피고인에게 변태적 성행위를 요구하였다는 피고인의 주장은 피고인만의 일방적인 주장일 가능성이 크다고 할 것입니다. 또한 피해자의 형제들의 진술 등에 따르면 피해자는 평소 유약하고 피고인을 마음 깊이 사랑한 평범한 가장이었음을 알 수 있습니다.

－검사의 항소 이유서 중

  이는 검사 스스로 검찰 조사와 재판 과정을 부인하고 있는 것이나 다름없다. 경찰과 검찰은 수사과정에서 피고인의 '일방적 주장'을 그대로 인정한 것이 아니며 피고인 진술의 진위 여부를 수사하였다. 현장 검증이 진행되었고 수차례에 걸쳐 피고인 진술이 이루어졌고, 증거물이 제시되었다. 재판 과정에서 피고인의 진술뿐만 아니라 피고인 가족의 진술, 피해자 가족의 진술, 피고인의 피해 사실에 대한 증거물과 더불어 피해자의 일기장이 피해자 측의 증거물로 제출되었다. 그런데도 항소를 제기한 검사가 이 사건에 대해 김정미의 진술에 전적으로 의존할 수밖에 없다고 주장한 것은 이전의 수사·재판 과정이 김정미에게 유리하게 진행되었다고 주장하기 위한 것이라 보인다.

  항소 이유서에는 "피고인(김정미)과 피해자(강인식)의 관계, 피고인과 피해자의 평소의 성행 등이 논의의 초점이 되고 있는바, 본 건은 위와 같은 사실에 대하여 전적으로 피고인(김정미)의 진술에 의존할 수밖에 없는 한계가 있다"고 지적하고 있다. 그러나 모든 살인 사건의 경우가 피해자가 죽고 없는 경우이기 때문에, 이 사건만 유난히 피의자의 의견을 참조하는 것은 아닐 것이다. 다른 범죄의 피해자와는 달리, 유독 폭력 피해여성의 진술의 진실성을 의심하는 것은 그 자체가 성별화된 현상이다. 상반되는 증언들이 있음에도 두 사람의 생활에 대해 잘 알지 못하던 강인식의 형의 '일방적인' 증언만을 그대로 받아들여 강인식이 "가정을 지키고자 노력한 평범한 가장이었다"고 설명하는 것으로 볼 때, '객관성'을 잃은 것은 오히려 검사 쪽이다.

또한 검사는 "피고인이 피해자와 이혼을 꼭 이루어내야 할 어떤 말못할 사정이 있지 않았냐"고 질문했다. 여기서의 "말못할 사정"은 김정미의 '남자 관계'에 관한 의문이라면,[11] 이는 여성을 스스로의 자유 의지로 판단하고 선택하는 존재가 아닌 (남편이든 다른 남자든) 남성에게 예속된 존재로 간주하는 편견을 드러낸 것이다. 항소심에서 검사는 피고인에게 '폭력을 유발하는' 특별한 이유를 묻기도 했는데, 이는 아내폭력이 아내가 뭔가 '맞을 짓'을 했기 때문에 발생한다는 통념을 그대로 내면화한 것이다.

항소심에서는 5차례의 재판이 있었다. 두 사람의 살아온 이야기가 다시 다루어졌고 피고인에 대한 심문도 다시 이루어졌다. 검사는 변칙적인 성행위는 전에도 있었으며 순수한 방어 행위가 아니고 보복적 행동이 아닌가에 초점을 두어 질문을 거듭했다. 항소심 4차 재판에서 피고인의 딸이 증언을 하게 되었다. 당시 변호사는 피고인과 딸의 증언 문제를 의논했는데, 피고인은 아이들에게 폭력을 당하는 것을 숨겼기 때문에 아이는 잘 모를 것이며 자신에게 유리하게 하기 위해 딸에게 거짓말을 시킬 수는 없다고 했다. 그녀는 아이에게 폭력의 현장을 들키지 않기 위해 이를 악물고 남편의 폭력을 견뎌냈고, 그래서 아이들이 아버지의 폭력행위를 직접 목격한 것은 몇 번에 지나지 않았다.

김정미는 아이들이 놀랄까봐 남편의 폭력에 대해 거짓말을 하기도 했다. 1998년 남편이 부엌의 보일러의 기름을 쏟아버리겠다고 협박하여 도망쳐 나왔다가 남편이 뒤쫓아와 다시 집으로 끌려 들어가는 과정에서, 김정미가 문고리를 붙잡고 버티다가 아이들을 부르게 되었다. 아이들이

---

11) 실제로 항소심 공판검사는 재판 과정에서 계속해서 김정미에게 "다른 남자가 있었냐"고 물었고, 피해자의 가족에게도 같은 질문을 하였으며, 피고인의 11세 된 딸에게도 "남자에게 전화가 온 적이 있느냐"고 묻는 등 집요하게 이 문제를 추궁하였다.

놀라 깨어 남편에게 "아빠 그러지 마세요"라고 하자 김정미는 "엄마 아빠 장난하는 거야……"라며 안심시켜 재웠다고 한다.

그러나 김정미의 이러한 노력에도 불구하고 열한 살 된 딸은 아버지를 무서워했고, 사진에는 아버지 얼굴이 모두 오려져 있었다고 한다. 증인심문에서 김정미의 딸은 아빠가 돌아가신 게 잘못되었다고 생각하느냐는 검사의 질문에 '잘못된 것 같진 않다'고 대답하고, 변호사가 아빠가 보고 싶냐고 묻자 '보고 싶지 않다'고 대답한다. 싸울 때 아빠가 죽이겠다고 한 적이 있냐고 검사가 묻자 그렇다고 대답하며, '아빠는 한 달에 15일 정도 술을 마셨고 아빠가 엄마 많이 때리고 아프게 했다'고 진술했다. 김정미의 딸의 아빠에 대한 기억은 '무섭다'와 '두려웠다'였고, 싸우는 소리를 듣고 무서워서 못 일어났다는 증언도 하였다. 그런데도 재판부의 판결문에는 이 같은 딸의 증언과 정반대되는 다음과 같은 내용이 포함되어 있었다.

> ……피해자(강인식)의 형은 피해자가 어릴 때 매우 유순하였고 결혼 후에도 거칠게 행동하는 것을 보지 못했다고 진술하고…… 피해자가 작성한 별거 기간 동안의 일기장의 기재 내용을 보더라도 피해자는 어린 두 자녀를 만나지 못하여 가슴 아파하고 혼자서 눈물을 흘리는 다정한 아버지 그리고 피고인과의 헤어짐을 현실로 받아들이면서도 다른 한편 재결합을 간절히 원하고 그러면서도 피고인을 크게 원망하지 아니하는 마음 여린 남편의 면모를 느낄 수 있다. 다만 앞에서 인정한 바와 같이 피해자의 경제적 무능력에 대한 열등의식과 피고인의 직장생활과 관련한 약간의 의처증으로 말미암아 피고인에 대하여 위와 같이 거칠고 극단적인 표현을 쓴 것을 이해할 수 있다.
> ―항소심 판결문 중

그렇다면 재판부는 어떠한 근거로 "강인식과 김정미의 살아온 사정은 잘 몰랐다"고 스스로 말한 강인식의 형의 진술은 받아들이면서, 한집에 살면서 부모의 살아온 모습을 비교적 자세히 증언한 김정미의 딸의 진술은 받아들이지 않은 것인가? 또한 강인식의 형이 조카들을 돌볼 의사가 없음을 분명히 했음에도 불구하고 재판부는 김정미를 처벌하기 위해 증인의 말을 무리하게 자의적으로 해석하였다.[12] 결국 항소심 재판부는 남편이 아내에게 가한 폭력 행위를 '약간의 의처증'으로 축소하고, 결혼 기간 동안 김정미의 고통을 외면했다.

아내폭력을 가정 안에서 발생하는 성별화된 폭력으로 인식하지 못하는 재판부의 시각에서는, 김정미는 가정을 지키려는 유약하고 불쌍한 남편을 죽인 범죄자요, 어떠한 경우에도 가정을 지키고 순종해야 하는 '아내의 도리'를 저버린 '나쁜 여자'일 뿐이었다. 아무리 '증거'가 있어도 그 증거를 선택·해석하는 틀이 남성 중심적 시각일 때, 폭력의 피해는 완전히 다르게 해석될 수 있다. 한국의 형사 사법 절차가 증거재판주의를 원칙으로 삼는다 해도, 어떤 사실을 증거로 간주하는가, 증거·증언 중 어떤 것을 채택하는가, 채택한 증거·증언을 어떻게 해석하는가는 결국 누군가의 판단에 의존하는 정치적 문제인 것이다.

4. 조용히 소리 지르기? – 아내폭력 문제화의 딜레마

김정미 사건에 대해 서울여성의전화는 신속하고 효과적으로 대응했다. 사건이 일어난 지 3일 만에 당사자를 접견하여 변호사를 선임하였고 사건 발생 1주일 후인 4월 30일부터는 '김정미 무죄석방을 위한 서명운동'에 돌입했다. 구명서명 운동은 1심 재판이 끝날 때까지 6차례에 걸쳐 진행되었다. 사건의 '충격적'인 내용들과 서울여성의전화의 노력으로 <우리시대>, <그것이 알고 싶다> 등 수차례 TV에 방영되었고, 신문에는

---

12) "다만 피고인에 대하여 실형을 선고함에 있어 피고인의 11세와 7세 난 두 자녀의 양육 문제가 큰 부담을 주는 부분이나 그들이 현재 외할머니 집에서 외할머니, 이모와 함께 살고 있고 친가 쪽으로는 백숙부와 고모가 있으므로 전혀 의탁할 곳이 없는 처지는 아니다(백부는 조카들을 보면 피고인이 생각나서 그들을 양육할 수 없다고 말하나 이는 피고에 대한 증오심이 지나쳐서 한 말이 아닌가 한다)." 항소심 판결문 중. 결국 두 아이는 김정미가 복역하는 동안 외할머니와 이모가 양육하였다.

사건 기사, 투고 등의 방법으로 상당 수준 여론화되었다.

　그러나 서울여성의전화는 김정미 사건을 다루면서 당사자의 소극적 태도로 인해 사건 진행에 어려움을 겪었다. 당시 서울여성의전화는 김정미에 대한 6차례에 걸친 서명운동 이후에도 이 운동을 더 진행할 계획을 가지고 있었지만 당사자는 그만해주기를 원했다. 그녀는 언론과 전혀 접촉하지 않았으며, 자신의 사건이 여론화되는 것을 힘들어했다. 이렇게 피해 당사자가 자신의 피해사실을 드러내기를 꺼려하고 자신을 적극적으로 방어하려 하지 않을 때, 여성운동단체는 당사자에 대한 의견 존중과 사건을 통한 여성폭력 드러내기 사이에서 갈등하게 된다. 피해자 지원 방법은 여러 가지가 있을 수 있지만, 이럴 경우 충분하고 다양한 적극적인 사건 지원이 어려운 것은 사실이다. 김정미의 이러한 소극적 대응은 남편을 죽였다는 죄책감 때문이었다.

　　……이혼하면 어쨌거나 애들의 아빠로서 애들이 원할 때 찾아볼 수 있는 그런 관계로 제 갈 길 가며 살 수 있었는데, 위자료를 요구한 것도 아니고 애들도 모두 내가 데리고 살겠다고 했는데……. 그 사람은 그 사람대로 다시는 애들도 볼 수 없는 곳으로 그것도 13년을 함께 산 여자의 손에 죽음을 맞이했습니다. ……검사님 아직도 제 몸에선 그 사람의 피 냄새가 납니다. 사건 당시 쏟아진 피와 날 쳐다보던 그 사람의 눈빛이 자꾸 생각나 하루에도 몇 번씩 몸서리를 칩니다. 제가 이 손으로 그것도 애들 아빠를 죽게 만들었다는 생각에, 한때의 실수로 평생을 살인자 엄마로, 그리고 우리 고운 애들은 살인자의 자식으로 커야 할 것을 생각하면 차라리 제가 그 자리에서 죽음을 당하는 편이 이보다는 덜 괴로울 것을……. 사건 당시 상황이야 어쨌든 결국 한 사람의 목숨을 잃게 한 제 침착하지 못한 행동을 깊이 반성합니다. 한 사람의 생명이 그것도 두 아이의 아버지의 생명이 얼마나 소중한 것인지 한 번만 더 깊이 생각할 수 있었어도 이렇게 큰일이 벌어지진 않았을 것을 정말 깊이 반성합니다.

　　　　　　　　　　　　　　　－김정미가 검사에게 제출한 '반성문' 중에서

　김정미는 검찰의 불구속 기소로 불구속 상태에 있는 동안, 검찰의 기자회견과 언론사에 의해 남편이 '변태 성욕자'로 표현되고 남편의 가족들이 "김정미가 반성의 기미가 없다"며 자신을 처벌할 것을 요구하는 방향으로 선회하자 더욱 죄책감에 시달렸다. 항소했던 검사는 항소이유서에서 '김정미가 반성하는 모습을 보이지 않는다'고 비난했다.13) 이러한 사회적 비난과 '사람을 죽였다'는 죄책감은 폭력 피해자들이 수사·재판 과정에서 적극적으로 자기를 방어하는 것을 어렵게 한다.

아내폭력은 '숨겨진 범죄'라 불릴 만큼 폭력 피해가 은폐되기 때문에, 폭력 피해자들은 조사와 재판 과정에서 그동안 은폐되어왔던 가해자의 폭력 행위를 낱낱이 드러냄으로써 자신을 방어해야 한다. 그러나 폭력 피해자들의 방어는 오히려 사회의 비난을 사게 되고 '방어 행위가 아닌 공격 행위였다'는 의심을 받게 된다. 폭력 피해자들이 아프다고 소리쳐야만 사회는 관심을 갖지만, 막상 소리를 지르면 '조용히 소리질러야' 하는데 이웃이 알도록 소리 질렀다며 피해자를 비난하는 것이다. 이는 성폭력 피해여성이 피해사실을 증언할 때, 피해자를 '꽃뱀'으로 몰면서 '진짜' 피해 여부를 의심하는 것과 같은 맥락이다. 폭력이 아니라 폭력에 대한 저항이 범죄화된다. 여성들이 눈물을 흘리며 동정을 호소하는 '불쌍하고 의존적인' 존재일 때, 자신에게 가해진 불법 부당함에 대해 저항하기보다는 스스로 부서져갈 때, 가부장제 사회는 비로소 그녀에게 '정상 참작'의 '은혜'를 내려준다.

자신의 권리를 주장하는 여성들은 남성 중심 사회에서 '가정을 파괴하는 무책임한 엄마, 남편을 살해한 잔인한 아내'로 단죄해야 마땅한 여자가 된다. 정당방위는 대부분의 경우 인정되지 않았다. 김정미 사건을 담당했던 최일숙 변호사는, "정당방위는 뉘우칠 문제가 아니라 상대가 요구한 행위가 위법임을 밝히는 것이 중요하지만, 형량을 생각하면 '반성하고 있다며 재판부의 선처'를 구할 수밖에 없다"는 딜레마를 표현했다. 정당방위가 인권을 주장하는 것이라면, '정상 참작'과 '선처를 호소'하는

---

13) 항소를 제기한 검사는 사건 이후 모든 과정에서 김정미에 대해 "남편을 살해한 자신의 행동을 반성하기는커녕 본 건의 책임을 전적으로 사망한 피해자에게 전가시키는 데 급급한 피고인의 뻔뻔한 태도를 대하면서"라며, 죄책감에 시달리며 자기방어를 못하고 있는 김정미를 더욱 비난하고 있다.

것은 '동정'을 받는 것이다. 끝내 정당방위를 인정하지 않은 사법부의 판결은, 애초부터 정당방위할 인권을 가진 적 없는 아내폭력 피해자들의 현실을 증명한다.

한편 당시 서울여성의전화 사건 담당자 이화영은 김정미가 단체의 도움을 원하지 않은 것은 아니지만, '조용히 도와주기를 원했던 것 같다'고 말한다. 사실 많은 폭력 피해자들 혹은 가해자가 된 피해자들은 단체의 지원을 원하지만 '조용히' 도와주기를 원한다. '조용히 돕는 것'은 재판 과정에서 더욱 문제가 되기도 한다. 여성단체들의 구명운동을, 권위적인 사법부는 진행 중인 사건에 대해 '힘'을 작용하여 판결에 영향을 미치려 한다고 판단해, '괘씸죄'의 대상으로 간주하기도 하기 때문이다. 그러나 폭력 피해여성들의 피해를 드러내 사회적 관심을 불러일으키고 여론화를 해내야만 비로소 그 사실이 '문제'로 인식되고 '사건화'되어, 당사자들에게 약간이나마 혹은 실질적인 도움을 줄 수 있다.

5. 맺음말

김정미 사건을 통해서 우리는 아내강간을 '있을 수 있는 일'에서 '있어서는 안 되는 문제'로 사회화하였다. 또한 폭력 피해자에 의한 가해자 살해 사건을 정당방위로 인정받을 가능성을 타진해보기도 하였다. 그러나 사건은 이러한 노력에도 불구하고 결국 정당방위를 인정받지 못했으며, 당사자가 이중 삼중의 고통을 겪는 것으로 끝나고 말았다. 남성의 경험과 인식에 기반할 때 사법부가 볼 수 있는 것은 하얀 종이에 검정 글씨로 쓰여 있는 공소장이지만, 진정 사회 정의와 인권 수호를 본분으로 하는 법관이라면 공소장 속에서 폭력 피해자들의 비명 소리와 흐르는 피, 잠겨진 분노를 읽을 수 있어야 한다.

한국의 사법부는 폭력 피해여성의 상황에 대해 무지하다. 이러한 '성편향'을 수정하기 위해서는 폭력 피해자의 심리 상태를 알 수 있도록 재판 과정에 전문가의 의견이 반드시 반영되어야 한다. 사건을 담당했던 최일숙 변호사는 사법부의 남성 중심성과 여성문제에 대한 인식 부재를 지적하면서, 성인지적 관점에서 사건을 볼 수 있도록 미국과 같이[14] 필수 과목으로 여성주의 법학을 교육하는 것이 필수적이라고 지적한다. 또 '생물학적'으로 여성이라고 해서 여성의식을 갖는 게 아니므로 여성이나 남성이나 성평등적 사회의식을 가질 수 있는 체계적인 교육이 반드시 필요하다고 역설하였다. '법밖에 모르는' 편협하고 도식적인 기술자 같은 법조인을 배출하지 않기 위해서는 학계와 법률 실무가의 연대가 이루어져야 한다. '무엇을 위해 일하는가'를 잊지 않기 위해서 법적 지원을 필요로 하는 당사자들의 고통에 귀 기울이는 것 역시 중요하다. 현재와 같은 몰성적인(gender blind) 법률적 해석을 비판하고 상대화하지 않고서는 법원의 전향적이고 진보적인 판결을 기대할 수 없다. 특히 장기간 지속된 폭력 피해자들을 이해할 수 있도록 심리학, 사회학, 사회운동 등의 지원이 필요하다.

대한민국 헌법 제10조는 "모든 국민은 인간으로서의 존엄과 가치를 가지며, 행복을 추구할 권리를 가진다"고 명시하고 있으며 헌법 제36조에는 "혼인과 가족생활은 개인의 존엄과 양성의 평등을 기초로 성립되고 유지되어야 하며, 국가는 이를 보장한다"고 되어 있다. 헌법에서 말하고 있는 '국민' 속에 인구의 절반인 여성이 포함되어 있다면, 남성의 경험·인식·이익만을 대변하였던 사법부는 '인권'과 '정의'를 여성주의 시각에서 다시 정의하고 그에 부합하는 형사 사법 절차를 만듦으로써 새로운 평등 패러다임을 만들어가야 할 것이다.

---

14) 미국의 경우 1970년대에는 로 스쿨(Law School) 2학년 때부터 선택과목으로 여성법학을 공부하도록 하였더니 이미 가부장적 지배의식이 내면화된 후여서 별다른 효과가 없었다고 한다. 이에 여성법학 관련자들은 1980년대에 들어서 로 스쿨 1학년 때부터 필수과목으로 여성법학을 가르치도록 요구했다고 한다.

<참고문헌>

공미혜. 1999, 『한국의 가부장적 테러리즘』, 도서출판 하우.

김광일 편. 1998, 『가정폭력』, 탐구당.

김문현 외. 1996, 『법과 사회정의』, 이화여자대학교 출판부.

김엘림 외. 2000, 『성폭력·가정폭력 관련법의 시행실태와 과제』, 한국여성
    개발원.

김혜선. 1995, 「아내구타의 발생과 지속과정에 관한 연구」, 한양대학교 박
    사학위 논문.

실비아 월비. 유희정 옮김, 1996, 『가부장제 이론』, 이화여자대학교 출판부.

박홍규. 1997, 『법은 무죄인가』, 도서출판 개마고원.

이현숙·정춘숙. 1999, 「아내구타 추방운동사」, 『한국 여성인권운동사』, 한
    국여성의전화연합 편, 한울.

서울여성의전화. 2003, ≪가정폭력방지법 시행5주년, 현주소와 개선방향
    자료집≫.

조국. 2003, 『형사법의 성편향』, 박영사.

조주현. 2000, 『여성정체성의 정치학』, 또 하나의 문화.

정희진. 1999, 「아내폭력 경험의 성별적 해석에 대한 여성학적 연구-가족
    내 성역할 규범을 중심으로」, 이화여대 석사학위 논문.

정희진. 2001, 『저는 오늘 꽃을 받았어요-가정 폭력과 여성 인권』, 또 하
    나의 문화.

한국여성의전화연합. 2000, ≪여성인권과 아내강간 자료집≫.

한국여성의전화연합. 2000, ≪가정폭력 피해자에 의한 가해자 살해 정당방
    위 인정될 수 없는가 자료집≫.

한인섭. 2000, 「가정폭력 피해자에 의한 가해자 살해: 그 정당화와 면책의
    논리」, 한국여성의전화연합 주최 긴급 토론회 '가정폭력 피해자에
    의한 가해자 살해, 정당방위 인정될 수 없는가?'.

<자료>

서울여성의전화 김정미 사건 수사자료와 조서, 판결문 등.

서울여성의전화 이모 씨 사건 파일.

미디어, 섹슈얼리티, 여성인권

여성연예인 비디오 피해 사건과 인권[1]

강김아리

1. 홍콩과 한국의 여성 연예인

2002년 11월 3일 홍콩의 유명 주간지 ≪덩저우칸(東周刊)≫ 건물 앞에서는 유명 배우 300여 명이 참석한 가운데 ≪덩저우칸≫의 여성인권 유린을 규탄하는 집회가 열렸다. 성룡, 양자경, 양조위 등 유명 배우들은 이 자리에서 '≪덩저우칸≫이 여배우 유가령[2]의 인권뿐만 아니라 여성 전체의 인권을 모독했다'고 비판했다. 이 잡지가 그해 10월 말 커버스토리로 '모 여배우의 나체 사진'이라는 제목과 함께 유가령의 나체 사진을

---

1) 이 글의 초고에 대해 페미니스트 권김현영 님, 김신현경 님, ≪중앙일보≫ 윤혜신 기자, ≪미디어 오늘≫ 이선민 기자, 진보언론운동가 오현승훈 씨, ≪코리안 타임스≫ 서수민 기자, 전희경 님, 이 책의 편저자인 정희진 님이 적극적인 논평을 해주었다. 이들의 지적이 원고에 반영됐음을 밝히며, 노고에 감사드린다.

2) 1965년생으로 중국 출신인 유가령은 1984년 연예계에 데뷔했으며, 출연 영화 작품으로 <아비정전> <금지옥엽 1, 2> <첨밀밀 2> <동사서독> 등이 있다.

공개했던 것이 문제의 발단이었다. 눈과 가슴 부위는 모자이크 처리되었지만, 웬만한 독자들은 이 사진의 주인공이 유가령임을 대번에 알 수 있었다. 유가령은 이 사진이 12년 전 괴한들에게 납치 당해 강제로 찍힌 것으로, 이를 미끼로 오랫동안 거액을 요구하는 협박에 시달렸으나 계속 거절하자 잡지사에 넘겨진 것 같다고 밝혔다. 이날 집회에는 피해자인 유가령과 그녀의 남자친구인 양조위도 참석해 눈길을 끌었다.

이 사진 한 장으로 구독률이 획기적으로 상승할 것을 기대했던 잡지사는, 사건이 전혀 예기치 않은 방향으로 전개되자 당황했다. 잡지사에는 '배우도 개인이며, 누구에게나 인권은 있는 법'이라며 항의 전화가 연일 쇄도했고, 영화계 인사들도 "언론과 스타는 입과 치아처럼 보완 관계였지만, 이제는 끝났다"며 강력하게 반발했다. 결국 이 잡지는 '1억 원 이상의 벌금'과 더불어 잡지사로서는 '사형 선고'나 마찬가지인 '무기한 정간'에 처해졌다.

만약 한국에서 이런 일이 일어났으면 어떻게 됐을까? 상상하기는 어렵지 않다. 피해여성 연예인은 일단 잠적할 것이다. 스포츠신문 등 황색 언론들은 연일 피해여성의 사생활을 대서특필할 것이다. 아마도 이들은 또 은신 중인 여성 연예인을 끝까지 찾아내 '물의를 일으켜 죄송하다'는 사과 발언을 이끌어내고 '당분간 연예활동을 중단할 것'이라는 다짐까지 받아낼 것이다. 동료 연예인들은 그녀를 옹호하는 것은 곧 자신의 이미지를 해치는 것으로 생각하여 '난 그녀를 잘 모른다' 내지 '그녀와 친하지 않다'며 언론과의 접촉을 피하거나 기껏해야 '불쌍하다' '평소 조심했어야 한다' 정도로 언급할 것이다. 이제 그녀는 공식 연예계에서 사라지거나 혹은 3류 에로물 등에서만 얼굴을 드러낼 것이다. 언론은 내내 그녀에 대한 편집광적인 스토킹을 중단하지 않을 것이다.

이제는 그 이름만으로도 하나의 상징어가 돼 버린 'ㅂ양 비디오 사건'[3]은 한국사회의 여성 인권의 현주소를 보여주는 대표적인 사건이다.

---

3) 인권의 관점에서 ㅂ씨의 사건을 다루고자 하는 이 글에서 다시 그녀의 실명을 언급하는 것은, 그녀의 인권을 침해할 우려가 있기 때문에 사건 이름은 이니셜

지난 2000년 뛰어난 댄스실력과 카리스마 넘치는 무대 매너로 가요계를 주름잡던 ㅂ씨는, 자신도 모르게 찍힌(몰래 카메라) 사생활 비디오 때문에 가수로서의 생명뿐만 아니라 인간으로서의 최소한의 존엄성마저도 보호받지 못했다. ㅂ씨의 무명 시절 연인 관계였던 매니저 김모 씨가 ㅂ씨와의 성관계를 몰래 카메라로 촬영했다. 그후 그녀가 유명해지자 이를 미끼로 돈을 요구하다 인터넷에 유료로 판매해 거액을 번 사건이 이른바 'ㅂ양 비디오 사건'이다. 이 사건으로 ㅂ씨는 '물의를 일으켜 죄송하다'는 눈물의 기자회견을 열었고, 그해 말 공중파 방송국 3사에서 수상이 예정돼 있던 가수상까지 자의반 타의반으로 반납해야 했다. 그리고 2000년 12월 31일 '고별 공연'을 마지막으로 공중파에서 사라졌다.

ㅂ씨 사건 이전에 인기 탤런트 ㅇ씨 역시 비슷한 사건으로 똑같은 경로를 밟아야 했다. 비슷한 사건을 겪은 남성 연예인의 사례를 보면 우리 사회가 얼마나 여성에게 차별적인 성 규범을 적용하고 있는지 명백히 드러난다. 최근 유명 댄스그룹 남성 가수 ㅈ씨는 2003년 4월 한 모텔에서 여성과 함께 나체로 찍힌 사진으로 인해 1년 동안 협박당하고 있다고 기자회견을 열었다. ㅈ씨는 "그 사진이 언제 어떻게 찍혔는지 모르고, 전혀 기억이 나지 않는다"며 "이 기자회견으로 그들이 협박을 중단하면 경찰에 고소하지 않을 것"이라고 밝혔다. 그는 기자회견 자리에서 협박범이 가지고 있는 자신의 나체 사진 일부를 공개하기도 했으나, 스포츠신문을 비롯한 언론들은 기자회견 내용만을 하루 이틀 충실히 보도한 뒤 더 이상 별다른 관심을 보이지 않았다. 일반 대중들도 단순한 해프닝 이상으

로 처리한다. 하지만, 이니셜 'ㅂ'으로 처리하더라도 누구인지 연상할 수 있고, 사건이 연구 대상이 되는 것 자체가 당사자에게 상처가 될 수도 있다는 점에서 여전히 많은 문제가 남는다. 이 글에서 어떤 사건의 당사자는 이니셜로 처리했고 또 어떤 경우는 실명으로 처리했는데, 이니셜 처리를 원칙으로 하되 글의 이해도가 현저히 떨어질 경우에 한해서만 실명으로 처리했다. 여성의 성차별·성폭력 사건을 '글쓰기'로 다룰 때에는 어떤 관점으로 다룰 것인가도 중요하지만, 사건을 기록하는 것에 대해 사건 당사자의 동의를 구하는 문제에서부터 이니셜 처리 여부, 어느 수위까지 사건을 기록할 것인가 등등 기록을 둘러싼 절차와 형식 또한 '여성주의적 글쓰기'가 고민해야 될 중요한 과제다.

로 여기지 않았다. 만약 똑같은 사건으로 여성 연예인이 기자회견을 자청했더라면 언론이 이를 어떻게 다루었을지 상상하기 어렵지 않다. 물론, 기자회견을 자청할 수도 없었을 것이다.

2. 섹스인가, 성폭력인가—명명의 정치학

여성 연예인 ㅇ씨와 ㅂ씨의 성행위가 찍힌 비디오는 언론에 의해 '섹스 비디오', '사생활 비디오' 또는 '포르노' 등의 이름으로 불렸다. 이 비디오들의 내용이 '성행위'이기 때문에 '섹스 비디오' 또는 '사생활 비디오'로 불리는 것은 가치 중립적인 명명처럼 보이기도 한다. 또 성행위가 적나라하게 드러나기 때문에 '포르노'로 불릴 수도 있을 법하다. 그러나 모든 언어는 정치적, 무의식적 이데올로기를 반영한다. 의미를 발생시키는 것은 맥락이며, 가치 중립적으로 보이는 언어는 그 언어를 가치 중립적으로 보이게 만드는 사회적 맥락의 정치적 효과다.[4] 이들 비디오의 내용은 '성행위'이지만, 그것이 대중에게 보여지는 것은 폭력이다.

특정 사물이나 사건에 대한 명명은, 명명의 주체와 명명이 이루어지는 사회적 맥락 속에서 의미를 획득한다는 점에서 정치적인 행위이다. 성폭력 사건의 명명이 변화해온 역사는, 명명의 성별 정치성을 잘 보여준다. '서울대 우조교 사건', '권양 성고문 사건', '보은이-진관이 사건', '김부남 사건', '변월수 사건' 등 1990년대 중반까지만 해도 대부분의 성폭력 사건은 피해자의 이름으로 명명됐고, 그 결과 지금 우리는 이 사건들의 피해자 이름은 또렷이 기억하지만 가해자는 기억하지 못한다. 즉 명명 자체가 남성 가해자를 시야에서 지워버리는 정치적 효과를 갖는다는

---

4) 예컨대 고등학교 서열은 희미하지만 대학간 서열은 매우 뚜렷한 한국사회의 맥락에서, '어느 고등학교 출신이냐?'라는 질문은 단순한 사실(fact)을 확인하고 정보를 얻기 위한 가치 중립적 질문일 수 있지만 '무슨 대학 출신이냐?'는 질문은 그렇지 않다.

것이다. 대개 형사 사건에서는 가해자 또는 범죄자의 이름이 사건 이름
이 된다. 이에 반해 성폭력 사건의 경우 피해자의 이름이 그 사건의 이
름이 되어왔던 것은, 우리 사회가 '누가 왜 성폭력을 행사했는가'보다
'누가 왜 성폭력을 당했는지'[5]에 더 관심을 가지고 있다는 것을 반영한
다. 성폭력 피해를 가시화하고자 하는 여성운동의 노력 역시, 이중적 성
규범과 성폭력 가해를 정상화·비범죄화하는 사회적 조건에서 자유로울
수 없었다.

　남성이 인간의 기준이 되고 남성의 경험·인식이 세계를 정의하는 사
회에서 남성 관점에서 이루어진 명명은 '중립적'인 것처럼 보인다.[6] 이
러한 명명의 권력 관계는 이 비디오 사건에서 더 분명해진다. '섹스 비디
오', '사생활 비디오', '포르노'라는 세 가지 대표적인 명명은, 여성 연
예인의 비디오 피해가 어떠한 사회적 맥락 속에서 발생하고 재현되는지
를 드러내준다. 우선 '섹스 비디오'라는 명명은 이 사건의 핵심을 'ㅂ씨
의 섹스', 즉 'ㅂ씨가 섹스를 했다'에 두고 있다. 관점은 명명을 낳고, 명
명은 그러한 관점에 부합하는 질문을 생산한다. '섹스 비디오'라는 명명
은 끊임없이 '언제 어디서 왜 섹스를 했나', '어떤 종류의 섹스를 했나'
등의 질문을 낳았다. 그러나 사실 문제가 된 것은, '섹스' 그 자체가 아
니라 '여성 연예인의' 섹스다. '섹시한' 여성 연예인은 인기 스타지만,
'섹스 한' 여성 연예인은 지탄의 대상이 된다. 남성의 욕망에 부응하는

---

5) 성폭력 피해자는 끊임없이 '왜'라는 질문에 시달려야 한다. 예컨대, 20대 여성
　이 새벽 1시께 동네 공터에서 성폭행을 당하는 사건이 발생했다고 하자. 사람
　들은 그녀가 왜 그 시간에 집에 있지 않았는지, 왜 짧은 치마를 입고 있었는지,
　왜 크게 소리를 지르는 등 도움을 구하지 않았는지를 궁금해한다. 반면 20대
　남성이 새벽 1시께 동네 공터에서 온몸이 수차례 칼로 찔리는 등 잔인하게 살
　해되는 사건이 발생했다고 하자. 그러면, 사람들은 '도대체 누가 왜 그를 그렇
　게 잔인하게 죽였는지' 관심을 가질 것이다. 성폭행 사건에서 가해자가 왜 성
　폭행을 했는지 궁금해하지 않는 이유는, 한국사회에서 남성의 성욕은 억제되지
　않으며 여성은 누구나 언제 어디서든 그 피해 대상이 될 수 있음을 용인하기
　때문이다.
6) 대한민국 헌법 제39조, "모든 국민은 법률이 정하는 바에 의하여 국방의 의무
　를 진다"의 경우를 생각해보라. 남성만 국민인 것이다(정해경, 2003: 18).

섹시한 성적 대상일 수는 있어도, 스스로 성적 주체가 되면 사회적 처벌을 받는 것이 한국 여성의 현실이다.

그렇다면 '사생활 비디오'는 어떠한가? 이 명명은 '섹스는 사생활'이라는 암묵적인 전제를 깔고 있다. 하지만 과연 한국사회에서 (미혼) 여성의 섹스가 공적 영역에서 문제될 것 없는, 보호받을 수 있는 사생활로 인정받고 있는가? 만약 그렇다면 ㅂ씨는 왜 '물의를 일으켜 죄송하다'는 대 국민 사과문을 발표하고, 공중파 방송을 떠나야 했던 것일까? 한국사회에서 여성의 섹스는 결코 사생활이 아니다. 여성의 몸, 여성의 섹슈얼리티는 여성 자신의 것으로 간주되지 않기 때문이다. 한국의 부모들은 아들의 혼전 섹스와 달리, 딸의 혼전 섹스에 대해서는 민감하다 못해 금지 명령권 및 금지 집행권까지 가지고 있다(한국의 아버지들은 성년이 된 아들에게 '사창가'에 갈 것을 권유하기도 하는 등 아들의 혼전 섹스를 적극적으로 후원한다). 딸의 혼전 성관계를 알게 된 부모가 딸을 야단치거나, 폭행하거나, 심지어 집에서 내쫓더라도 이는 당연한 부모의 '권리'이자 '애정'으로 이해된다.

이처럼 이중적 차별적 성 규범이 강력하게 작동하는 사회에서, '사생활 비디오'라는 명명은 여성에게는 사생활이 없다는 사실과 여성 연예인의 사생활이 남성들의 공공연한 관심사가 되고 있는 현실을 모두 은폐한다. 남성들의 성 자유주의가 의도하든 의도하지 않든 구조화된 성별 권력 관계를 무시함으로써 실재하는 성차별, 성폭력 문제를 은폐시키듯,7)

---

7) 1990년대 들어서 여성주의는 한편에서는 성 보수주의와 싸우고 또 다른 한편에서는 성적 자유주의와 대척점에 서는 형국이 자주 빚어졌다. 대표적인 예가 '100인위원회 사건' 등 이른바 진보진영 안의 성폭력 사건으로, 이런 종류의 사건이 벌어지면 보수주의자는 항상 그래왔듯이 여성의 조신하지 못한 처신을 문제삼는다. 반면, 자유주의 진영은 성해방을 여성해방과 동일시하고 '프리 섹스'에 동의하지 않는 여성을 미성숙한 개인으로 치부하는 동시에 공·사 영역을 엄격하게 구분 지어 사적 영역에 대한 공권력 개입을 완강히 거부한다. 이것이 많은 성폭력 사건이 부부·가족 등 친인척·연인 사이에 발생했음에도 불구하고 방치된 이유이기도 하다. 이에 대해 캐더린 매키논은 "개인적인 것이 정치적인 여성들에게 사적인 것은 공적인 것이다. 여성들에게 사적인 것은 규범적으로든 경험적으로든 존재하지 않는다. 페미니즘은 여성들이 잃어버리거나 보장받을

일견 세련되어 보이는 '사생활 비디오'라는 명명에서 구조적인 성차별·
성폭력 문제 인식은 들어설 자리가 없다는 것이다.

가장 최악의 그리고 가장 남성 중심적인 명명은 이를 '포르노'로 부르
는 것이다. 이 명명은 사건의 본질을 은폐·왜곡할 뿐만 아니라 그 자체
가 폭력으로서, 남성 명명 권력을 드러낸다. 강간 범죄자가 성폭력과 성
관계를 구분하지 않듯이, 남성의 욕망과 남성의 시각에서 이 비디오는
'포르노'와 구분되지 않는 것이다. 포르노그라피의 줄임말인 포르노는 통
상적으로 성기나 성행위 등을 적나라하게 보여주는 그림·영화·비디오·
만화 등을 뜻한다. 근대 포르노그라피의 통상적 형태는 상업적 목적을
가진 업자가 출연자를 '고용'하여 주어진 각본에 따른 성행위를 찍는 방
식으로 기획·제작되어 유통된다. 그러나 자유주의 패러다임에 따라 포르
노그라피를 '계약'에 의한 '상품 생산'으로 보는 것은, 역사적으로 포르
노가 남성의 욕망에 의한 남성의 생산물이었으며 그 자체로 '남성 문화'
의 일부였다는 사실을 은폐한다(윤자영, 1999).

대개의 포르노 출연 여성들은 저임금으로 착취당하거나, 감금·사기 등
에 의해 강제로 찍히는 경우가 많으며 포르노그라피의 한 유형인 '스너
프(snuff) 필름'에서 여성들은 상징적으로 뿐만 아니라 실제로 강간·폭행·
살해당한다. 게다가 최근에는 '몰카'에 의해 자신도 모르게 포르노의 주
인공이 되기도 한다. 이런 이유로 안드레아 드워킨이나 캐서린 매키넌
등과 같은 서구의 급진주의 페미니스트들은 1980년대 포르노그라피의
제작·유통을 금지시키는 법안 통과를 시도하기도 했다. 이들의 통찰은
강제나 자발적인 것이냐 혹은 거부와 동의의 이분법이 여성의 현실을 제
대로 설명할 수 없다는 것을 분명하게 보여준다. '동의'할 리도 없고,
'동의'할 기회조차 없었던 ㅂ씨의 비디오를 포르노로 부를 수는 없음은
두말할 나위도 없다.

여성 인권 침해라는 시각에서 이 사건을 재명명하고자 한다면, 여성들

프라이버시가 없다는 사실에 마주 서 있다"고 말하기도 했다(신상숙, 2001:
6-43).

은 이 사건을 무엇이라고 이름 붙여야 할까? 이 비디오를 유통하고 관람한 행위에 대한 정확한 명명은 '성폭력'이며, 이 비디오는 '성폭력 비디오'이다. 현행 '성폭력범죄의처벌및피해자보호등에관한법률'에 따르면, '카메라 기타 이와 유사한 기능을 갖춘 기계장치를 이용하여 성적 욕망 또는 수치심을 유발할 수 있는 타인의 신체를 그 의사에 반하여 촬영한 자는 5년 이하의 징역 또는 1,000만 원 이하의 벌금에 처한다'(제14조의 2)고 규정하고 있다. 이 비디오의 제작과 유통 자체가 현행 법규에서도 엄연히 '성폭력 범죄'로 규정되고 있으며, 따라서 '성폭력 비디오'로 불려야 옳다. 개인의 의사에 반하여(사실 의사를 표명할 기회조차 없이)[8] 비디오 촬영을 당했고, 또 이를 미끼로 협박까지 당했기 때문이다.

3. ㅂ씨 비디오 피해 사건을 둘러싼 담론 구조

ㅂ씨의 비디오 피해 사건이 알려진 후 네티즌, 일반 시민, 그리고 언론에서는 다양한 쟁점으로 논쟁이 벌어졌다. 쟁점들을 소개하고 이를 성인지적 시각에서 분석, 비판해본다.

① "공인의 사생활도 보호받아야 한다" 대 "공인인 만큼 사생활에도 책임을 져야 한다"

이 논쟁은 '연예인이 공인인가'를 둘러싼 하위(sub) 논쟁을 동반하였다. 우리말 사전에서 '공인'(公人)이란 '국가 또는 사회를 위하여 일하는 사람, 공직에 있는 사람'으로 정의되고 있기 때문에, 연예인인 ㅂ씨가 공인

---

8) 여기서 법률상 '의사에 반하여'라는 표현은 '분명하게 동의를 구하지 않고'라는 의미로 해석되어야 한다. 'ㅂ' 씨는 자신의 성행위가 비디오로 찍히고 있는지 모르는 상태였다. '비디오를 찍어라, 찍지 말라'고 요구할 기회조차 없었던 것이다.

인지 여부는 국어사전만 펼쳐보면 명쾌하게 해결되는 것처럼 보인다. 그러나 단어의 통상적 용례는 사회적으로 구성되며, 오늘날에는 연예인 또한 대중적 관심의 대상인 '공적인 인물(public figure)'로 간주된다. 사실 이 논쟁 구도는 하나의 사안에 대한 두 가지 대립된 입장이기보다는, '공인'에 대한 관심과 기대 자체가 성별화(gendered)되어 있는 현실을 보여줄 뿐이다. 예를 들어 서울의 한 유명 대학 총장인 남성은 부인이 있는데도 제자와의 사이에서 자녀 2명을 낳아 이른바 '처첩 살림'을 하고 있다. 이에 대해 학내 교수들이 성명서를 발표하고 학생들이 대자보를 썼지만, 언론에 단 한 줄도 보도되지 않았다. 연예인이 공인이라면, 대학 총장은 공인이 아닌가? 또 아무개, 아무개 남성 국회의원들이 처첩 살림을 하고 있는 것은 공공연한 비밀이지만, 황색 저널리즘조차 그에 대해 관심이 없다. 오로지 여성 정치인 박근혜에 대해서만 '왜 결혼을 하지 않는지', '그녀 주변에는 어떤 남자들이 있는지' 궁금해할 뿐이다. 남성 국회의원은 '국회의원'이지만 여성 국회의원은 '여성'이다. 즉 대중의 관심 대상이라는 점에서 똑같이 '공인'이라 하더라도, 그 '공인'의 무엇이 관심의 대상이 되며 어떠한 행동을 기대하는가 라는 대중의 요구 자체가 성(차)별화되어 있다는 것이다. 'ㅂ씨 비디오 피해 사건'은 여성에게는 '공인'이라는 사실이, 권력 자원이 아니라 폭력에 더 쉽게 노출되고 취약하게 됨을 의미하는 현실의 반영인 것이다.

② "ㅂ씨는 사랑해서 섹스한 것이 아니라 출세하기 위해 자신의 몸을 이용했기 때문에 도덕적으로 문제다" 대 "모든 여성 연예인이 다 그런데(출세를 위해 몸을 이용하는 등 성적으로 문란한데), ㅂ씨만 불행하게 드러난 것이니 불쌍하다"

여성 연예인들의 매니저·방송사·영화계·정치인 등에 대한 '성 상납설'은 오래된 소문이다. 어디까지가 사실이며 얼마나 과장됐는지를 확인하기는 어렵지만, 남성 연예인들의 성 상납설이 전무한 데 비해 여성 연예인에게만 꼬리표처럼 성 상납 소문이 끊이지 않는 것은 한국 연예 산업의 성별 구조를 보여준다. '도덕성'과 '출세'의 양자 택일을 요구받는 것은 여성 연예인뿐이다. 한 명의 여성 연예인이든 대부분의 여성 연예인이든, '출세'와 '성관계'가 교환되는 것은 개인적인 문제가 아니라 젠더적 현상이며, 따라서 성별 구조의 문제로 접근되어야 한다. 또, 논쟁 ②의 두 입장은 모두 '문란한 성'과 '사랑해서 하는 성'의 구분을 전제하는데, 이러한 관점에서는 여성 섹슈얼리티의 상품화를 요구하는 세력이 누구인지는 문제화되지 않는다. 한국사회에서 문란한 성·순수한 성의 이분법은 여성에게만 적용되며, 둘 중 어떤 범주에 해당되건 여성은 성적 주체이기보다는 대상으로 물화(物化)된다.

③ "우리 사회의 광적인 집단 관음증이 문제다" 대 "관음증은 인간 본연의 호기심이다"

'관음증'을 사회적·문화적 소산으로 볼 것이냐, 인간 본연의 심리 욕구로 볼 것이냐는 문제는 여성과 남성의 차이가 생래적인 것이냐, 문화·교육적 소산이냐 논쟁처럼 결론 내리기 어려운 문제이다. 하지만, 이 논쟁 역시 우리 사회의 관음증의 대상이 유독 여성의 몸에 한정돼 있다는 사실을 간과, 회피하고 있다. '누가 누구를 보는가'를 질문하지 않는 한, 'ㅂ씨 비디오 피해 사건'은 여성 인권 침해로 문제화되기 어렵다. 춘화부터 에로물·포르노그라피·누드 화보집까지, 시대마다 이름을 달리하며 여성의 몸을 대상화하는 재현물은 넘쳐났으며, 훌륭한 예술로 인정받는 영화나 소설, 미술 작품 역시 여성의 몸을 대상화하는 시선—이는 특히 이성애 성행위를 묘사하는 장면에서 명백히 드러난다—에서 재현되고 있다. 관음증을 남녀를 불문한 우리 사회의 집단적 현상으로 보는 입장이건 '인간 본연'의 호기심으로 보는 입장이건, 관음증의 주체(남성)와 대상(여성)이 성별화되어 있다는 사실은 은폐된다.

④ "혼전에 섹스를 하다니 말세다" 대 "인간은 누구나 실수를 하는
　법이다"

논쟁 ④는 기본적으로 혼전 성관계를 문제시하는 성 보수주의의 관점
을 바탕으로 하고 있다. 하지만, 이 역시 여성 연예인이 아니라 남성 연
예인의 성관계 비디오가 유통됐다면 나오지 않았을 주장들로 성의 이중
규범을 전제한다. 한편 이 논의와 연관하여, 'ㅂ씨는 비디오가 폭로되는
것으로 죄 값을 치렀으니 그만 용서해야 한다' 대 '연예인을 우상으로
삼는 청소년들에게 심각한 악영향을 끼쳤기 때문에 영원히 자숙해야 한
다'는 논쟁도 제기되었다. 이는 비디오가 순진한 청소년들의 손에까지
들어가게 됐기 때문에 ㅂ씨가 책임져야 한다는 독특한 논리다. 이러한
논의 속에서 피해자는 가해자로 둔갑하고, 비디오를 퍼뜨린 직접적 가해
자와 수많은 남성 수용자들의 범죄와 폭력성은 간단히 책임을 벗는다.

위의 담론들은 공히, 성별화된 사회 구조를 당연한 사실로 전제하고
나아가 그것을 더욱 강화하는 방식으로 작동하고 있다. 명시적이건 암묵
적이건 간에, 위에 예시한 입장들은 모두 '어떻게 여자가…'라는 논리를
숨기고 있다. 우리 사회가 집단적으로 그녀의 비디오에 관심을 갖고 온
시민이 이 사건에 대해 전문가연하면서 주장을 펼 수 있는 진짜 이유는,
ㅂ씨가 '여성' 연예인이기 때문이다. 만약 ㅂ씨가 남성 연예인이었다고
가정하고 동일한 내용의 비디오를 상대 여성이 폭로했다고 가정해보자.
아마도 이구동성으로 '폭로한 여성이 나쁘거나 혹은 정신이상자'라고 결
론 내린 후 모든 논의가 끝날 것이다.[9] 모든 논쟁의 내용은 논의가 형성

---

9) 성적인 문제에서는 남성이 명백한 형사법적 가해자임에도 불구하고 여론은 여
　성에게 불리하다. 인기 배우 이경영 씨는 2002년 5월 청소년 성매매 혐의(일명
　'원조교제', 청소년성보호에관한법률 위반)로 구속됐으나, 당시 스포츠신문이나
　연예 정보 텔레비전 프로그램은 이 여성에 대한 각종 '음모론'을 비중 있게 다
　루었다. 만약 여성 연예인이 원조교제 혐의로 구속됐다면, 여론의 향배가 어떨
　지는 분명하다.

되는 구조 자체가 남성의 시각에 기반하고 있어서, 피해여성은 어떤 식으로든 비난받게 되어 있는 반면, 가해 집단은 드러나지 않는다.

젠더화된 해석의 재생산을 통해 여성 연예인이 피해를 당하는 사례는, 동거·마약 등에 연루된 연예인을 다루는 방식에서도 드러난다. 청순 가련한 이미지로 데뷔하자마자 바로 스타로 등극한 여성 연예인 人씨는 인기를 얻자마자 과거 동거했던 상대 남성이 동거 사실을 폭로하면서, '창녀' 내지 '불량소녀' 배역만 들어오는 'B급' 연예인으로 전락했다. 당시 언론은 '과거에 동거했으면서 마치 청순한 듯 사회를 속였다'며 광분했다. 최근 마약 사범으로 구속된 탤런트 황수정 씨는 이 '이미지를 속였다'는 논리의 최대 피해자였다. 차분하고 내성적인 이미지 때문에 '최고의 며느리 감'으로 여겨지던 황 씨가 마약 사건에 연루되자, 스포츠신문과 여론은 마약 복용 사실 자체보다 마약을 복용하면서 청순 가련한 배역을 맡아온 데 대한 분노를 참지 못했다.[10] 그러나 '청순 가련 이미지'가 누구의 욕망인지는 질문되지 않는다. 사귀던 여성과의 사이에서 아이까지 낳은 '전력'이 있는 남성 탤런트 Y 씨, K 씨는 그 사실로 인해, 오히려 '아이를 버리지 않고 키워온 뜨거운 부정(父情)의 스타'로 등극했다. 비슷한 '전력'이 일관되게 여성에게는 치명적인 문란한 사생활이 되고, 남성에게는 이해 받을 수 있는 상처 또는 훌륭한 인격의 증거가 되는 것이다.

과거 똑같은 마약 전과로 언론의 입길에 오른 남·여 연예인을 비교해

---

10) 1980년대 북한을 소재로 한 인기 드라마에서 김일성(전 북한 국가주석) 배역을 맡았던 배우는 당시 길거리를 편하게 다닐 수가 없었다고 한다. 아이나 어른이나 그를 보면 실제 그가 김일성인 양 돌팔매질을 하거나 욕설을 퍼부었기 때문이다. 오늘날 상식이 있는 사람이라면 누구나 이 현상을 비웃을 것이다. 여성 연예인의 실제 성격이나 사생활을 드라마나 영화 등의 문화적 재현물에서 그녀의 배역과 동일시하는 것은 20년 전의 웃지 못할 사회 현상을 연상시킬 정도로 비합리적이다. 문제는 유독 여성 연예인에 대해서만 실제 연예인과 재현물 속의 배역 이미지와 상반될 경우, 대중들이 '사기'로 느낄 정도로 분노한다는 것이다. 문화적 재현물 속 남성 캐릭터는 성적으로 순결한 인물 또는 성적으로 문란한 인물로 전형화(stereotyped)되지 않는 데 반해, 여성 캐릭터는 '성적 순결성' 여부를 중심으로 전형화되기 때문이다.

보면, 여성 연예인에 대한 차별은 더욱 명백해진다.[11] 개그맨 신동엽, 주병진, 탤런트 박세준, 가수 이현우, 신성우, 이승철, 조용필, 신중현, 신해철, 전인권, 조덕배, 윤형주, 영화배우 박중훈, 그리고 가장 최근의 싸이까지. 이들은 모두 마약 복용 등으로 구속된 전력이 있는 남성 연예인들이다. 하지만 이들 대부분이 조기에 복귀했고, 사회는 이들을 '마약 전과자'로 기억하지 않는다. 하지만, 같은 마약 복용에 연루됐던 여성 연예인들은 사라지거나 B급 연예인으로 전락했다. 1997년 대마초, 코카인 복용혐의로 구속됐던 VJ겸 탤런트 재키림, 1990년 히로뽕 복용혐의로 구속된 탤런트 임옥경, 허윤정, 그리고 최근의 황수정과 성현아가 그렇다. 이는 사건이 발생했을 때, 언론이 남성 연예인에게는 '창작의 고뇌', '순간의 실수', '뼈아픈 후회' 등의 주제와 제목의 기사로 면죄부를 주는 반면, 여성 연예인에 대해서는 단순한 마약 복용 사실을 넘어 '사생활 문란', '팬들 경악', '감쪽같이 속일 수가!' 등의 제목으로 기사를 '제조'하기 때문이다.

4. 여성인권침해의 무한복제 – 인터넷 미디어와 남성 성문화

한국이 세계적인 인터넷 보급률을 자랑하게 된 배경에는 'O양 비디오 사건'이 있다고 한다. 특히 인터넷을 배울 생각이 전혀 없었던 40대 남성들이 너나없이 인터넷을 배우게 된 계기는, 이 비디오 때문이었다는 것이 속설 아닌 속설이다. 만약 인터넷이 없었다면, ㅇ씨나 ㅂ씨의 비디오가 그렇게 단시간 안에 범국민적인 관심사가 되기에는 '역부족'이었을 것이다.

1990년대 후반 컴퓨터 기술과 인터넷이 전국적으로 보급되면서 여성주의자들은 대안 공간으로서 사이버 공간에 희망을 품기도 했다. '현실'

---

11) 《우먼타임스》 2001년 11월 30일자 기사 '남녀 연예인에 대한 성차별 실례 비교'를 참고했다.

과는 달리 사이버 공간은 성적 구별이 덜 중요하며, 성별과 계급에 관계 없는 정보 평등의 세계라고 생각했던 것이다. '현실'의 남성중심주의와는 거리를 둔 새로운 질서를 구현할 수 있지 않을까 하는 기대가 있었다. '사이버 페미니즘'으로 불리는 다양한 이론·실천들은, 지금까지 언론(言路)를 가지고 있지 못했던 여성이 인터넷이라는 새로운 매체를 잘 활용함으로써 자본과 가부장제 권력의 불평등을 넘어설 수 있으리라 생각했던 것이다. '현실' 공간에서의 사회적 불평등이 사이버 공간을 통해 완화될 수 있으리라는 희망은 비단 여성주의자들만의 것은 아니었다. 진보 언론 운동 진영에서도 사실을 왜곡 전달하는 극우 보수 언론과 싸울 수 있는 도구로 인터넷에 적지 않은 기대를 걸었으며, 지금까지 이들 진보 운동 진영은 애초 기대에서 크게 벗어나지 않은 성과를 얻고 있다. 물론 여성주의자들에게도 사이버 공간에 대한 희망이 물론 '헛된 꿈'이었던 것만은 아니다. '언니네', '달나라 딸세포', '일다' 등 다양한 여성주의 커뮤니티와 매체는 대안 공간이자, 대안 담론의 장으로 활발한 성과를 이루고 있다.

그러나 사이버 공간은 '현실'의 성별 권력 관계가 그대로 이동한 또 다른 현실이었다. 사이버 공간에서 여성에 대한 공격은 진보·보수가 따로 없다. ○여대 홈페이지를 비롯한 여성 커뮤니티는 분노한 마초들의 주기적인 사이버 테러로 몸살을 앓고 있고, 여성 비하와 성폭력을 재현하는 포르노그라피는 청계천까지 갈 것 없이 아침마다 이메일로 배달된다. 여성에게 인터넷은 '몰카'의 공포에서 자유로울 수 없는 공간이다. 이처럼 인터넷의 발달은 대중에게 알려진 유명 여성뿐만 아니라, 일반 여성을 대상으로 한 새로운 유형의 범죄를 양산하고 있다. '인터넷 공개'를 빌미로 한 협박이 그 대표적인 예이다. 과거에는 사귀던 여성이 헤어지자고 요구하면 '그녀의 나체 사진을 우편으로 가족에게 보내겠다', 혹은 '그녀가 사는 동네에 뿌리겠다'는 것이 협박의 내용이었으나, 지금은 그 내용이 '인터넷에 올리겠다'로 바뀌었다. 가족이나 동네가 아니라, '전세계적으로 매장하겠다'는 것이다.[12]

예전에는 이런 종류의 범죄에 대해 카메라나 필름을 압수하면 되지만, 이제는 통제불능이다. 일단 인터넷에 유포되고 나면 전 세계 시민들의 컴퓨터를 압수하지 않고서는 끊임없는 자기복제를 통해 불특정 다수에게 번져나가는 것을 막을 수 없다. 또, 컴퓨터 합성 기술 발전은 존재하지 않은 나체 사진이나 동영상을 만들기도 한다. 인터넷 발달 초기에는 여성 연예인이 합성 기술로 조작된 나체 사진이나 동영상으로 곤욕을 치르는 경우가 허다했다. 2003년 4월, 학교 홈페이지에 공개된 여성 교사들의 사진과 포르노그라피를 합성해 이들 교사에게 돈을 입금하지 않으면 인터넷에 뿌리겠다며 협박한 사건은 범죄 대상이 점차 일반 여성들까지 무차별적으로 확대되고 있음을 보여준다. 인터넷이 디지털카메라 및 카메라 휴대폰(카메라폰) 기술의 발달과 결합한 결과 중의 하나는, 더욱 손쉽고 간편한 성폭력 범죄 도구의 탄생이었다. 찍히는지조차 알지 못하게 순식간에 찍는 기술의 발달은 공중 화장실부터 목욕탕, 수영장, 에스컬레이터, 도서관 책상 아래까지 범죄 현장으로 만들면서 관련 법규 제정이 논의되고 있다.13) 인터넷 미디어의 확산과 테크놀로지의 발달은 중립적이거나 혹은 '진보'로 간주되는 사회 현상이지만, 가부장제와 인터넷의 조우가 낳은 정치적 효과는 더욱 손쉬워진 범죄와 더욱 확대된 여성 인권 침해다.

---

12) 이와 관련해 발생한 가장 엽기적인 최근 사건은 사법연수원생이 5년 동안 음란 전화를 나누었던 여성의 통화 내역을 실명·주소·학교 등과 함께 인터넷에 공개하겠다며 협박해 현금 3,000여만 원을 뜯어내고 7차례에 걸쳐 성추행·성폭행을 일삼은 사건이다. 이 사건은 2003년 8월 9일자 대부분의 일간지에 보도됐다.

13) 정통부는 2003년 6월 "국무총리실이 수영장, 공중 목욕탕, 탈의실 등 몸을 노출시키는 장소에서 카메라폰 사용을 규제하는 방안을 마련하기 위해 관련 부처의 의견을 묻고 있다"고 밝혔다. 한국에는 2003년 5월 말 기준으로 약 100만 대 가량의 카메라폰이 공급돼 있다.

5. 성폭력과 '몰카', 여성에 대한 감시와 통제

강간에 대한 고전적인 저작인 수잔 브라운밀러의 *Against Our Will: Men, Women and Rape*(1975)은 가부장제를 견고하게 유지시키는 기제로서 강간 범죄를 분석하고 있다. 제인 프리드먼은 브라운밀러의 분석을 다음과 같이 해석한다.

> 브라운밀러는 남성에게 여성에 대한 통제권을 주는 것은 성폭력, 특히 강간과 강간의 위협이라고 주장한다. 그녀는 실제적인 강간의 피해자이든 아니든, 모든 여성들은 그로부터 고통을 당한다─강간 위협의 피해자이기 때문에─고 주장한다. 여성들로 하여금 복종하게 하는 것은 강간에 대한 위협이 만들어내는 공포이다. 거꾸로 남성들이 스스로 강간을 저지르든 아니든, 모든 남성들은 강간이라는 사실로부터 이익을 얻는데 이는 강간 체계가 모든 여성들로 하여금 두려움 때문에 남성에게 종속되도록 하기 때문이다(프리드먼, 2002: 123-124).

'ㅂ씨 비디오 피해 사건'의 범죄 수단이었던 '몰래 카메라'로 여성의 몸이나 성관계를 찍은 동영상이나 비디오 역시, 강간과 마찬가지로 가부장제를 유지, 확대하는 기제로 작동한다. 젠더 폭력으로서 '몰카'와 성폭력은 다음과 같은 세 가지 공통점을 갖는다. 첫째, 가해자와 피해자가 바뀌어 피해여성이 '죄인'으로 '용서'를 구해야 한다. 강간 범죄에서나 '몰카' 범죄에서나 문제화되는 것은 '가해자가 왜 그런 범죄를 저질렀는가'가 아니라 피해자의 처신이다. 둘째, 피해자와의 관계에서 가해자는 자신의 범죄 사실 자체를 무기로 사용할 수 있지만, 피해자는 오히려 피해 사실을 숨긴다. ㅂ씨 피해 사건의 경우 가해자가 스스로 'ㅂ씨와의 성관계를 찍은 몰카를 가지고 있다'며 언론에 범죄 사실을 알렸으며, ㅂ씨는 사건 발생 초기에 '절대 그런 일이 없다'고 부인했다. 이는 강간범이 강간 피해여성에게 '강간 사실을 가족·주변 등지에 알리겠다'며 협박하고, 피해여성은 이를 숨기기 위해 가해자의 요구에 끌려 다니는 메커니즘과 똑같다. 범죄는 가해자가 저질렀으되, 사회적 처벌은 피해여성을 향한다.

셋째, 강간과 '몰카'의 정치적 효과는 일반 여성으로 하여금 '공포'를 느끼게 만들어, 일상적으로 여성의 몸을 규율, 통제한다. 이제 여성들은 공중 화장실이나 공중 숙박 시설을 이용할 때 '몰래 카메라'를 의식하지 않을 수 없게 됐다. 그리고 이러한 범죄에 대한 주변의 반응과 처벌 과정은, 잠재적 피해여성들에게 '이 범죄에 대해서는 처벌 기제가 없으며, 당하는 사람만 피해를 보는 것이니, 미연에 알아서 조심하는 게 최선의 방책'이라고 경고하고 있다. 즉 'ㅂ씨 비디오'의 존재 자체가 일반 여성들에게 일종의 '경고'이자 '본보기'인 것이다.

강간 문제에서 감시와 통제의 대상이 '남성의 폭력성'이 아니라 '여성의 몸'이었듯이, '몰카' 역시 여성의 몸을 감시와 통제의 대상으로 만든다. 강간과 '몰카', 그것은 여성들 스스로 종속을 체화하게 하는 가부장제적 공포와 통제의 수행자이다.

6. '다른' 쟁점을 형성하기 - 선정성에서 여성에 대한 폭력으로

우리나라 형법은 '공연히 사실을 적시하여 사람의 명예를 훼손한 자는 2년 이하의 징역이나 금고 또는 500만 원 이하의 벌금에 처한다'고 규정하고 있다(형법 제307조 1항). 즉 허위 사실이 아니라 '사실'일 경우에도 공공의 다수에게 적시하는 방식으로 특정인의 명예를 훼손한 경우도 형사 처벌 대상으로 삼고 있다. 단 '진실한 사실로서 오로지 공공의 이익에 관한 때에는 처벌하지 아니한다'고 규정하고 있다(형법 제 310조). 그렇다면, 성폭력특별법 외의 현행 형법으로 보더라도 ㅂ씨나 ㅇ씨의 비디오 존재 여부와 또 그 내용을 보도하는 행위는 분명 '명예훼손' 범죄이다. 비디오의 존재 여부와 그 내용에 대해 보도하는 것은 '공공의 이익'과는 전혀 상관이 없기 때문이다. 하지만, ㅂ씨와 ㅇ씨는 명예훼손 소송을 제기하지 않았다. 이것은 ㅂ씨와 ㅇ씨 개인에게 국한된 현상이 아니다. 두 여성 연예인의 비디오 피해 사건 이후 스포츠지를 비롯한 이른바 '황색

언론'은 비디오가 확인되지도 않은 여성 연예인 ㅇ씨와 ㅎ씨에 대해서
'섹스 비디오가 있다'고 보도하더니, 특정 여성 연예인에게 '강간 비디오
가 있다'고 보도하기까지 했다. 2개의 비디오'설'은 실명으로 보도됐으
며, 강간 비디오는 이니셜로 보도했으나 조금만 생각하면 일반인도 쉽게
알 수 있는 내용이었다. 이 보도들에 대해 유일하게 ㅎ씨만 명예훼손 소
송을 제기했다. '비디오' 보도 이전에도 근거 없는 '임신설', '연애설' 등
여성 연예인에 대한 인권침해 보도는 비일비재했다. 하지만 ㅂ씨나 ㅇ씨
와 마찬가지로, 대부분의 여성 연예인들은 명예훼손 소송을 제기하지 않
았다. 왜일까?

그 일차적 배경은 우리 사회의 언론 권력이 비정상적으로 거대하기 때
문이지만, 더 구체적인 이유는 명예훼손 소송을 제기하더라도 소송을 둘
러싼 손익 계산에서 별로 남을 게 없다고 판단하기 때문이다. 이미지가
생계와 경력에 막대한 영향을 끼치는 연예인들로서는, 스포츠지 등 특정
언론사에 소송을 제기할 경우 해당 언론이 더욱 악의적으로 보도할 수도
있고, 기나긴 소송 끝에 승소해 '정정 보도'가 된다 하더라도 소송 기간
에 입게 될 정신적·물질적 피해가 크기 때문이다. 특히 ㅂ씨나 ㅇ씨의
경우, 신문, 방송 할 것 없이 지하철 가판대의 대부분의 황색지들이 너나
없이 달려들었기 때문에 자포자기의 심정이 됐을 가능성이 높다. '공인'
이라는 명목 하에 프라이버시 자체를 박탈 당한 여성 연예인들에게, 회
복할 '명예'는 처음부터 없었는지도 모른다.

그렇다면 여성 연예인들에 대한 인권 침해를 일상화·정상화하고 있는
황색 저널리즘에 대한 여성주의적 비판은 어디에서 시작되어야 할까? 사
전적 정의에 따르면, '황색 저널리즘'이란 '인간의 불건전한 감정을 자극
하는 범죄·괴기 사건·성적 추문 등을 과대하게 취재·보도하는 신문의 경
향'을 말한다. 간단하게 말해서 선정주의(sensationalism)적 보도 행태를 지
칭하는 용어라고 할 수 있다. 우리나라에서는 스포츠신문이나 타블로이
드판 주간지가 대표적인 '황색 저널리즘'이라고 할 수 있다. 성 중립적
외양을 띤 '황색 저널리즘'이라는 정의로 인해, 여성주의자들이 이들 '황

색지'와 싸울 때, 그것의 선정성·자극성에 대한 문제제기로 이해되기 쉽다. 그러나 여성주의자들이 ㅂ씨와 ㅇ씨의 비디오 관련 언론 보도에 비판·분노했던 이유는, 그것이 선정적(사전적 정의에 따르면 '어떤 감정, 특히 욕정을 북돋아 일으키는')이거나 자극적(풀이하면, 남성의 욕정을 자극하는)이어서가 아니다. 마찬가지로 스포츠지들에 실린 만화, 소설, 사진 등이 '욕정을 불러일으키거나', '야해서' 여성주의자들이 비판하는 것도 분명 아니다. 문제는 이들 보도 행태가 '여성에 대한 폭력'이기 때문에 여성주의자들이 비판하는 것이다.

　'황색 저널리즘'에 대한 여성주의 비판이 '표현의 자유'를 주장하는 자유주의자들과 대척점에 선 것처럼 오해되는 것은, '표현의 자유'에 대한 몰성적(gender-blind) 관점에서 기인한다.14) 더군다나 한국에서 가장 오랫동안, 가장 열정적으로 반(反)스포츠지 운동을 벌여온 단체의 논리가 기독교적 청소년 보호 논리였기 때문에,15) 이 문제에 대한 젠더 관점의 결여는 (포르노그라피의 '표현의 자유' 논쟁처럼) 잘못된 논쟁 구도를 만들어내기 쉽다. 즉 성폭력적인 재현물이 '예술과 창작의 자유'로 옹호되고 숱한 여성 인권 침해를 수반했던 군가산제 '논쟁'이 '활발한 인터넷 토론 문화'로 해석될 때, 정치적 약자·피지배자의 권리로서 '표현의 자유'가 갖는 정치적 급진성은 탈각되고 만다. '표현의 자유'는 약자의 권리이지

---

14) 이는 포르노그라피와 관련한 논쟁에서도 마찬가지다. 미국에서 1970년대부터 일부 여성주의자들이 주장했던 '반포르노그라피 법안 제정' 움직임은 표현의 자유 진영으로부터 공격을 불러일으켜 여성주의자들마저 분열시켰다.

15) '기독교윤리운동실천운동'(기윤실)이 중심이 된 '음란폭력성조장매체대책시민협의회(음대협)'는 '스포츠지들이 음란하고 선정적이어서, 청소년들에게 불건전한 사고방식으로 물들게 할 수 있다'는 이유로 반스포츠지 운동을 벌여왔다. 이 이유가 또한 여성주의가 반스포츠지 운동에 적극적으로 뛰어들지 않은 이유가 되기도 했다. 한편, 지난 1990년부터 청소년보호 논리로 반스포츠지 운동을 벌여온 기윤실은 기존의 논리로는 기독교계 외의 다른 NGO와 연대가 불가능하고 운동의 역사에 비해 가시적인 성과를 이루지 못하자, 얼마 전부터 여성주의자들과의 연대를 모색하기 시작했다. 기윤실은 2002년 12월 '여성주의적 관점에서 본 스포츠신문의 문제'를 주제로 '스포츠신문 정책토론회'를 열고, 여성단체와 함께 새로운 연대기구를 구성하기 위한 작업에 들어갔다.

강자의 권리가 아니다. '표현의 자유'가 강자의 권리일 때 그것은 폭력이다. 여성 연예인에 대한 인권 침해에 일상적·집단적으로 앞장서왔던 이들 매체들은 '황색 저널리즘'이라는 말 대신 '마초 저널리즘' 또는 '폭력·테러 저널리즘'으로 불러야 한다. 쟁점 자체를 '선정성'에서 '여성 인권에 대한 침해, 폭력성'으로 바꿔야 한다.16)

7. 다시 ㅂ씨에게

"단 한 명이라도 박수를 쳐주는 팬이 있다면 그 분을 위해 열심히 노래하겠다." ㅂ씨가 사건 발생 직후 가진 기자회견에서 남긴 말이다. 기자회견 이후 공중파에서 퇴출당한 ㅂ씨는 2003년 5월 페미니스트 저널 <이프>가 주최한 '제5회 안티 미스코리아 페스티발'에 출연해서도 "난 노래를 사랑하고 노래를 계속 부르고 싶은 사람일 뿐"이라고 자신을 소개했다. 약속대로 그녀는 최근 4집 앨범을 들고 다시 무대에 섰다.

같은 비디오 사건이지만 ㅂ씨보다 앞서 사건을 겪었던 ㅇ씨는 미국에

---

16) '마초 저널리즘'이 판치는 이유는 가장 먼저 언론계 구성원의 대부분이 남성이라는 점을 꼽을 수 있지만, 여성 구성원이 증가한다고 해서 언론에 여성주의적 관점도 비례해서 반영될 것이라는 전망은 비현실적이라는 지적도 높다. 여성주의적 관점에서 한국 언론을 엄밀하게 분석한 최근 저작으로는 『여성과 언론』(유선영)이 있다. "한국언론재단의 2002년 3월 조사에 따르면, 언론계 전체 종사자(신문 방송 통신 케이블 포함)에서 여성은 17.1%를 차지하는 데 불과하며 세계 평균 수준인 38%대에 훨씬 못 미치고 있다. ……현실구성의 관점에서 보면 뉴스는 일 개인의 자유로운 의지나 혹은 그 개인의 독자적인 이데올로기에 의해 편향되거나 왜곡되는 것이 아니라 미디어 조직 차원에서 생산된다. 미디어조직은 고유의 (상업적 혹은 공리적) 목표를 지니고 있으며 광고주·국가권력 등 생존에 필요한 자원을 공급해주는 기관과 타협해야 하고, 독자·시청자의 요구를 반영해야 하며, 이익단체 등 사회적 관계에서도 타협적으로 임해야 하고, 소속한 사회의 지배적인 가치나 이데올로기도 반영해야 하는 위치에 있다. 그러므로 미디어 조직의 최종 생산물로서 뉴스는 이 모든 관계들과의 타협의 결과이다. 기자는 이 조직의 일개 요소일 뿐이다. 그러므로 여성기자가 늘면 친여성적인 뉴스가 늘어날 것이라는 개인주의적 기대는 비현실적이라는 결론에 이른다."(위의 책, 22, 43)

서 2년 동안 잠적 생활을 한 뒤 연예인으로서의 공식적 활동을 포기한
상태다. 반면 ㅂ씨는 사건 직후부터 재기를 위해 꾸준히 노력해왔다. 이
는 여성계가 ㅇ씨 사건 때와 달리 즉각 대책위를 구성하고 지지활동을
벌이기도 했거니와, 무엇보다 ㅂ씨 자신이, 앞선 피해자들과 다른 시선에
서 이 사건을 해석할 수 있었기 때문이다. 성별, 성 정체성, 장애 여부에
따른 차별은 그 사회의 시민·인권 의식 수준을 판단하는 리트머스 시험
지다. ㅂ씨가 다시 무대에 오르고, 오로지 '가수'로서의 능력으로 평가받
는 날, 그날은 우리 여성사에서 중요한 이정표로 기록될 것이다.

<참고문헌>

드워킨, 안드레아. 1996, 『포르노그래피』(유혜연 역), 동문선.
장(윤)필화. 1999, 『여성 몸 성』, 또 하나의 문화.
통, 로즈마리. 2000, 『페미니즘 사상』(이소영 역), 한신문화사.
프리드먼, 제인. 2002, 『페미니즘』(이박혜경 역), 이후.
한국여성연구소. 1999, 『새 여성학강의』, 동녘.
웍스, 제프리. 1994, 『섹슈얼리티: 성의 정치』(서동진 등 역), 현실문화연구.
정해경. 2003, 『섹시즘 남자들에 갇힌 여자』, 휴머니스트.
유선영. 2002, 『여성과 언론』, 한국언론재단.
신상숙. 2001, 「성폭력의 의미구성과 '성적 자기결정권의 딜레마'」, 한국여
        성연구회 편, ≪여성과 사회≫ 13호(하반기), 창작과 비평.
김현미, 2001, 「마돈나와 황수정」, ≪한겨레21≫ 386호.
Jackson, Stevi & Sue Scott(eds.). 1996, *Feminism and Sexuality ─A Reader*,
        New York: Columbia University Press.
Lancaster, Roger N. & Micaela di Leonardo(eds.). 1997, *The Gender/
        Sexuality Reader-Culture, History, Political Economy*, New York and
        London: Routledge.

성폭력, 성별 정치가 남성간의 정치로

제주도 도지사 성추행 사건[1]

김효선

1. 끝나지 않은 싸움

제주도 도지사 성추행 사건[2]은 아직도 진행 중이다. 일단, 사건에 대한 사법 절차가 여전히 진행 중이다. 2002년 7월 29일 여성부는 우 지사의 행위를 성희롱으로 결정하고, 우 지사와 제주도가 피해여성에게 1,000만 원의 손해 배상과 성희롱 재발방지 대책을 마련하라는 시정명령을 내렸다. 이에 대해 우 지사는 이의 신청을 했고, 여성부는 이를 기각하였다. 우 지사는 2002년 10월 29일 서울 행정법원에 "남녀차별 개선위 의결취소" 청구소송 제기했고, 2003년 10월 16일 현재 이 재판은 끝

1) 이 사건을 용기 있게 공개해준 피해자와 이 글을 쓸 기회를 준 한국여성의전화연합, 편집자 정희진에게 고마움을 전한다. 글을 읽고 논평해준 전희경, 정희진, 제주여민회의 김경희, 허오영숙, 이경선, 강성의, 김영순, 윤홍경숙, 김영란, 제주대학교의 권귀숙, 조성윤, 이은주 선생님께 감사드린다.

2) 제주여민회는 이 사건을 '우근민 제주도 도지사 성추행 사건'이라고 칭했지만, 이 글에서는 가급적 실명을 피해 '제주도 도지사 성추행 사건'으로 줄여 표기한다.

나지 않은 상태이다.

두번째, 지난 2002년 지방선거 시기에 이루어진 피해자와 제주여민회에 대한 각종 비방에 대한 명예훼손 재판이 비록 행정소송 이후로 미뤄지긴 했지만, 진행 중이기 때문이다.

세번째, 우근민 현(現) 지사와 신구범 전(前) 지사에 대한 공직선거및선거부정방지법 위반 혐의 재판이 대법원에 상고된 상태에 있기 때문이다. 검찰이 우 지사와 신 전 지사를 허위사실유포, 유사선거사무실 개설, 사전선거운동 등의 혐의로 기소한 후 1심과 2심 재판부는 신 전 지사에게 벌금 150만 원, 우 지사에게 벌금 300만 원을 선고하였으며 이에 대해 우 지사와 신 전 지사 양쪽 모두 상고하였다. 이 재판은 선거법 위반 여부에 대한 것이지만, 우 지사 성추행 사건과 많은 연관이 있다. 우 지사가 피해자에게 사전선거운동을 했는지 여부가 유죄 여부 판단에 중요한 요인이 되었기 때문이다. 우 지사와 신 전 지사, 두 사람에게는 이 재판이 정치적 운명을 결정하는 매우 중요한 재판이다.

마지막으로 가장 중요한 이유는 모든 성폭력 사건이 그러하듯이, 피해자의 상처와 고통이 여전히 끝나지 않았기 때문이다. 피해자가 완전히 치유되지 않는 한, 성폭력은 과거의 일이 아니라 끊임없이 다시 경험되는 현재의 일상이다. 성폭력 당시의 상황과 감정이, 일상의 어느 순간에 엄습할지 모르기 때문에 항상 불안한 상태에 있다. 우 지사 성폭력 사건의 피해자는 지금, 사건이 한창 사회적 관심사로 떠올랐을 때보다 어떤 면에서는 더 힘든 시기를 보내고 있다. 당시에는 사건 공개로 인한 여러 가지 파장을 예상하고 마음을 굳게 다지며 상황 대처에 급급하다 보니, 자신의 감정과 상처를 제대로 보살펴주지 못했다. 지금은 1년 전 돌보지 못했던 상처가 되살아나, 수면 장애와 만성 피로에 시달리면서 무력감과 우울증을 겪고 있다. 게다가 우 지사 성추행 사건과 관련된 재판들이 앞으로 3년이 걸릴지 5년이 걸릴지 모르는 일이다. 아직까지 피해자는 우 지사의 성추행으로 인한 피해 보상을 받지 못한 상태이고, 사건에 대한 일부 정치 세력의 의혹의 눈초리도 여전하다.

2. 2002년 2월에서 8월, 태풍이 불다

1) 2002년 2월 21일 도지사 성추행 사건 공개

여성단체장에 대한 도지사의 성추행은 2002년 1월 25일에 발생하였다. 사건의 발단은 우 지사가 대한미용사회 제주시 지부장인 피해자에게 지속적으로 도청 방문을 요청한 데서 비롯되었다. 도지사 선거를 앞둔 시점에서, 피해자는 도지사뿐만 아니라 보건복지여성국장, 여성정책과장 등을 통해 집요한 방문 요청을 받고 도지사실에 갔다. 보통 여성단체에서 지사를 면담할 때는 담당 과장이 배석하는데, 사건 당시에는 관례를 깨고 피해자로 하여금 단독으로 지사를 면담하게 했다. 아마도 '사전선거운동'이 되는 것을 피하기 위한 조치가 아니었나 생각한다.[3] 면담 내용은 피해자의 가족과 건강, 단체 운영, 여성정책과에 대한 의견 등이었고, 대화는 매우 사적인 것처럼 진행되었다. 이 과정에서 성추행이 발생하였다.

피해자는 이날 약 30분간 이루어진 지사 면담을 끝내고 돌아오자마자, 지사의 성추행에 대해 분노하며 주변 사람들에게 이를 알렸다. 이 일을 가만히 덮어두지 않겠다는 피해자의 말에 주변 사람 대부분은, "제주도의 최고 권력자에게 맞서서 어쩌겠느냐," "오히려 고통만 당할 것"이라며 말렸다고 한다. 오로지 피해자의 딸만이 그 얘기를 듣고 "지금이 어느 시대인데 그런 일이 있을 수 있냐"고 하면서 "절대 참지 말라"고 용기를 주었다.

2월 5일 피해자는 녹음기를 휴대하고 다시 지사와 재면담을 하였다. 면담은 1월 25일 지사의 성추행에 대해 피해자가 항의하자 지사가 변명

---

3) 이날 우 지사는 피해자에게 외국산 향수를 선물하였는데, 제주지방법원과 광주고등법원은 이 행위가 사전선거운동 및 기부행위라고 판결하였다. 우 지사는 이를 의례적인 선물이고 사전선거운동이 아니라고 주장하였지만, 광주고등법원은 우 지사와 피해자 사이에 그동안의 접촉과정을 보면 의례적인 것으로 보기 어렵다고 판단했다.

하는 내용이었다.4) 여성정책과장과의 대화 내용도 녹음했다. 피해자는 성추행 피해를 당한 다음 날 여성정책과장에게 이를 상의하였으나 여성 정책과장은, "무덤까지 갖고 가라"며 침묵을 종용했다. 이렇게 녹음 증거를 확보한 후, 피해자는 2002년 2월 14일 제주여민회 부설 여성상담소로 방문하여 이 사건에 대한 공개 대응을 상의했다.

지사의 성추행에 대해 그녀는 "지사가 대낮에 집무실에서 여성단체장을 성추행하다니"라고 말하며, 손가락을 하나씩 꼽아가며 분노를 터뜨렸다. 당시 이 사건을 접한 제주여민회 내부의 첫 반응은 "믿을 수 없다"였다. "설마" "어떻게 지사가 그런 행동을 할 수가 있을까" "선거가 다가오니 혹시 모종의 정치적인 문제가 개입된 것은 아닐까" 하는 생각도 있었다. 하지만 녹취록을 듣고는 모두 경악했다. 곧바로 긴급이사회를 소집하자 사안의 중대성을 파악한 듯, 모든 이사들이 참석하여 이 사건의 공개 여부에 대해 논의하였다. 우선 도지사의 행동은 명백한 성추행으로 판단하였다. 도지사라는 지위에 있는 자가 집무실에서 행한 성폭력은 현행법상으로도 '강제추행' 또는 '업무상 위력에 의한 추행'에 해당되기 때문이다. 성추행은 여성에 대한 인권침해이며 더욱이 가해자는 투표로 선출된 공직자이니 만큼, 반드시 제주도민에게 알려야 한다고 생각했다. 또한 성추행은 도지사라는 직위를 이용하여 발생한 것이므로 지사직을 수행할 자격이 못 된다고 보아 우 지사에게 사퇴를 요구하고, 이 사건의 공론화를 통해 최고 공직자의 성 윤리 지침을 확립해나가는 계기로 삼기로 했다.

서울대조교성희롱 사건의 공동 변호인 중 한 명인 최은순 변호사에게 사건을 의뢰하고, 이 사건을 수사기관에 고소할 것인가 여성부에 신고할 것인가를 검토하였다. 가해자가 현직 지사인 데다 선거가 가까웠기 때문

---

4) 녹취록을 보면 피해자의 지속적인 항의에 지사는 "동생으로 생각해서"라고 무마하려는 태도를 보이고 있다. 피해자가 "지사님, 그래도 동생으로 생각한다고 해도 어떻게 세상에 가슴에 손을 그렇게 넣습니까"라고 항의하자 "동생 같으니까, 그래, 그거를 그렇게 생각했냐"고 반문하고 있다.

에 지역 수사기관의 수사가 공정하게 진행될 것이라는 확신이 없어 2월 21일 사건을 여성부에 신고했고, 그 직후 기자회견을 했다.5) 어떤 현상이나 사건을 명명하는 것은 정치적인 의미와 효과를 갖는다. 가해자가 누구인지 명확하게 하고 피해자를 보호하기 위해서 '제주도 도지사 성추행 사건'이라고 이름을 붙였다. 현직 도지사가 성추행을 했다는 소식에, 제주 지역사회는 태풍에 휩싸였다.

2) 정치적 음해론이 제기되다

제주여민회의 기자회견이 끝나고 30분 후, 우 지사는 곧바로 기자회견을 갖고 '도지사 음해 사건'이라고 정반대로 명명하면서 자신에 대한 정치적 음해라고 주장했다. 자신은 단지 친밀감의 표현으로 "오빠를 좀 도와달라"며 어깨를 만졌을 뿐이라고 주장했다. 우 지사가 주장한 정치적 음해론이 그럴듯하게 포장되어, 제주도 전역을 들썩이게 한 데에는 지역사회의 배경이 있다. 우 지사와 신구범 전 지사는 1991년 8월 1일부터 2002년 2월 기자회견 시점까지 10년이 넘도록 번갈아 제주도지사를 역임했다.6) 두 사람 모두 관선지사를 역임했고, 민선 자치단체장 선거에서 각각 한 번씩 상대방을 뒤로 하고 당선된 경험이 있다. 오랜 기간 두 사람이 기반을 닦아놓았기 때문에, 2002년 6월 13일 광역단체장 선거에서도 두 사람의 대결 구도는 명확했다. 우 지사가 이런 배경을 적극 활용하여 음해론을 제기하자, 기자회견에 대한 지역 언론의 일차적 관심은

---

5) 기자회견 명칭은 '우근민 제주도지사의 성추행 사건에 대한 여성단체 공동기자회견'이며, 참가한 단체는 제주여민회, 대한미용사회제주시지부, 한국여성단체연합 세 단체이다.
6) 제주도 역대도지사는 27, 28대 우근민(1991년 8월~1993년 10월), 29대 신구범(1993년 12월~1995년 3월), 30대 김문탁(1995년 3월~6월), 31대 신구범(1995년 7월~1998년 6월), 32대 우근민(1998년 7월~2002년 6월), 33대 우근민(2002년 7월~)이다.

우 지사의 주장처럼 정치적 라이벌인 신 전 지사와 피해여성의 관계에
집중되었다. 지역 언론의 최초 보도는 사실 관계에 대한 보도보다 왜 녹
음을 했는지, 기자회견 장소에 왜 피해자가 없었는지 등 지엽적인 문제
에 집중되었다. 그리하여 피해자와 여성단체에 마치 무슨 의혹이 있는
것처럼 보도하였고,[7] 이는 앞으로 '우 지사 성추행 사건'의 험난한 여로
를 예견하는 것이었다.

제주여민회에 대한 언론의 공격도 거셌다. 제주여민회의 사건 공개 다
음 날 피해자가 별도로 열었던 기자회견 내용 중에는, 제주여민회가 사
건 당시 피해자의 옷차림에 대해 '겉옷 단추'를 '블라우스 단추'라고 잘
못 발표한 것을 알고 이를 정정하는 내용이 포함되어 있었다. 피해자 입
장에서 이것은 사실 관계를 정확히 하는 '사소한' 정정이었다. 그러나 성
폭력 사건을 '정치적 음모'로 바라보는 세력에 의해서, 이 문제는 이후
사건이 진행되는 과정 내내 피해자와 제주여민회를 비난하는 중요한 빌
미가 되었다. 성추행 자체보다 다른 정황들을 문제삼아 의혹을 제기하는
행태는 이 외에도 많았다. 언론은 기자회견에서 녹음 테이프를 공개하지
않는 것에 대해서도 의혹을 제기하며 비난했다.[8] 사건을 여성부에 '성희
롱'으로 신고한 것도 논란 거리였다.

2002년 3월 14일 제주여민회는 녹음 공개 기자회견을 하면서, 그동안
녹음내용을 공개하지 않은 이유를 세 가지로 밝혔다. ① 사실이 공개됨
으로써 제주도민의 명예와 자존심이 심각하게 훼손될 것을 우려하였다.
녹음이 공개되었을 때 도지사로서 공적인 업무를 하는 집무실에서의 행
태가 낱낱이 밝혀져, 제주도민의 자존심과 명예를 손상시킬 것이라고 생
각했다. ② 법적 증거물로서 제출이 가장 중요한 문제라고 판단하였다.
지사가 끝까지 사과하지 않고 여론을 호도할 경우 법정에서의 승리만이
피해자와 제주여민회의 진실과 명예회복이 가능하다고 보았다. 다른 한

---

7) ≪한라일보≫, 2002년 2월 22일자.
8) ≪제민일보≫, 2002년 2월 25일자, 제주 MBC 2002년 2월 25일 9시 지역 뉴
  스 보도.

편으로 녹음 내용이 공개된 후에도 지사가 사퇴하지 않고 법정까지 갈 경우, 사전 정보 유출에 대한 우려가 있었다. ③ 이 사건에 대한 진실은 지사가 누구보다도 잘 알고 있으므로 녹취록 공개 이전에 스스로 사실을 인정하고 책임을 질 것이라는 도백으로서의 최소한의 양심을 믿었기 때문이다.

언론은 여성부에는 성희롱으로 신고하였는데 왜 성추행이라고 기자회견 하냐고 반문하는 등, 성희롱을 성추행보다 가벼운 것으로 인식하고 있었다. 여성운동 진영은 현행 「남녀차별금지및구제에관한법률」(이하 「남녀차별금지법」)에는 남녀차별행위 중의 하나로 직장 내 성희롱 개념이 규정되어 있으며 피해자가 성추행이나 강간 등 다양한 유형의 성폭력을 당해도 이를 「남녀차별금지법」 소관 부처인 여성부에 신고하려면 '성희롱' 으로 신고할 수밖에 없다고 설명했지만, 언론은 우리가 성희롱을 성추행으로 '확대'하는 것처럼 보도했다.

3) 다른 단체들의 움직임

지역 사회 단체들의 반응도 매우 다양했다. 제주여민회는 본 사건이 여성 인권침해이므로 기자회견 후 지역 여성단체와 시민사회단체에 공동대책위원회를 꾸릴 것을 제안하였다. 시민단체들의 경우 모든 단체가 공대위 구성에 참여하지는 않았지만 제주여민회와 뜻을 같이하는 지지성명서를 발표하였다. 반면 여성단체 쪽에서는 제주지역의 어느 여성단체도, 어떤 상담소도 공대위에 참여하지 않았다. 특히 피해자가 소속된 단체의 경우 기자회견 당시 참여 요청을 거부하고, 바로 제주도청을 방문하여 도지사의 입장을 먼저 청취한 후 피해자 기자회견을 준비하고 있던 제주여민회를 항의방문, 오히려 제주여민회를 비난하였다. 이 단체에서는 피해자가 성추행 피해를 제주여민회에 먼저 알린 점, 자신들의 동의를 구하지 않고 시지부 명의를 써서 단체의 명예를 떨어뜨렸다는 점을 이유로 피해자의 회장 직위를 박탈하였다. 한편 공동대책위를 꾸리자는 제안을 거절한 제주도여성단체협의회는 '제주도 도지사의 성희롱 공방에 대한 우리의 입장'이라는 기자회견을 하며 제주여민회를 압박하였다. 이 문제는 이후 사건을 진행하면서 가장 어려웠던 일 중의 하나였다. 무엇보다 이러한 여성단체들의 행동은 가해자의 입장에서 성추행 의혹을 확산시키는 데 기여했다.

4) 우 지사, 여성운동 걸림돌에 선정되다

2002년 3월에 접어들면서 3·8 세계여성의 날을 기해 한국여성단체연합(이하 여성연합)이 우 지사를 '여성운동 걸림돌'에 선정하였다. 정치인이 디딤돌이나 걸림돌로 선정되면 상징적으로 명예이거나 약점이 되며, 선거에서 유용하게 활용될 수 있다. 여성운동 걸림돌로 선정된 우 지사는 제주도 기획관리실장과 여성정책계장을 여성연합으로 보내 항의 서한을 전달하였다. 걸림돌로 선정된 사람이 여성연합을 항의방문한 것은 처음 있는 일이었다. 제주지사뿐만 아니라 제주도여성단체협의회 회장도 여성연합을 항의방문하였다.

게다가 존재하지도 않았던 유령 단체인 '제주의 미래를 생각하는 여성들'이 오직 이 사건에서 우 지사 방어만을 위해 조직되어, 450여 명의 이름으로 '제주도지사를 여성 권익의 걸림돌로 지목한 한국여성단체연합의 부당한 견해에 대한 우리의 입장'이라는 성명서를 동아일보와 제주도 내 일간지에 광고하였다. 제주의 미래를 우 지사의 미래와 동일시했던 이 정체 모를 단체는 검찰 발표 이후에도 또 한 차례 광고를 했는데, 이때는 인원이 더욱 늘어나 약 700여 명의 명단이 적혀 있었다. 이는 우 지사의 지역 내의 비공식적 네트워크('인맥')와 인맥 동원 능력을 단적으로 보여주는 것이었다. 누가 광고를 했는지, 광고비는 어떻게 충당했는지 아직까지도 알 수 없지만 전·현직 여성단체협의회 임원 중 다수가 포함되어 있다는 사실만이 알려졌을 뿐이다. 이들은 광고한 것도 모자라 2002년 3월 9일 '제주의 미래를 생각하는 여성들'의 대표단이라면서 4

명이 여성연합을 항의방문하였다.

5) 녹취록과 검찰 및 여성부 조사

성추행 사실에 대해 반신반의하는 지역 사회 분위기 속에서 녹취록 공개에 대한 압력이 거세지자, 제주여민회는 이후 소송이나 녹취록 공개로 인한 기타 어려움이 있더라도 녹취록을 공개하기로 결정하고 3월 14일에 공개할 것을 공식적으로 알렸다. 2002년 3월 14일 기자회견을 열어 녹음내용을 공개하기로 한 이유는 다음과 같다.

① 공개된 녹취록에서 보듯이 명백한 성추행 사실임에도 불구하고 사실 인정과 사과를 하지 않고 오히려 정치 음모론으로 사실을 왜곡하기 때문이다. ② 일부 여성단체, 개인 여성들(제주도의 미래를 생각하는 여성들)이 공무원 동원, 한국여성단체연합에 대한 압력, 피해자의 기자회견 당시 사진을 유포하는 등 사실 왜곡에 조직적으로 나서고 있다고 판단하였다. ③ 도민의 알 권리에 대한 여론을 존중함이다. ④ 제주도여성단체협의회를 비롯한 일부 여성단체의 태도와 여성정책과장의 거짓으로 점철된 기자회견 등에 대하여 명확한 사실을 확인하고자 함이다.

공식적인 녹취록 공개에 앞서 지역의 영향력이 있는 인사들에게 녹취록을 보여주고 도움을 요청하였다. 평소 지역 사회문제에 대해 정의로운 입장에서 발언을 하던 임문철 신부가 녹취록을 본 후 피해자를 만나고 나서 성추행은 사실인 것으로 보인다고 하였다. 그러면서, 녹취록이 공개되면 지역사회의 혼란이 예상되니 더 이상의 도민 혼란을 방지하기 위해, 합의를 요청하였다. 그러나 합의 과정에서 우 지사 측이 작성한 사과문은 너무 미흡했다. 피해자에 대한 공식적인 사과, 피해자에 대한 손해배상, 더 이상 이 문제를 정치적 음모론으로 몰고 가지 않겠다는 요구를 도지사 측이 수용하지 않았기 때문에 합의 시도는 실패로 돌아갔다.[9] 그

---

9) 합의가 실패하자 임 신부는 2002년 3월 10일 "피해자의 증언과 증거들을 통해 신앙적 양심에 의거 사실임을 믿는다"며 "도지사는 솔직히 진실을 고백하

러자 우 지사는 법적 대응을 하지 않겠다는 그간의 입장을 돌연 철회하
고, 2002년 3월 13일 피해자와 제주여민회 대표를 '허위사실 적시에 의
한 명예훼손'으로 검찰에 고소하였다. 우 지사의 고소가 녹취록 공개가
예정된 하루 전날 이루어진 것은, 녹취록 공개가 가져올 파괴력을 줄이
기 위한 시도였다. 이처럼 우여곡절이 많았지만, 녹취록 공개는 도민들에
게 성추행이 사실임을 알리는 데 기여하였다.

한편 여성부의 조사는 우 지사가 조사를 기피하여, 더디게 진행되고
있었다. 그는 조사에 응하지 않고 오히려 여성부에 의견서를 제출하여
법률적 검토의 시간을 갖기 위해 2주 동안 조사를 연기해줄 것을 요청하
였다.10) 우 지사 측의 의견서 내용은 첫째, 자신이 이 사건을 명예훼손으
로 검찰에 고소하였기 때문에 여성부가 조사할 사안이 아니고, 둘째, 자
신과 피해자는 오빠-동생 관계이기 때문에 업무 관련이 있는 만남이 아
니며, 셋째, 친밀감의 표현으로 어깨에 손이 닿았을 뿐이고, 넷째, 자신은
공공 기관의 장이기 때문에 범죄 행위자의 범주에 포함되지 않는다는 것
이었다.

한편 우 지사의 주장에 따라 정치적 음해설을 중심으로 조사하였던 검
찰은 명예훼손에 대해 무혐의라고 발표하였다. 그러나 발표 과정에서 검
찰이 피해자와 신 전 지사와의 관계를 지나치게 강조하자, 이 사건의 본
질은 완전히 삭제되고 두 남성 세력간의 정치로 덧칠되었다. 비록 민간
조사단11)이 구성되어 사건의 본질을 부각시키려고 노력했지만, 제주도
지역에서는 역부족이었다. 2002년 6월 13일 지방선거는 우근민 지사의

고 피해자와 도민에게 공개사과할 것"을 촉구하는 기자회견을 했다.

10) ≪한라일보≫, 2002년 3월 8일자.

11) 민간조사단은 이 사건의 진상을 규명하기 위해 한국여성단체연합의 제안에
   따라 각계 인사 8명으로 구성되었다. 민간조사단에 참여한 이는 다음과 같다.
   법조계: 박원순 변호사, 안상운 변호사, 김삼화 변호사, 학계: 황상익 교수(서울
   대 의대), 이영자 교수(가톨릭대 사회학과), 종교계: 하유설 신부(천주교정의구
   현전국사제단 여성분과장), 시민단체: 신철영(경실련 사무총장), 이시재(환경연
   합 정책위원장).

압승으로 끝났고, 성추행 사건은 선거에 아무런 영향을 주지 않았다. 7월 29일 여성부가 우 지사의 행위를 성희롱으로 결정했다. 8월 7일 비 오는 저녁 제주여민회는 시민들과 함께 도청을 둘러싸며 '성폭력 없는 세상을 위한 인간띠 잇기' 행사를 진행하며 도지사의 공식적인 사과를 요구하였다. 그러나 우 지사는 8월 한 달 동안 진행된 도청 앞 1인시위에도 꿈쩍하지 않고, 오히려 여성부를 상대로 행정 소송을 제기하였다.

3. 가해자 중심의 사회와 다양한 역공세

최근 성폭력 가해남성의 피해여성에 대한 역공세(backlash)는 갈수록 다양하고 치밀해지고 있다. 이는 변화하는 여성의 역할과 지위, 여성의 권리 찾기에 대한 남성의 '피해의식'과 거부감을 반영하는 것이다. 도지사 성추행사건은 다른 사건과 달리 그가 지역의 최고 권력자이기 때문에, 더 다양한 역공세를 펼칠 수 있었다. 이는 지방선거를 앞둔 시기라는 점, 가해자가 피해자에 비해 사회 경제적 자원을 많이 소유하고 있는 상황에 기인한 것이었다. 역공세의 핵심은 일반 성폭력 사건의 가해자와 다를 바 없었지만, 그가 펼친 모든 역공세는 '정치적 음해'라는 전술을 병행했기 때문에 피해자는 제2, 제3의 피해를 당했다. 가해자의 역공세가 작동할 수 있었던 것은, 우리 사회가 그것을 가능케 하는 남성 가해자 중심의 사회이기 때문이다.

1) "성폭력이 아니라 친밀감의 표현"

대개 성폭력 사건에서 가해자의 피해자에 대한 첫번째 비난은 "친밀한 사이에 있을 수 있는 행위," 즉 "강간(強姦)이 아니라 화간(和姦)"이라는 주장이다. 이는 가해자가 성폭력을 무마하기 위한 의도적 전략이기도 하지만, 대부분의 가해자는 진심으로 그렇게 생각하기도 한다. 때문에 그들은 직장 내 성희롱 행위 후 "관심의 표현이었는데 피해자가 과잉 반응한다"고 주장하거나, 데이트 성폭력을 "사랑하는 사이에 있을 수 있는 문제가 아니냐"고 반문한다. 아내를 강간하고서도 자신의 "아내인데 그것이 어떻게 강간이냐"고 말한다. 한국남성에게 성폭력은 폭력이 아니라 남성 섹슈얼리티의 실천이기 때문이다. 반면 여성들은 이 모든 것을 성폭력으로 경험한다. 한국사회에서 섹슈얼리티를 실현하고 해석하는 주체는 남성이기 때문에, 여성의 경험은 사장되고 침묵 당해왔다. 스포츠 신문에서부터 포르노, TV 드라마, 문학 작품에서 묘사되는 무수한 강간 신화, 매춘 여성에 대한 판타지 등은 모두 남성의 입장에서 구성된 것이고, 이는 성폭력을 지지하는 강력한 지배 담론들이다.

　도지사 성추행 사건을 공개하자마자 도지사 역시 다른 성폭력 가해자들과 마찬가지로 피해자와의 친밀한 관계를 부각시켰다. "10여 년간 알고 지내온 오빠-동생 사이"라고 강조하고, 자신의 행위를 "오빠 좀 도와달라고 하면서 어깨를 만진 것"이라고 피해자와 반대로 해석하면서 성추행 행위를 부인하였다. "혹시 가슴에 손이 닿을 수도 있는데, 이는 절대 성희롱이 아니다"며 "그렇게 생각하였다니 미안하다"는 말을 되풀이했다. 그럼에도 불구하고 대다수 제주도민들은 우 지사의 말을 신뢰했고 '성희롱도 아닌 것을 가지고 지사의 정치 생명을 위협하는' 피해자와 제주여민회가 문제라고 생각했다. 이는 성폭력 행위가 정상화되어 있는 사회에서, 동일한 행위에 대한 가해자의 해석이 피해자의 해석을 압도하는 과정을 잘 보여준다.

　성추행 가해 사실 공개에도 불구하고 도지사의 재선이 가능했던 데에는, '사적인 친밀성'을 통해 인맥을 형성·관리하는 방식이 큰 작용을 한 것으로 보인다. 그는 본인이 밝히듯이 한두 번 만난 사이에서 남성이면 스스럼없이 '형님-아우'라 하고 여성에게는 '오빠-동생'이라고 하며 친밀감을 표현한다. 선거에서 이 방식은 정책적 판단이 아니라 사람들의 정서에 호소하는 것으로 매우 효과적이다. 도지사에게 '아우', '동생', '삼촌'이라고 불린다는 것은 도내 최고 공직자와 '가족 관계와 같다'는 것을 상징한다. 가족 또는 친족 관계 유무를 통해 공식적인 관계가 사적인 관계로 전환되고, 그는 강력한 가장으로서 가족 구성원을 챙겨주는 사람이 된다. 그러나 '형님-아우' 관계와 '오빠-동생' 관계의 본질은 매우 상이하다. '오빠-동생'은 젠더화된 관계이다. 우리 사회에서 남성과 남성의 관계인 '형님-아우'는, 서로를 이끌어주고 밀어주는 것으로 남성들 사이에서 가부장적 권력을 계승·유지하는 실천의 일부이다. 하지만 '오빠-동생' 사이에서 권력의 계승·유지는 일어나지 않는다. 한국사회는 애인을 '오빠'라 부르고, 남편을 '아빠'라 부르는 사회이다. 여기에는 두 가지 의미가 있다. 아빠, 오빠는 딸, 여동생을 보호하는 강력한 보호자로, 여성의 주체성은 사라지고 보호자인 남성에게 종속된다. 그리고 사랑과 관심의 표현은 육체적 접촉으로 완성된다는 점이다.

그러나 피해여성은 '오빠'라는 호칭의 의미와 우 지사가 여성에 대한 '친밀감'을 표현하는 육체적 접촉이 성폭력이라는 점을 정확하게 인지하고 있었다. 실제 우 지사가 자신을 오빠라 자칭한 것은, 피해자가 미용사회 제주시지부장으로 선출된 이후였다. 공직자가 선거를 앞둔 시점에서 여성단체장인 피해자와 '오빠-동생' 사이여야 할 이유가 무엇인가? 피해여성이 여성단체장이 된 후 우 지사의 호칭 변화는 우 지사가 여성단체와 단체장에 대해 어떠한 인식을 지니고 있는지를 단적으로 드러낸다. 소위 관변 단체라 불리는 단체에 대한 지사의 관심은, 단체의 역할이나 활동에 있는 것이 아니라 선거와 도정 동원 체계에 있다. 현대 가부장제 사회는 남성과 여성의 관계를 사적인 것에 한정하기 때문에 공적 영역에서 남·녀 관계에 대한 문화적 각본이 부재하다. 이러한 상황에서 우 지사는 도지사-여성단체장의 관계를 '오빠-동생'의 사적 관계로 환원하는 것을 당연시하고 있는 것이다. 선거가 다가오자 우 지사는 피해자를 확실한 자기 사람으로 만드는 방편으로 신체적 접촉을 통해 친밀한 관계임을 규정·확인하려 했다. 우 지사에게, 가부장제 세력에게 성추행은 단지, '오빠-동생' 사이에 있을 수 있는 '친밀감'의 표현 수단인 것이다.

2) 피해자와 지원단체에 대한 비난

성폭력 사건의 가해자가 자신을 방어하는 두번째 전략은 피해자에 대
한 비난이며, 그 비난이 사회적 통념에 구체적이고 정교하게 부합하면
할수록 가해자의 의도는 성공한다. 우 지사는 성추행을 여러 방면의 문
제로 변형시켜 결국 자신의 잘못을 은폐하고, 피해자, 제주여민회 그리고
경쟁 후보에게 비난의 화살을 돌리는 데 성공하였다. 그는 피해자에 대
해서는 상대 후보 측의 '정치적 음해 수단'으로, 제주여민회에 대해서는
'여성단체 또는 시민단체의 신뢰성'을 중심으로 문제삼았다. 정치적 음해
론의 파장은 매우 컸으며, 증거를 공개하라는 요구가 거셌다.

피해자가 기자회견을 하자 피해자에 대한 정치적 공격이 본격화되었
다. 지사가 '정상인'이라면, "어떻게 '40대 중년 여성의 몸'을 성추행하
느냐?"는 것이다. 기자회견을 통해 피해자의 신상이 공개되었는데, 피해
자는 '젊고 예쁜' 여성이 아니라 40대 중년 여성이라는 것이다. 즉, 이는
성폭력이 '젊고 날씬한' 여성에게만 일어난다는 통념에 근거한 피해자
비난이었다. 즉 그녀의 몸은 성폭력을 '당할 자격이 있는' 몸이 아니므
로, 성폭력은 불가능하다는 것이었다. 실제 선거 시기에 우 지사 캠프는
이를 적극적으로 활용하였다. 또한 "두 사람의 관계가 오래 전부터 알고
재냈던 오빠-동생의 사적인 관계다"라는 등의 소문과 억측, 비방이 온
라인상에 난무하였고, 오프라인에서도 광범위하게 유포되었다.

성폭력 피해여성은 증거가 없으면 없어서 비난받고, 증거가 있으면 다
른 의도·배후가 있을 것이라고 비난받는다. 언론의 관심은 성추행 자체
보다 녹음기를 누가 사다주었는지, 왜 녹음을 했는지에 집중되었다. 통상
성폭력은 두 사람 사이에 벌어지기 때문에 남성의 시각에서 볼 때 증거
가 '없다'. 물증이 없으면 피해 사실을 인정받기 어려운 상황에서 피해자
가 증거 확보를 위해 녹음을 하는 것은 매우 상식적인 대처이다. 그러나
언론은 마치 '스파이'의 행위처럼 피해자를 추궁하였다. "초등학교 졸업
의 학력으로 어떻게 그런 녹음기를 샀고, 녹음기를 조작했으며, 휴대할

생각을 했느냐"는 것이었다. 이는 가해자의 '정치적 음모론' 주장을 일차
적으로 신뢰한 상태에서, 피해자의 인격을 무시하는 것이다.

　한편 제주여민회가 지사와 피해자의 대화 내용이 담긴 녹취록을 공개
한 다음날, 제주도 정무부지사는 "녹음 테이프 조작 의혹!!"이라는 기자
회견을 하였다. 그는 이 사건의 공론화가 "여성의 성을 무기로 한 게릴
라식 폭로전으로 지방선거를 앞둔 도지사에게 정치적 타격을 주기 위한
정치 공작"이라고 주장하였다. 이는 1986년 부천서성고문 사건 당시 가
해자 측이 이를 폭로한 피해여성에게 "성을 혁명의 도구로 사용하였다"
고 비난했던 것과 같은 논리이다. 남녀간의 권력 불평등으로 인해 발생
한 사건을 남성과 남성(민주당과 한나라당) 간의 정치적 갈등으로 환원하
는 것이다. 문제는 이런 논리가 지역에서, 특히 선거 시기 상대방에 대한
흑색 선전으로 유포되고 그 자체로 힘을 얻는다는 것이다. 또 도지사는
제주여민회가 한 번도 피해자의 주장에 대해 자신에게 사실 관계 여부를
확인하지 않았다며, 이는 객관성과 공정성을 취해야 하는 시민단체의 태
도가 아니며 그렇기 때문에 배후가 의심스럽다고 주장했다.[12] 그리고 제
주지역의 일부 언론과 제주도여성단체협의회는 "공신력을 중요시하는 제
주여민회가 의혹의 진실이 밝혀지지 않은 상태에서 사건을 계속 기정 사
실화하는 이유는 무엇인가"라고 하며 가해자의 주장을 지지하였다.[13]

　범죄 피해자가 범죄 사실을 고소할 때, 가해 용의자에게 사실 여부에
대한 의견을 묻지 않는 것은 너무나 당연하다. 기본적으로 도지사의 주
장은 성폭력을 고소하기 전에 성폭력 가해자에게 성폭력 여부를 확인해
야 한다는 터무니없는 주장인 것이다. 이러한 주장이 지역 사회 언론과
일부 단체의 지지를 받은 것은, 그만큼 우리 사회에서 성폭력 사건의 '객

---

12) ≪한라일보≫ 2002년 2월 26일자에서는 제주도지사의 말을 인용하여, "제주
　　여민회가 사실 확인을 위한 아무런 절차나 최소한의 노력도 없이 경솔하게 성
　　명서를 냈다," "사실 확인도 하지 않은 채 사회적 물의를 일으킴으로써 높은
　　도덕성과 공정성을 생명으로 하는 시민단체의 신뢰성에 금이 가는 것이 아닌
　　지 염려된다"고 보도했다.

13) ≪한라일보≫, 2002년 2월 28일자.

관성'과 '공정성'의 의미가 남성 가해자를 중심으로 정의되어 있음을 반증한다.

3) 회피하기—"나는 문제의 대상이 아니다"

"폭력을 행할 수 있다"는 것은 권력이다. 여성에 대한 폭력이 발생한후 피해자는 가해자가 행사한 폭력의 의미를 묻고 고통받는다. "그(가해자)가 왜 그렇게(성폭력) 하였는지"를 피해자가 끊임없이 의문을 갖는 것은, 남성과 여성 사이에 발생한 일에 대한 해석의 권력이 남성에게 있기때문이다. 폭력은 '왜'라는 동기·이유·원인이 중요한 것이 아니라 폭력그 자체가 문제이다. 가해남성이 '왜'를 문제삼는 것은 폭력의 책임을 회피하려는 시도이지만, 피해자가 '왜'를 묻는 것은 그런 일이 '발생할 수밖에 없는' 상황을 스스로에게 설명하여 이유 없는 폭력을 이해하려는노력이다. 하지만 '왜'라는 질문은 폭력의 문제를 개인적 문제로 치환하는 효과를 낳는다. 폭력 가해자에게 흔히 붙여지는 '또라이', '미친 놈'이라는 '낙인'이나, 가해/피해자의 심리를 설명하는 무수한 연구들은 여성에 대한 폭력의 구조적 문제를 은폐하는 데 기여해왔다.
이 사건에서 도지사는 문제의 본질을 교묘히 비껴가며 여성부의 조사를 회피하거나 최대한 늦추려고 했다. 그는 피해자와 자신이 오빠-동생사이이기 때문에 업무와 관련성이 없다고 주장했다.[14] 자신은 직장 내성희롱 예방 조치를 취하는 공공 기관의 장이기 때문에 성희롱의 '행위자'가 될 수 없고, 검찰에 명예훼손으로 고소가 접수돼 조사가 진행 중이

---

14) 남녀차별금지및구제에관한법률 제2조 제2호는 '성희롱'을 업무, 고용 기타 관계에서 공공기관의 종사자, 사용자 또는 근로자가 그 지위를 이용하거나 업무등과 관련하여 성적 언동 등으로 성적 굴욕감 또는 혐오감을 느끼게 하거나 성적 언동 기타 요구 등에 대한 불응을 이유로 고용상의 불이익을 주는 것이라고규정하고 있다. 우 지사는 첫째, 자신이 피해자와 업무, 고용 기타의 관계가 아니다, 둘째, 어깨를 친다는 것이 성적 굴욕감이나 혐오감을 주는 것은 아니다라고 주장했다.

므로 "직장 내 성희롱 조사대상이 아니다"며 법률적 검토의 시간을 갖기 위해 2주 동안 조사를 연기해줄 것을 여성부에 요청하였다.15) 검찰 발표가 정치적 음해론 확산에 기여한 후, 민간조사단이 지사에게 면담을 요청하였으나 만날 이유 없다고 거절하였다. 이는 이 사건이 선거와 재판에 미치는 악영향을 최소화하기 위해 가해자가 구사했던 시간 끌기 전략의 일환이었고, 현재도 여성부에 대한 행정 소송에서 한없는 시간 끌기 전략을 행사하고 있다.

4) 지역 정서에 호소하기—"도민의 명예를 실추한다"

가부장제 사회에서 여성에 대한 폭력은 피해자의 인권 침해가 아니라 피해여성이 속한 혹은 피해여성을 소유한 공동체의 명예와 관련된 문제로 여겨진다. 도지사 성추행 사건이 발생했을 때 제주 사람들이 보여준 행동을 이해하기 위해서는 제주의 역사적 사회적 경험을 이해해야 한다. 제주도는 2001년 현재 인구 54만 7,964명으로 남한 인구의 약 1.13%를 차지한다.16) 제주는 한국의 주요 정책 결정에 미치는 영향력이 거의 없다고 해도 과언이 아니다. 주산업은 감귤로 대표되는 1차 산업과 관광으로 대표되는 3차 산업이다. '전 자본주의'적 생산 양식인 농업과 자본주의 심화 단계에서 볼 수 있는 관광 산업이 공존한다는 점에서, 이중적이고 복잡한 지역적 정서를 추정할 수 있다.

이와 더불어 4·3이라는 역사적 경험은 제주 사람들에게 섬이라는 소외감, 갈등에 대한 두려움, 육지로부터의 식민지 경험이라는 집단의식을 초래했다. 또한 하늘이나 바다를 통하지 않고서는 육지로의 이동이 불가능한 자연 환경으로 인해 다른 지방에 비해 정서적으로 지역성이 강하고 육지 사람에 대해 배타적인 편이다. 감귤 농업과 1980년대 이후 관광 개발로 제주도가 '잘 사는 곳', '아름다운 곳'으로 이미지가 변화하면서, 제

---

15) ≪한라일보≫, 2002년 3월 8일자.

16) 제주도여성교육문화센터, 『제주여성통계연보』, 2002.

주 사람들은 제주도에 대해 자부심을 느끼고 제주의 좋은 이미지를 매우 중요하게 생각한다. 강박적일 정도로 좋은 이미지를 자랑하는 것은 관광지라는 특수성도 있지만, 그 배경에는 소외와 식민지 경험이 있다. '국제자유도시'라든가 '평화의 섬'이라는 제주도의 정책에 대해 도민들이 구체적인 실현 가능성 여부에 대한 검토를 하기보다 '장미빛 미래'를 약속하는 당연한 것으로 받아들이는 현상 역시 이와 같은 맥락에 있다.

문제는 이러한 역사적 지역 경험으로 인해 제주도의 '좋은 이미지'에 반하는 의견들은, 항상 도민 여론을 분열하고 갈등을 심화시키는 행위로 비난 받아왔다는 점이다. 어느 사회에서나 갈등은 존재하고 그 갈등 극복 경험을 통해서 성숙하는 것은 당연한 일이다. 그러나 제주도에서는 분열과 갈등이 존재한다는 것 자체가 문제시된다. 한라산 케이블카 설치, 쇼핑아울렛 등과 같이 다양한 여론이 있을 수밖에 없는 지역 현안에 대해서도 "도민 갈등, 도민 분열" 운운한다. 그만큼 갈등과 분열은 제주도 지역 사회에서 금기시되는 일이다. 우 지사는 이 사건이 공개된 이후부터 지금까지 이 사건을 도지사와 도민, 제주도의 명예를 실추시키는 사건이라고 주장해왔다.[17] 이는 우 지사에 대한 지지 여부와 관계없이, 대부분 제주도민의 정서에 너무나 잘 부합하는 것이었다.

우 지사는 정치적 음모설을 유포하면서 가해자가 아니라 '피해자'가 되었다. 그는 "제주도민과 도지사의 명예를 훼손하고, 자신을 치한으로 매도하여 송두리째 인격을 파괴하는 음모에 맞서겠다,"[18] "이번 일로 제주의 위상이 많이 손상되고 도민 갈등의 골이 깊어지고 사회통합이 어렵게 되는 결과를 빚게 됐다"[19]고 주장했다. 언론 역시 우 지사 성추행 사건에 대한 문제제기가 결국 도민 사회를 분열시키고[20] 도민 명예를 실추

---

17) ≪한겨레≫, 2002년 2월 23일자.

18) ≪한라일보≫, 2002년 2월 26일자.

19) ≪한라일보≫, 2002년 5월 9일자.

20) ≪한라일보≫ 2002년 2월 28일자 1면의 "도민사회분열·6월 지방선거 조기 과열 우려 '성희롱'등 검찰 본격수사"라는 머리글이나, ≪제주타임스≫ 2003년 3월 19일자의 도지사집무실 여성단체장 성추행 의혹사건 파문 갈수록 확산

시키며,[21] 제주도의 미래에 걸림돌로 작용할 것[22]이라고 염려했다. 도내 모든 언론은 도민의 분열과 갈등을 통합해야 한다고 주장했고, 이들은 갈등의 원인과 책임을 이 사건을 공개한 단체와 피해자에게 돌렸다. 이처럼 가해자 중심 담론은 대다수 사람들에게 회자되고 인정받고 동의하는 과정에서 형성되었으며, 지역 언론은 제주도 지역 내 지배 담론을 가해자 중심으로 형성·강화·유포하는 역할을 해왔다.[23] ≪서귀포신문≫의 2002년 5월 9일자 사설은 이런 입장을 명확히 보여준다.

> ……우리는 결과론적으로 볼 때 왜 이 사건 자체가 일파만파로 확대가 되었는가 하는 점에 주목한다. 제주도지사는 제주의 총책임자다. 그의 일거수 일투족이 제주발전과 미래에 영향을 미친다는 것은 삼척동자도 다 아는 사실이다. 역으로 말하면 도민의 얼굴에 먹칠할 수도 있다는 것이다. 이런 위치를 감안할 때 현직 지사가 이번 사건에 연루된 부분은 실로 가슴 아픈 일이 아닐 수 없지만, 확인되지 않은 결과를 토대로 사실적 성추행결론 유도로 도민사회를 분열시킨 행위 또한 신중치 못한 처신이었음을 지적하고자 한다…….

이 사설은 우 지사 성추행 사건에 대한 제주도민의 일반적 정서를 반영한다. '도민 통합'과 '제주 발전' 담론은 제주도 내에서 어떤 갈등이나 문제제기가 있을 때마다 단골로 등장하는 발언이다. 이는 가정폭력이나 성폭력을 당한 후, 침묵하지 않고 피해 사실을 알리고 자구 노력을 기울이는 피해자에게 주변 사람들이 말하는 논리와 동일하다. 가정폭력으로 이혼을 요구하는 여성들에게 집안의 명예 훼손과 가정의 붕괴 책임을 묻

"도민사회 여론 분열·대립·갈등 심각"이란 제목을 통해 알 수 있다.

21) ≪문화일보≫, 2002년 3월 14일자.

22) ≪제민일보≫, 2002년 5월 9일자.

23) '우 지사 성추행 사건'을 '성희롱 고소 사건'으로 보도한 ≪한라일보≫는 지속적으로 우 지사의 입장을 대변하였다. ≪한라일보≫ 2002년 5월 9일자에는 '성희롱 수사' 엇갈린 회견이라는 제목을 달아 "이번 일로 제주의 위상이 많이 손상되고 도민 갈등의 골이 깊어지고 사회통합이 어렵게 되는 결과를 빚게 됐다"는 우 지사의 말과 "이번 일과 관련 지역 사회에 혼란을 드린 점 죄송하게 생각한다" 신 전지사의 말을 묘하게 대비시켰다.

는 것과 같은 논리인 것이다. '집안 망신'이 '제주도 망신'으로, 나아가 '민족의 망신'으로 확장된다. 개인, 여성의 인권보다는 (남성 중심적 공동체인) 집안, 지역, 민족과 국가의 '명예'를 우선시하는 한국사회의 가족주의, 지역주의, 민족주의의 남성중심성의 한 단면을 보여준다. "도민 얼굴에 먹칠한다"는 말은 제주의 주변성, 식민지성의 소산이다. '통합'과 '발전'은 지역에서 사회적 약자의 목소리를 억압해온 지방 권력의 대표적 논리이다.

5) 피해자 비난－"성폭력 피해자 같지 않다"

여성주의 세력에게 우 지사 성추행 사건은 성폭력 피해자에 대한 통념과의 싸움이기도 했다. 성폭력만큼 피해자에게 문제의 원인을 돌리는 범죄도 없다. 성폭력 피해여성들이 피해 사실을 문제화할 수 없는 것은 가해자에 대한 비난보다 피해자에 대한 비난이 더 크기 때문이다. 우 지사와 그 측근들이 사용한 전략 중 하나는 피해자와 피해자를 지원하는 여성단체에 대한 비난이었다. 가해자가 아니라 피해자의 섹슈얼리티와 행동이 문제시되었다.

피해자 비난의 핵심은, 그녀가 '(전형적인) 성폭력 피해자 같지 않다'는 것이었다. 한국사회에는 남성의 시각에서 구성된 성폭력 피해여성의 행동과 자세에 대한 고정 관념이 있다. 가령, 누구나 성폭력 피해자가 될 수 있음에도 불구하고 나이 든 여성이 성폭력을 당했다면 믿지 않으려 한다. 피해자의 전형성에 대한 통념－젊고 예쁜 미혼의 '정숙한' 여성만 성폭력 대상이 된다－의 대표적 예이다. 실제로 우 지사의 한 측근은 여러 모임에서 기자회견 당시의 피해자 사진을 들고 다니면서, '이렇게 성적 매력이 없는데 어떻게 성추행하겠냐'고 반문하며 피해자를 비난했다. 그녀가 나약해 보이지 않고 강인한 여성이라는 점, (남성의 입장에서 볼 때) 초등학교만 졸업하였는데도 지사에게 면담을 신청하여 대화를 녹취하였다는 점이 격려·지지받기는커녕 오히려 비난의 명분이 되었다. '그런 여

자에게 설마 성추행을 했겠는가, 그녀가 주장하는 것은 거짓이며 숨겨진
의도가 있다'는 것이다. "왜 저항하지 않았느냐," "도지사실에 나오면서
왜 웃는 얼굴로 나왔느냐," "도지사 면담을 끝내고 국장이나 과장에게
왜 바로 얘기하지 않았느냐"는 등 비난은 끝이 없었다.

성폭력 사건에서 피해자에 대한 주공격은 피해자의 몸과 섹슈얼리티
에 대한 것이다. "사생활이 복잡하다," "지사와 그렇고 그런 사이였다,"
"전(前) 지사와 그렇고 그런 사이였다"는 말이 마치 사실인 양 유포되었
다. 우 지사 성추행 사건이 지방선거와 맞물리면서 피해자에 대한 비난
은 더욱 심해졌고, 유언비어는 극에 달했다. 미용실에서, 목욕탕에서, 사
람이 조금만 모이는 곳이면 피해자를 비난하는 말이 떠돌았다. 대중 목
욕탕에 갔는데 모르는 사람들이 성추행 사건을 입에 올리면서 자신을 비
난하는 소리를 들었을 때, 피해자가 느꼈을 참담한 심정을 생각해보라.
심지어 미용사회의 한 회원은 "○○○를 고발한다"며 아무 근거 없이
피해자를 비난하는 악의에 찬 글을 인터넷에 올리기도 하였다. 이 글이
올려지자 우 지사가 속한 민주당 측은 읍·면 지역 당원 교육에 이 글을
자료로 배포하였다. 이처럼 피해자에 대한 인신 공격은 조직적으로 치밀
하게 이루어졌다.

피해자 비난 중에서 피해자를 가장 힘들게 한 것은 사건 공개 동기가
불순하다는 것이었다. 어떤 면에서 선거는 거짓말을 얼마나 유포할 수
있는가에 대한 경쟁장이기도 했다. 우 지사의 상대방, 즉 신 전 지사로부
터 '돈을 받았다'는 근거 없는 루머가 제주도 전역에 퍼졌고, 그녀를 성
추행 피해자가 아니라 우 지사를 곤경에 빠뜨려 상대 후보를 유리하게
하는 거짓말쟁이로 전락시켰다.

피해자를 지원한 제주여민회 역시 갖가지 비방을 당했다. 단체에 대한
비방은 한편으로는 대표 및 실무자들을 무척 힘들게 하였고, 다른 한편
으로는 자신의 문제로 인해 단체가 짊어지는 부담에 대한 미안함 때문에
피해여성은 이중 삼중의 고통을 당했다. 제주여민회에 대한 비난은 시민
단체로서 공정하지 못하다는 것이 주된 내용을 이루었다. 제주여민회가

신 전지사가 도지사로 재직하던 시절에 만들어진 단체라든지 한나라당과
관련이 있는 단체라는 비방은 정말 황당했다. 이는 아무런 근거가 없는
것이었지만 여성부 조사에서도 중요하게 다루어졌다. '진실'뿐만 아니라
거짓과 소문도 힘의 관계를 드러내주는 것이기 때문에, 사건의 구도와
경과에 큰 영향을 준다. 거짓 소문과 비방은 피해여성, 지원 단체에 대해
서 뿐만 아니라 제주여민회 대표의 부부와 가족들에 대한 온갖 유언비어
유포로까지 이어졌다.

6) 역고소 – 검찰 수사의 가해자 중심성

성폭력 사건에서 피해자에 대한 가해자의 역고소는 사건의 초점을 흐
리는 데 결정적인 역할을 한다. 가해자는 피해자를 역고소함으로써 무죄
를 증명해야 하는 자신의 책임을 피해자에게 떠넘긴다. 반면 역고소를
당한 성폭력 피해자는 '가해자'가 되어, 성폭력이 사실이라는 입증과 명
예훼손이 아니라는 입증을 동시에 해야 하는 이중의 짐을 짊어진다. 이
러한 과정에서 피해자는 제2, 제3의 재정적, 시간적, 정서적 피해를 겪게
된다. 성폭력 피해자에 대한 가해자들의 역고소가 아무런 제재조치 없이
방치된다면, 역고소는 현행 성폭력 특별법 자체를 무기력하게 할 것이다.
우 지사는 녹취록이 공개될 시점에 피해자와 제주여민회 대표를 상대
로 '허위사실 적시에 의한 명예훼손' 고소를 제기함으로써 녹취록에 대
한 사람들의 관심을 명예훼손 소송으로 돌렸다. 이 사건을 성폭력 사건
이 아니라 명예훼손 사건으로 만든 것이다. 문제는 검찰이 얼마나 중립
적으로 수사를 하겠는가에 있었다. 사실 피해자가 이 사건을 성추행으로
형사고소하지 않았던 이유가 지역사회의 견고한 가부장제 카르텔을 우려
했기 때문이므로, 피해자와 제주여민회는 검찰의 수사 개입이 무척 염려
스러웠다.
고소장을 접수받은 검찰은 자신들이 정치적으로 중립이며 성추행 사
실 여부를 중심으로 수사할 것이라고 천명하였다.[24] 그러나 이후 검찰의

행보는 검찰이 표방하는 '정치적 중립'이 무엇인지를 의심케 하였다. 피고소인이 되어버린 피해여성에 대한 조사는 가혹 수사라 할 정도로 강도 높게 이루어졌고,[25] 성추행 사실에 대한 조사보다 언론에 의해 제기된 의혹들을 피해자에게 추궁하는 방식으로 조사가 이루어졌다. 조사 첫날, 피해자의 건강이 좋지 않기 때문에 매시간 휴식 시간을 배려하겠다는 변호사와의 약속은 전혀 지켜지지 않았다. 휴식 시간은 전혀 없었고 심지어 종교인인 피해자가 소중하게 여기는 묵주도 손에 들지 못하게 했다. 검사는 녹음기를 사다준 사람과의 관계, 신 전 지사와의 관계를 주로 캐물었고 피해자의 가족, 특히 딸에 대한 조사를 무리하게 강행하려 했다. 중학교에 다니는 딸을 참고인으로 소환했을 때 피해자가 이를 거부하자, 검찰은 큰딸이 참고인으로 진술하는 자리에서 학교에 사람을 보내 중학생인 동생을 강제로 소환할 수 있다고 엄포를 놓았다. 참고인은 진술을 하지 않을 권리가 있음에도 불구하고, 검찰의 이 같은 협박 발언으로 인해 피해자와 그 가족은 심리적인 압박과 말못할 고통을 당하였다.

검찰 조사 결과 발표 역시 검찰의 '공정성'을 의심하기에 충분했다. 검찰은 조사 결과를 발표하면서 예외적으로 40여 분 가량 조사 결정문을 낭독하고 기자들과 질의 응답을 주고받았다. 검찰 발표의 정치적 성격은 세 가지 측면으로 살펴볼 수 있다. 첫째, '수사 결과 둘 다 무혐의'라는 절묘한 언어 사용은 오해를 불러일으킬 소지가 컸다. 우 지사가 피해자를 명예 훼손으로 고소했기 때문에, 피고소인(피해자)이 무혐의가 된다면 고소인(우 지사)은 무고죄 혐의를 받게 된다. 따라서 '둘 다 무혐의'라는 표현이 뜻하는 바는, 피해자의 '명예 훼손' 혐의도 무혐의이고 가해자의 '무고' 혐의도 무혐의라는 발표였다. 통례상 고소인이 제기한 내용에 대해서만 결과를 발표하고 자동적으로 조사하게 되는 '무고 판단'은 별다

24) ≪제주일보≫, ≪제민일보≫, 2002년 3월 15일자.
25) 피해자에 대한 1차 조사는 3월 26일 오전 9시 30분부터 다음날 오전 4시까지 18시간 30분 동안 이루어졌고, 2차 조사는 4월 2일 오후 6시 30분부터 12시 30분까지 4시간 동안, 3차 조사는 4월 22일 오후 2시부터 8시까지 6시간 동안, 4차 대질 조사는 오후 2시부터 12시까지 10시간 동안 이루어졌다.

른 주목 없이 넘어가는 다른 사건들의 예와 비교해볼 때, 피해자가 사건
을 과장했기 때문에 '우 지사가 무혐의다'라는 검찰 발표는 사람들로 하
여금 우 지사의 성추행 행위 자체를 무혐의로 받아들이게 하는 효과를
가져왔다.

둘째, 검찰 발표 내용의 대부분은 신 전지사와 피해자의 관계에 할애
되었다. 신 전지사와 피해자가 통화를 몇 회, 몇 분 동안 했는지에 대해
서는 상세하게 발표한 반면, 성추행에 대해서는 세 가지 피해 중 한 가
지에 대해서만 발표하면서 '피해 내용을 과장하였다'고 발표하였다. 이런
검찰의 발표는 항간에 떠돌던 신 전지사와 피해자와의 관계에 대한 악의
적 소문과 우 지사가 제기한 정치적 음해설에 검찰의 수사가 기울어져
있었음을 보여준다.

셋째, 성추행을 아무것도 아닌 가벼운 일처럼 발표하였다. 검찰은 시
종일관 피해자가 성추행을 과장, 왜곡하였다면서 피해자 진술의 진정성
을 의심했으며 성희롱과 성추행 개념을 혼란스럽게 사용하였다. 검찰은
"어떻게 닿았는지 방법 자체는 특정하지 못하겠다"면서 "가슴에 손을 댄
부분이 인정된다"고 말하는 등 상호 모순적인 진술을 했다. 또한 "고의
인지 모르겠다," "성희롱이 있었다고 보기 어렵다," "성희롱이라고 볼
만한 증거가 충분치 않다"고 표현을 달리하며 말하다가, 기자들이 지속
적으로 질문하자 "강제추행이라고 볼 수 있는 정도까지 볼 수 없다"고
했다가, 나중에는 결국 "성추행이 아니라고는 얘기하지 않았죠"라고 말
했다. 이 세 가지 측면이 서로 상승 효과를 일으킨 결과는, 우 지사의 주
장이 맞는 것처럼 보이게 하는 것이었다. 검찰에게 중요한 것은 여성 인
권이 아니라 도지사의 명예와 정치 생명이었다.

7) "가해자의 인권을 보장하라"

성추행 사건이 공개된 지 얼마 후, 우 지사는 기자회견을 통해 피해자
의 사건 공개를 '오노 액션'이라고 비난했다. 그러나 '오노 액션'은 오히

려 우 지사가 하고 있었다. 여성부가 우 지사의 행동을 성희롱으로 결정하자, 우 지사는 기자회견을 하여 여성부에 이의 신청을 하겠다고 발표했다. 선거가 끝났으니 자신의 잘못을 깨끗이 인정하고 피해자에게 사과하라는 제주여민회와 시민단체의 요구가 빗발침에도 그는 전혀 아랑곳하지 않았다. 당시 우 지사가 발표한 기자회견문은 너무나 어이없었다.

> ……도민 여러분은 저를 굳게 믿어 힘을 주셨고 준엄한 심판으로 저를 도지사에 당선시켜 주셨습니다. 여성권익이 존중되고 보호되어야함은 당연하지만, 그런 명분만으로 개인의 권익이 억울하게 희생되어서도 안될 것입니다. 이런 점에서 이 사건과 연관된 자의 권익도 침해받아서는 안될 것입니다. 특히 54만 도민을 대표하는 도지사의 명예는 도민을 대표하는 도정 운영 책임자로서 반드시 지켜져야 한다는 게 저의 소신입니다. 저는 한 자연인으로서의 인권과 도지사로서의 명예를 지키기 위해…….

이 기자회견문의 핵심은 가해자의 명예와 인권을 보호해야 한다는 것이다. 성추행 가해 사실에도 불구하고, 선거를 통해 도지사로 선출되었기에 이렇게 오만할 수 있을까? 인권 침해를 한 이가 오히려 억울함을 호소하며, 자신의 인권을 보호하라는 주장에 우리는 허탈하고 분노하여 대응할 정신을 잃을 지경이었다. 성폭력 사건에서 최우선적으로 고려되어야 할 것은 성폭력으로 인해 침해된 피해자의 인권 회복이다. 사건 해결 과정에서 보장되어야 할 가해자의 '인권'이란, 형사 사법 절차에서 가혹 수사나 고문을 금지하는 등 '피의자'에게 보장되어야 할 권리에 한한다. 성폭력 사건 해결 과정에서 피해자의 인권이 지속적으로 침해되고 있는데도 가해자의 '인권'을 보호하라는 주장이 그토록 당연하게 주장되고 있는 것은, 그만큼 우리 사회가 남성 중심 사회이며 여성 인권에 대해서는 무감각하다는 반증이다.

4. 지역 '정치', 가부장제 카르텔의 동학

선거 시기에는 모든 문제가 '정치[26]' 쟁점화된다. 앞서 지적한 바와 같은 지역적 특수성을 지닌 제주도에서는 더욱 그렇다. 도지사 성추행 사건은 고위 공직자의 성추행이 선거 시기 전면적으로 심판대에 올랐던 최초의 사건이지만, 사건이 '정치' 쟁점화되면서 불평등한 성별 권력 관계, 성별 정치학은 철저히 무시되었다. 만약 우 지사 성추행 사건을 여성 단체가 제기하지 않았다면, 이 사건의 본질은 사라지고 선거 시기 흔히 떠도는 성적인 루머와 마찬가지 운명을 겪었을 것이다. 선거일이 다가올 수록 우 지사 측 측근은 우 지사의 당선을 위해 모든 노력을 경주하였다.

1) 민주당의 선택 – 여성 인권보다 당의 이익을

이 사건은 정당의 유력한 후보가 성폭력 가해자라 하더라도 그 사람의 정치 생명에는 전혀 이상이 없다는 것을 보여주었다. 선거에서 실제로 중요시되는 것은 고위 공직자의 '도덕성'과 인권의식이 아닌 당선 가능성이었다. 사건 초기 우 지사가 소속된 새천년민주당은 자체 조사를 한 후, 정치적 음해 사건으로 결론을 내렸다. 민주당의 조사는 가해자인 우 지사와 정당 관계자만 조사한 것 같다. 피해여성과 제주여민회는 조사가 있었다는 사실조차 몰랐으니 말이다. 당시 민주당이 우 지사를 신임한 이유는 몇 가지로 추정할 수 있다.

첫째, 중앙당에서 그에 대한 평가는 좋은 편이었다. 총무처 고위직에 근무하던 시절에 성실하고 깨끗한 이미지를 각인시켰기 때문에 이 사건이 발생한 직후 민주당 중앙당 쪽의 반응은 '그럴 사람이 아니다'였다고

---

26) 여성주의 이론과 실천은 근대적 공·사 영역의 이분 논리에 의해 공적 영역에만 한정되어 있는 기존의 '정치' 개념을 의문시하고 공·사 영역의 경계 자체를 문제화하는 방식으로 '정치' 개념을 재구성해왔다. 이 절에서 따옴표 안에 표기한 '정치'는 이러한 여성주의적 개념과는 구분되며, 일반적으로 통용되는 대의제 정당정치 및 선거 등 현실 정치를 의미하는 한정적 개념으로 사용한다.

한다. 그런데 이와는 반대로 제주 지역 사람들 중에는 '그럴 수도 있겠다'는 반응이 많았다. 이렇게 우 지사에 대한 '중앙'과 지역의 평가가 다른 것은, 한 개인이 권력에 순응하는 위치일 때와 지배하는 위치일 때는 매우 다른 모습을 보이기 때문이다.

둘째, 민주당은 선거를 앞둔 시기에 다른 대안이 없다고 보았다. 우 지사는 당선 가능성이 높았기 때문이다. 제주 지역에서 특히 선거가 합리적 선택보다는 다른 요인에 의해 결정되는 경향이 있기 때문에, 우 지사가 성추행을 했다는 사실이 그의 당선 가능성을 현격히 낮추는 것도 아니었다. 실제 투표 결과 호남권을 제외한 전국에서 광역 단체장을 한나라당이 다 휩쓸었는데, 제주도지사만 유일하게 민주당 소속이 당선되었다.

셋째, 민주당은 이 사건을 철저히 '현실 정치'의 관점에서 보았기 때문에, 우 지사를 '정치적 희생양'으로 간주했다. 성추행 사건이 아니라 일상적으로 발생할 수 있는 사소한 접촉 중의 하나를 여성들이 확대 해석한 것으로 본 것이다. 서울대 조교 성희롱 사건 피해자가 사건 공개 후 고통 속에서도 생존할 수 있는 힘을 주었던 당시 사건의 변호사들은, 10년이 지난 후 우 지사 성추행 사건에서는 각자 다른 진영, 다른 모습으로 조우하였다. 한 명은 피해여성의 변호인(최은순 변호사)으로, 한 명은 가해자를 돕는 국회의원으로, 그리고 서울대 사건의 주 변호사였던 박원순 변호사는 민간진상조사위원으로 활약하였다.

이종걸 민주당 국회의원은 서울대 조교 성희롱 사건의 공동 변호인이었고 오랫동안 여성 인권 향상을 위해 각종 여성폭력방지법 제정에 결정적인 기여를 한 인권변호사 출신인데도 불구하고, 이 사건에서는 우 지사를 적극적으로 도운 것으로 보인다. 뿐만 아니라 그는 정기국회에서 여성부가 우 지사의 행위를 성희롱으로 결정한 것이 못마땅한 듯한 질의를 하면서, "주체의 성적 접근 없이 성립될 수 있는가?"라면서 성희롱 여부를 결정하지 못할 경우 판단 불능을 도입하라, 우 지사 사건에 대한 남녀차별개선위원회의 회의록을 제출하라는 등의 요구를 하였다.[27) 성희롱 문제를 법제화하는 데 결정적인 계기가 되었던 서울대 조교 성희롱

사건을 변호했고, 성폭력 특별법 제정에도 크게 기여했던 사람마저 성희
롱 판단에서 '행위자의 의도성 여부'를 운운한 것은, 고위 공직자의 선거
가 관련된 상황에서 '현실 정치'논리가 그 어떤 것보다 우선함을 보여준
다. 당연히 민주당에게는 현실 '정치'에서의 당 이익이 여성 인권보다 더
중요했을 것이다.

2) 공무원은 무엇으로 사는가?

지방선거는 지역의 모든 세력들을 정치 일선으로 나오게 한다. 공무원
도 예외가 아니며, 특히 단체장 선거에서는 더욱 그러하다. 단체장은 공
무원에 대한 임면권과 인사권을 갖기 때문에, 일부 공무원들이 단체장
선거에서 선거운동을 한다는 것은 공공연한 사실이다. 일반적으로 단체
장 선거에서는 현직에 있는 이가 당선에 유리하다. 4년 동안 조직을 장
악할 수 있기에 자신과 친밀한 사람들을 요직에 배치할 수 있기 때문이
다. 이렇게 배치된 사람들의 입장에서는 단체장이 바뀌면 자신의 자리도
위태롭기 때문에, 같은 배를 타고 있는 단체장과 지속적인 항해를 하기
위해서 현 단체장의 당선을 위해 노력하게 된다. 제주에서도 역시, 우 지
사 성추행 사건이 발생하자 일부 제주도 공무원들은 적극적으로 선거에
개입하고 우 지사를 방어할 수밖에 없었을 것이다.
  그렇다면 그 중에서 여성 관련 업무에 종사했던 공무원들은 어떠한 행
보를 취했을까? 여성관련 부서는 여성의 지위와 복지 향상을 위한 업무

---

27) 여성부의 제234회 국회 여성위원회 국정 감사 제출 자료에 의하면 이종걸 의
   원의 질의 내용은 여성부의 성희롱 판단에 대해 불신하는 모습을 보여주고 있
   다. 그는 국감기간 내내 여성부의 성희롱 판단 근거, 조사과정, 검찰과의 차이
   등에 대한 시시콜콜한 질의로 여성부 장관과 공방을 벌였다. 그의 태도는 우
   지사가 여성부를 상대로 행정소송을 제기했던 이유와 같은 맥락이다. 우 지사
   가 밝힌 행정소송의 이유는 "여성부는 당시 상황에 대한 종합적인 판단 없이
   '피해자가' 불쾌감을 느낀다는 이유만으로 성희롱으로 결정했다"거나 "여성부
   는 사건의 당사자인 우 지사에게 해명할 기회를 제대로 주지 않는 등 편파적으
   로 조사했다"는 것이었다(≪제민일보≫, 2002년 10월 29일자).

를 하기 때문에, 단체장의 가부장적 정치 철학과 대립할 수도 있다. 그러나 이 경우 여성정책 담당 공무원이 단체장의 의견과 대립하면서까지 소신 있게 업무를 볼 수 있는 경우는 많지 않을 것이다. 우 지사 성추행 조사 과정에서, 여성부가 민주당의 견제와 감시를 받으면서도 소신껏 조사할 수 있었던 것은 여성정책에 대한 철학과 권한이 있었기 때문이다. 그러나 제주 지역의 여성정책 담당자들에게서 이런 모습은 거의 찾아볼 수 없었다. 그들이 그 자리에 있는 것은 여성주의적 의식이나 성평등에 대한 의지 때문이 아니라 단체장의 '낙점'에 의한 것이기 때문이다. 이는 많은 지방자치단체 여성정책의 현실이며, 지역이 수도권보다 성평등 정책 추진이 어려운 이유이기도 하다.

3) 지역의 가부장제 카르텔은 어떻게 강화되는가?

지방의 정치권력, 경제권력, 사회권력의 밀착은 일종의 가부장제의 카르텔을 형성한다. 어떤 면에서 우 지사 성추행 사건은 제주도의 가부장제세력에게 '위기'였음에도 불구하고, 이 위기는 오히려 이들을 더욱 강하게 결집시켰다.

우선 이 사건을 통해 지방 언론이 지방 권력과 결탁한 모습을 한 눈에 볼 수 있다. 지방 언론은 지방 권력과의 관계 성격에 따라 이 사건을 보도하는 방향과 시각이 달랐다. 모 일간지는 우 지사의 대변지나 다름없었고, 모 주간지는 신 전 지사의 대변지라 할 만 했다. 신문사가 이 사건을 어떻게 명명하는가만 보더라도 도지사 후보와 관련성은 한 눈에 드러난다. ≪제주일보≫는 "도지사 성추행 논란 사건"이라 하였고, ≪제민일보≫는 "제주도지사 성추행 공방" 사건이라고 이름을 붙였다. 신구범 전 지사의 입장을 대변한다고 평가받는 주간신문 ≪제주타임스≫는 "제주도지사 성추행 의혹 사건"으로 보도한 반면, 우 지사의 입장에 섰다고 알려진 ≪한라일보≫는 "성희롱 고소 사건" 또는 "도지사 성희롱 주장 사건"으로 보도하며 사건의 의미를 축소하여 보도하였다.

　제주 토호 세력들은 이 사건과 관련하여 우 지사 편들기에 나섰다. 어느 지역사회이든 '정치 권력' 가까이에 있는 경제인들은 개발 지향적인 모습을 보인다. 이들은 단체장 선거에서 '자금줄' 역할을 하기 때문에, 이들의 지지 여부는 후보자의 당락에 상당한 영향력을 행사할 수도 있다. 이들의 도움으로 선거가 끝나면 논공행상(論功行賞)을 하고 사업을 통해 보상하는 것이 대체적인 우리 사회의 지방선거 모습이다. 제주도의 경우, 환경 파괴 논란에도 불구하고 도지사가 케이블카를 설치하겠다고 하여 문제가 된 것이나, 대통령의 반대에도 불구하고 내국인출입 카지노 설립 논란이 지속되는 것은 선거가 지방 토호 세력과의 유착에서 자유롭기 힘들기 때문이다.

　지방의 검찰은 지방 토호 세력과 연대도 하고 견제도 한다. 얼마 전 사회적으로 이슈화되어 과잉 수사 논란을 낳았던 청주지방검찰청 소속 검사의 몰래카메라 사건은, 검찰이 토호 세력을 견제하는 것이 얼마나 어려운지 보여주는 한 사례에 불과하다. 이처럼 언론, 토호세력, 검찰 등 지역사회에서 막강한 영향력을 행사하는 집단이 우 지사 성추행 사건에서 보여준 행보들은 지역 권력의 남성 중심성과 이들의 연대 의식이 얼마나 견고한지를 보여준다고 하겠다.

5. 우 지사 성추행 사건의 쟁점들

1) 여성과 남성의 권력 관계가 남성간의 정치로

　우리 사회에서 여성 문제에 남성이 개입될 때, 사건 해결의 주체는 여성이 아니라 남성이 되는 경우가 많다. 아내나 애인이 성폭력 당했을 때, 여성이 아니라 남편이나 남자친구가 남성 가해자와 협상 주체가 된다. 이때 피해여성의 파트너는 '수호천사', '흑기사'가 된다. 이들은 피해자에 앞서서 가해자를 만나 담판 지으려 한다든지, 억지로 고소하게 한다든지, 피해자들보다 더 흥분하고 피해자에게 화를 내기도 한다. 이러한 태도는 대개 피해여성을 위한 것이 아니라 남성 자신을 위한 것으로, 근본적으로는 여성을 남성의 소유물로 간주하는 데서 비롯된다. 자신의 소유물에 '손을 댔으니', 문제 해결의 주체 역시 자신이 되어야 한다는 발상이다. 여성과 남성의 젠더 권력 관계로 인해 발생한 여성에 대한 폭력은 남성과 남성의 권력 투쟁으로 전화된다. 이 과정에서 젠더 권력문제는 삭제되고, 여성은 보호받아야 할 객체로 전락한다. 여성은 고통당하지만, 그 고통은 비정치적인 문제로 비가시화된다.

우 지사 성추행 사건을 공개하고 문제 해결을 위해 노력한 주체는 피해자와 여성단체임에도 불구하고, 지역 언론을 비롯한 대다수 사람들은 사건 자체를 전지사와 현지사 간의 문제로 인식하였다. 이는 우 지사가 초기부터 줄기차게 주장해온 정치적 음해설 때문이기도 하지만, 다른 한편으로는 신 전지사의 태도에서 기인하기도 한다. 그는 매번 기자회견, 텔레비전 토론회 등에서 이 문제로 우 지사를 공격하고 지속적으로 피해자에게 사과하라고 하였다. 또한 선거법 위반 혐의에 대해 유죄판결 받은 후에는 기자회견에서, 우 지사가 성추행 사실을 인정하고 피해여성과 도민에게 사과하면 화해하겠다고 말했다.[28] 심지어 "이 권고가 받아들여진다면 지난 5년 동안 우 지사로 인해 겪었던 모든 고통을 과거로 돌리고 우 지사를 용서하겠다"고까지 했다. 그는 성추행 피해에 대한 사과 요청의 주체는 피해자임에도 불구하고, 어떤 때는 피해자의 대리인처럼 행동하고, 어떤 때는 우 지사와의 개인적인 자기 감정조차 이 문제를 통해 해결하려고 했다. 성별 권력 관계에 기반한 성추행 사건은, 이런 식으로 우 지사와 신 전 지사의 권력 투쟁 과정에서 발생한 부산물로 변질되었다.

---

28) ≪제민일보≫, 2003년 7월 7일자.

2) 여성단체들—지방 권력의 동원 체제로서 한계

그런데 제주 지역의 다른 여성단체들은 왜 성추행 사건에 대해 침묵하
거나 오히려 우 지사의 편에 섰을까? 사건 해결 과정에서 YWCA는 침
묵했고 여성단체협의회장은 여성운동 걸림돌 선정에 대해 한국여성단체
연합에 항의방문까지 했다. 피해자가 소속된 단체는 피해자의 입장을 경
청하기는커녕, 피해여성이 단체의 명예를 훼손하였다면서 시 지부장직을
사퇴시켰다. 일견 납득하기 어려운 이러한 상황은, 일차적으로 그 단체들
의 정체성이 '여성운동'에 있지 않다는 데서 기인한다.

여기서 주목할 것은 지방 권력과 여성단체의 관계이다. 지방권력이 여
성단체를 바라보는 시각은 2003년 제주도여성특별위원회에서 간행한 사
진 자료집 『제주여성, 시대를 어떻게 만났을까』를 통해 파악할 수 있다.
이 사진 자료집에 실린 여성 단체의 활동들은 "교통질서 캠페인," "건전
사회 만들기," "새마을 3대 질서 운동" 등으로, 거의 대부분이 중앙·지
방 정부의 정책을 위한 동원 체계로서 자리매김되어 있다.[29] 1980년대
이후 성별관계를 문제화하는 성인지적 시각의 여성운동이 활발했음에도
불구하고, 제주 여성의 역사를 기록하는 자료집에 중앙·지방 정책을 적
극적으로 수행하는 단체들의 사진이 실렸다는 것은, 여성운동의 정체성
이 분명하지 않은 여성단체들이 지방남성권력의 중요한 동원 대상임을
보여준다.

박정희 군사정권 시절 새마을 운동은 마을단위 조직까지 국가의 관리
가 가능하게 만들었다. 국가권력이 국민국가의 모세혈관까지 영향을 미
칠 수 있게 된 것이다. 소위 '관변단체'들은 이러한 방식으로 만들어졌는
데, 이 조직들의 특성은 참여하는 개인은 자발적일지 모르지만 그 개인
이 참여하는 조직은 국가정책을 수행하는 동원체계라는 점이다. 제주도
는 4·3의 영향으로 자발적 운동세력의 맥이 거의 끊겨버렸다. 사회운동

---

29) 제주도여성특별위원회, 『제주여성, 시대를 어떻게 만났을까』, 2003년 1월 31
    일 간행.

은 1980년대 이후에야 새롭게 움트기 시작하였고, 여성운동 역시 1980년대 이후 새로운 흐름이 생성되었다. 그 단절된 기간 국가와 지방권력은 근대화 프로젝트를 수행하면서 동원체계로서 단체를 효율적으로 관리, 이용해왔다. 단체들은 국가권력의 의지에 따라 활동해온 경험을 축적해왔고, 특히 선거 시기에 이들은 기존 권력의 유지에 일조해왔다. 여성단체들도 이 같은 역사적 경험에서 자유롭지 않다. 우 지사 성추행 사건에서 다른 여성단체들이 보여준 모습은 바로 이런 경험의 연장선에서 이해가 가능하다.

국민이 자발적으로 참여하는 단체가 국가 동원체계로 포섭된다 하더라도, 그 의미는 성별에 따라 매우 다르다. 여성들의 '참여'는 항상 노력에 비해 폄하되는 수많은 봉사 활동들, 즉 정서적 노동인 보살핌의 영역에서 주로 이루어졌기에 돌아오는 보상은 거의 없으며, 공적 인정체계에서 쉽게 비가시화·가치절하되어왔다. 반면 남성은 권력관계의 수직선상의 어느 한 점에 위치하여 권력의 상층부로 진출하거나, 혹은 그러한 권력 체계 안에 위치한다는 사실 자체가 이들이 속한 마을에서는 권력의 상징이 될 수 있다. 그러므로 같은 동원체계라도 남성들이 중심인 조직은 권력지향적이며 '정치 권력'의 변화에 민감하다. 반면 여성들이 중심인 조직은 언제나 현재 정치 권력의 울타리 안에서 지배계층의 권력 재생산을 위해 활동한다.

제주도여성단체협의회나 정체 불명의 조직 이름으로 광고를 낸 700명의 여성들에게는 성별 불평등이나 여성인권 침해를 바로잡는 일이 중요하지 않았다. 그들에게 중요한 것은 가해자가 현직 도지사라는 사실이며, 따라서 그의 '정치 생명'을 보존·연장하는 일이었다. 이들의 행보가 가져온 효과는 도지사가 대다수 여성단체들에게 인정받고 있으며, 성추행을 주장하는 여성단체는 극소수에 불과하다는 구도의 부각이었다.

3) 시민사회 단체 - 누구의 진보인가?

프랑스 시민 혁명이 결국 남성의 시민 혁명이었듯이 우리 사회 진보세력의 역사는 여성들이 배제된 남성의 역사였으며, 그간 진보 세력 조직에서 여성에 대한 인권 침해 사안이 발생해도 '조직 보호'를 위해 이를 은폐하는 경우가 비일비재했다. 운동사회 내의 성폭력 사건이 대표적 사례일 것이다. 우 지사 성추행 사건 발생 이후 시민사회단체들의 대응도 크게 보면 마찬가지 모습이었다. 이 사건을 계기로 도지사 성추행 사건이 발생하기 이전 형식적이나마 연대를 유지해오던 제주시민단체협의회는 여성의 인권을 보호하는 입장으로 합의를 하지 못했다. 이후 사건이 '정치적 음모론'으로 비화될수록 시민단체들은 더욱 소극적인 태도를 보였다. 결국 제주여민회는 시민단체협의회를 탈퇴했고, 대다수 시민단체들의 소극적인 태도로 인해 공동대책위원회도 구성하지 못했다. 시민사회단체들의 이러한 무관심과 소극적인 태도는 여성인권이 배제된 '정치적 판단'에서 나온 것이었다. 즉 우 지사에 대한 적극적인 대응이 한나라당에 이득을 줄 수 있다는 우려와, 이후 대통령 선거에서 진보 진영의 대통령이 당선되기 위해서는 민주당 후보인 우 지사가 제주도지사가 되어야 한다는 판단이 작용했던 것이다.

우리나라 진보 세력의 여성 인권과 섹슈얼리티 권력에 대한 태도는, 유시민 씨가 개혁정당 후보로 보궐선거를 준비할 당시, 당 내 성폭력 사건 논란에 대해 "해일이 일고 있는데 조개 줍고 있다"고 피해여성 진영을 비판한 것에서 잘 나타난다.[30] 여성 억압은 여전히 '진보'세력이 싸워야 할 영역이 아니며, 한국사회에서 진보는 남성만의 진보라는 것이다.

---

30) 인터넷 웹진 ≪일다≫(www.ildaro.com), 2003년 6월 10일자.

4) 지식인들의 침묵―'정치적 중립'의 정치적 의미

성폭력 개념은 여성의 인권을 고려하지 않고는 제기할 수 없는 문제이다. 우 지사 성추행 사건은 제주도민들의 정서에 암묵적으로 깔려 있던 전통적 사고에 도전하며, 여성 인권 보장이라는 '근대성'을 실현하려는 매우 중요한 사건이었다. 한국사회의 선거가 지연, 학연과 혈연이 중요한 전통적 방식으로 이루어져왔다는 점을 상기할 때, 2002년 6·13지방선거 시기에 공론화된 도지사 성추행 사건은 '전통'과 '근대'의 충돌, 가부장제와 성평등론의 충돌이라는 관점에서도 매우 의미 있는 사건이었다. 그런데 도지사 성추행 사건이 지역의 가장 중요한 현안으로 대두되었는데도, 제주도 내 수많은 지식인들은 한결같이 침묵했다.

왜일까? 가해자가 현직 제주도지사이기 때문일 수도 있고, 이 사건을 성추행 사건이 아니라 현실 정치인들끼리의 비방이라고 보았기 때문에 섣불리 개입했다가 자신마저 '정치적'으로 연루될까 우려했기 때문일 수도 있다. 혹은 실제로 성추행이 사실이 아니라고 판단했기 때문일 수도 있고, 사건의 실체가 사법기관에서 규명되지 않았기 때문이기도 할 것이다. 어떤 사람들은 침묵하지 않고, 도지사 성추행 사건을 서둘러 공개하는 과정에서 실수를 범한 제주여민회에 대해 비판하기도 했다. 물론 그들은 '성추행이 사실이라면', 우 지사가 비판받아 마땅하다고 생각했다. 그러나 곧이어 '선거 시기 민감한 상황에서 굳이 이를 공개할 필요가 있는가?'라는 의문을 제기하며, 이 사건에 대한 발언이 민주당과 한나라당 중 어느 일방에게 이득을 준다는 이유로 그들은 침묵하였다.

성추행에 반대한다는 말은 누구나―심지어 가해자도― 할 수 있지만, 성추행을 피해자 관점에서 정의하고 해결하는 과정은 가부장제 사회의 성별화된 경험·인식·실천에 대한 비판적 성찰 없이는 가능하지 않다. 가해자와 피해자의 해석·진술이 상반되는 경우가 대부분인 성폭력 사건에서, '중립'은 결국 가해와 가해자에 대한 지원을 의미해왔다. 이 사건에서도 제주도 내 지식인들의 침묵과 '정치적 중립'이 가져온 정치적 효과는, 결과적으로 성추행 가해자에 대한 동조였다.

침묵하던 지식인들 중 일부는 선거 이후 신 전지사와 우 지사가 선거
법 위반 혐의로 재판을 받을 때 성명서를 냈다. 제주 도내 6개 대학 교
수 100여 명이 현 지사와 전 지사에게 화해의 결단을 촉구한 것이다. 그
들의 요구는 두 사람이 제주 발전과 도민 통합이라는 대승적 차원에서,
서로 손을 맞잡아서 어려운 지역경제를 재건하고 지역사회의 통합과 화
합을 위해 혼신을 다할 것을 도민에게 다짐하라는 것이었다.[31] 여성의
입장에서 이러한 주장은 성폭력 사건은 전혀 문제화하지 않으면서, 문제
의 근본 원인을 해결하지 않고 서둘러 봉합하라는 요구였다. 물론 이들
이 낸 성명서에는 성추행 사건에 대한 언급은 전혀 없었다. '제주 발전'
과 '도민 통합'은 여성 인권이 배제된 개념이었다.

   5) 우리 안의 통념-피해자는 순수해야 하는가?

성폭력, 가정폭력 피해여성을 돕는 상담원들이 빠지기 쉬운 함정 중
하나는, 피해자들을 특정한 전형성으로 규정하는 것이다. 폭력 피해여성
들이 항상 불안해하고 무기력하고 의존적인 것은 아니다. 또한 이러한
모습은 폭력 피해를 당한 사람이면 누구에게나 나타날 수 있는 모습으로
폭력의 결과일 뿐이지, 그런 여성들이 폭력을 당하는 것은 아니다. 그러
므로 당연히 피해여성들 중에는 가해남성보다 기질이 세거나 활동적인
사람도 있으며, 착하지도 않고, 일상 생활에 성실하지 않은 이도 있을 수
있다. 피해여성들은 가해남성은 물론 다른 사람들과 마찬가지로 때로는
자신의 이익을 위해 거짓말을 하기도 한다. 그러나 대개 사람들은 이러
한 피해여성을 만나면 혼란스러워한다. 특별한 사람만이 폭력의 피해자
가 되는 것이 아닌 데도 불구하고, 이러한 혼란을 갖게 되는 이면에는
'순수한 피해자', '보호받아야 할 피해자'라는 통념이 자리잡고 있기 때

---

31) ≪제민일보≫, 2003년 2월 6일자.

문이다. 이 통념은 여성 폭력에 대한 비판을 '피해 사실'이 아니라 '피해
자'에게 돌리게 한다. '전형적인 피해자'란 남성 사회의 신화이자 남성들
이 투사하는 희망적 판타지이기 때문에, 현실에서 그런 여성이 존재하지
않는 것은 당연하다. 여성 폭력을 문제화하는 데서 중요한 것은 피해 사
실, 그 자체여야 한다.

　도지사 성추행 사건은 '순수한 피해자'라는 통념으로 인해, 문제화 과
정에서 매우 큰 어려움을 겪었다. 처음 사건을 접한 제주여민회 내부에
서도 '정치적 배후가 있는 것이 아니냐'는 의문이 있었고, 사건을 공개한
후에도 신 전지사와의 관련성에 대해 맹공격을 당하다 보니 피해자에게
정치적 순수성을 기대·요구하기도 하였다. 이러한 여성운동 진영의 강박
으로 인해, 검찰 조사 과정에서 그녀가 신 전 지사에게 도움을 청했었다
는 사실을 알게 되었을 때, 제주여민회와 피해자 사이에는 심각한 갈등
이 있었다. 처음부터 그 사실을 알리지 않은 피해여성을 비난하기도 하
고, 피해여성이 사건 공개를 결심한 의도에 대해 의심했던 것도 사실이
다. 피해자와 신 전 지사와의 관계가 성추행 사건과 연결되어버리는 정
치적 구도 속에서 싸우다 보니 사건 대응에 조심스러웠고, 다른 시민단
체들이 지게 될 정치적 부담 등을 고려하여 연대에도 신중을 기하다보니
공동대책위원회를 구성할 적절한 시기를 놓쳤다.

　그러나 만일, 정말 피해여성이 '정치적으로 순수하지 않았다'면, 여성
운동단체는 이 사건에 개입하지 않아야 했을까? 실제 도지사 성추행 사
건의 '정치적' 파장을 고려하여 공동대책위원회를 꾸리지 않았던 것이
과연 올바른 선택이라고 할 수 있을까? 제주여민회가 '정치적 순수성'이
라는 함정에 빠졌던 것은 아닐까? 하지만 제주여민회가 처음 도지사 성
추행 사건을 공개하면서 도지사직 사퇴를 요구한 것 역시 매우 정치적인
행위였다. 어떤 면에서 여성운동 세력은 스스로는 정치적 발언을 하면서
피해자에게만 '정치적 순수성'을 요구했던 것이다. 피해여성의 순수성을
요구하는 것은 우리 안에 숨어 있는 피해자에 대한 통념에 불과하다. 그
리고 이러한 통념은 성폭력 피해자에게 가부장제 세력이 규정한 전형적

인 피해자 역할대로 행동하라고 강요하는 폭력일 수 있다. 보호받아야
할 피해자라는 피해자에 대한 통념은 피해자를 수동적 존재로 고정시킨
다. 그러나 사건 해결의 주체는 피해자이며 단체는 이를 지원할 뿐이다.
선거 시기 피해자에게 쏟아진 온갖 비난을 고려한다면, 오히려 피해자와
제주여민회는 더욱 '정치적'으로 행동했어야 했다.

6. 제주에서 여성운동을 한다는 것

제주여민회가 도지사 성추행 사건을 문제화하는 과정은 참으로 힘들
고 외로운 것이었다. 제주도에서 '여성운동 한다'는 것의 의미를 곱씹고
곱씹는 길이었다. 이 사건은 제주 역사상 처음으로 젠더 의제가 정치쟁
점화된 것이었고, 이 과정에서 보여준 제주도 사람들의 모습에 절망에
빠진 적도 많았다. 그러나 제주의 여성운동은 제주 지역을 아는 여성이,
제주 지역에 맞는 운동을 해야 한다고 생각했다.

사람들은 제주여성이 다른 지역에 비해 상대적으로 남성과 평등하다
고 말한다. 이를 증명하듯 지방정부는 제주도를 '양성평등의 섬'으로 추
진하려고 했다. 여남이 평등하다는 판단의 근거를 제주 남성이나 문화에
서가 아니라 제주여성에게서 찾는 것이다. 즉 제주의 양성평등은 남성이
성평등 실천을 해서가 아니라, 제주여성들이 강인하고 경제력이 있어서
이혼도 자유롭게 하니 평등하지 않느냐는 것이다. 과연 그런가? 그렇다
면 어떻게 우 지사 성추행 사건에 대해서 그 많은 여성들이 침묵하거나
심지어 가해자의 편에 섰으며, 어떻게 성폭력 가해자인 우 지사가 재선
출되는 상황이 발생했는가?

제주도 여성이 상대적으로 남성과 평등하다는 잘못된 인식은 성별 분
리 체계(gender system)의 차이를 성별 권력 구조의 평등으로 오해했기 때
문에 생긴 것이다. 사회마다 성별 분리 체계는 다르며 성별 체계가 작동
하는 방식과 양태도 상이하다. 제주도는 공사 영역 분리가 성별화된 위

계를 나타내는 다른 지역과는 다른데, 그 대표적인 것이 공적 노동이 여성의 주요 영역 중 하나라는 점이다. 즉 제주여성은 예전부터 공/사 영역 모두에서 노동해왔다. 공적 영역에서 노동하는 여성이 여성해방을 상징하기도 하지만, 이는 서구 중산층 여성들에게나 해당하는 말이다. 과거 한국여성들은 언제나 어디서나 노동했다. 현재 우리 사회에서도 빈민 여성, 노동자 여성은 공적 영역에서 끊임없이 노동하고 있지만 이들의 노동은 여성이라는 이유로 평가절하되어왔다.

마찬가지로, 제주도 여성의 노동력과 강인함도 맥락을 통해 재평가해야 한다. 그것은 평등의 상징이 아니라 이중노동일 뿐이며, 평등을 가장하는 가부장적 환상이다. 예전부터 제주도 여성은 부지런하고 강인하며 노동하는 기질 센 여성이었다. 제주도는 척박한 토지 환경으로 인해 생산성이 매우 낮았으며, 중앙 정부의 지속적 수탈로 인해 노동 착취가 심했다. 제주 여성은 식민지 여성이다. 제주에서는 공적 영역에서 일하지 않는 여성은 '노는 여성'으로 간주될 정도로 여성에게 노동은 너무나 당연한 것이지만, 여성들의 노동은 철저히 남편과 아들을 위한 것이었다. 제주도 여성은 노동으로부터 쉴 자유가 없다. 노동은 권리가 아니라 의무이며, 부지런하고 강인한 여성이라는 이미지는 제주 여성들의 초과 노동을 정당화하는 억압적 이데올로기로 작용한다. 여성의 근면성과 노동 예찬에는 가부장적 이데올로기가 내재되어 있는 것이다.

한편 제주도에서 의례(ritual)는 견고한 남성의 영역이며, 전통적인 가부장적 권위와 집단 정체성을 구성하는 강력하고 효과적인 가부장제의 전략이다. '정치'도 그러한 의례 중 하나이다. 철저한 남아 선호나 제왕절개수술 1위 등의 지표는 제주도 여성의 몸이 얼마나 혹사당하고 황폐해져 있는지, 제주도의 성별 권력 관계가 얼마나 불평등한지를 보여준다. 제주도 여성은 총체적 인간이 아니라 '몸뚱아리'로 간주된다. (우 지사 성추행 사건은 다른 사회에서의 성폭력 사건과 공통적인 구조를 가지고 있기도 하지만) 이것이 제주도에서 우 지사 성추행 사건의 전개를 가능하게 한 사회적 맥락이며, 성추행이라는 핵을 '태풍'으로 만든 구조다.

우 지사 성추행 사건을 공개하고 정치적 법적 역공세에 대응하는 동안 제주여민회에 대한 지역 여론은, 한마디로 '요망지지만 무모하다'[32]는 것이었다. '질 것이 뻔한 싸움을 왜 하는가'에 대한 문제제기와 함께, 권력의 무서움을 모르고 대항하는 당돌한 운동 방법 역시 미숙하다는 비판이 많았다. 어떤 이는 우 지사 성추행 사건이 선거에 전혀 영향을 주지 않았다는 사실에서 보듯이, 변화 불가능한 것을 시도했다는 점에서 무모했다고 말했다. 물론 그렇게 볼 수도 있다. 제주 사람들은 4·3이라는 지역의 역사적 경험으로 인해 권력의 요구에 순응해왔고, 선거는 학연, 지연, 혈연에 의해 좌우되어왔다. 이와 더불어 제주지역에서 '정치'는 전통적으로 남성의 영역이고 남성적인 문제로 간주되어왔기에 성추행은 선거에서 아무런 변수가 되지 않았다. '당돌하다'라는 말은 보통 윗사람이 아랫사람에게 하는 평가적 언어이다. 이런 의미를 여성단체 활동을 평가하는 데 사용하는 것은 남성의 눈으로 여성단체의 활동을 평가하고 있음을 의미한다.

이와 같은 제주도의 성별 권력 구조 아래서 여성의 인권과 양성평등을 실현하려고 하는 제주여민회는, 여성운동단체로서 지역사회의 성별 불평등 관계로부터 발생한 우 지사 성추행 사건을 묵과할 수 없었다. 좀더 신중하고 기술적으로 세밀하게 사건 대응을 하지 못했다는 비판과 반성은 있을 수 있으나, 공개적인 대응 자체를 포기할 수는 없었다. 실제 도지사성추행사건의 진행 과정은 결국 제주여민회와 우 지사 진영 간의 치열한 공방전이었다. 2002년 2월 21일부터 10월까지 제주여민회 측(제주여민회, 여성연합, 시민단체 등)과 우 지사 쪽에서 발표한 기자회견이 14회, 성명서가 21회, 논평이 15회나 오고 갔고, 여성부나 검찰에 대한 의견서는 6회나 제출되었다. 우 지사의 '정치적' 공세로 인해 어려움을 겪으면서도, 제주여민회는 끝까지 치열한 논쟁을 펼쳐 사건의 본질을 알렸다. 때문에 정치적 태풍 속에서도 사건의 본질을 규명할 수 있었다.

---

32) '요망지다'라는 제주 사투리는 당차고 똑똑하다는 의미와 비슷하다.

　이것은 거대한 성채에 대한 도전이었다. 서울대 조교 성희롱 사건으로 인해 사회 제도가 바뀌고 사람들의 인식도 바뀌지 않았는가? 실제 우 지사 성추행의 피해자도 서울대 조교 성희롱 사건이 있기에 자신이 이 사례를 공개할 용기를 갖게 되었다면서 서울대 사건의 피해여성에게 존경과 감사를 표현했다. 이 사건도 다른 여성의 삶과 경험 해석을 변화시키는 데 많은 영향을 주리라고 믿는다. 사회 변화는 일상이 바뀌고 재구조화되는 과정을 통해 이루어지는 것이므로, 사회 운동은 일상을 바꿔나가는 것이다. 도지사 성추행 사건은 비록 지금까지 지역사회에서는 남성의 시각에서 폄하되었을지라도, 지역의 견고한 가부장제에 균열을 내고 일상을 변화시키는 계기가 되었다. 우 지사 성추행 사건에 대한 제주여민회의 활동은 제주 여성이 '평등'하다는 신화를 걷어내는 데 기여했다. 이 사건을 통해 이제는 많은 여성들이, 비록 가해자가 최고 권력의 자리에 있는 남성이라 하더라도 여성 인권 침해에 대해 침묵하지 않는 여성의 저항과 힘을 배울 수 있으리라 기대한다.

가족을 구성할 여성의 권리

미혼모의 양육권[1]

박이은경

1999년 7월 15일, 한 30대 여성이 생부가 갓 태어난 딸을 유기한 지 10여 개월 만에 딸을 다시 찾았다. 결혼 제도 내의 출산만이 인정되는 우리 사회에서, 가족 밖에서의 '어머니될 권리'와 양육권이라는 미혼모 인권 문제를 본격적으로 제기한 첫 사건으로 기록되는 진현숙 씨 사건. 이 사건의 가장 큰 의의는 피해여성이 ① 미혼모에 대한 사회적 금기를 깨고 당당히 커밍 아웃하여 실명을 밝힌 상태에서 빼앗긴 양육권을 주장하며, ② 여성 언론(≪여성신문≫)과 여성운동단체(한국여성의전화연합)와 연대하여 사건을 여성인권운동으로 승화시켰다는 점이다.[2]

---

1) 이 글을 읽고 논평해주신 구훈모, 김효선, 박미라, 박인혜, 정희진, 전희경, 안귀옥, 진현숙 님께 감사드린다. 이들의 격려와 날카로운 지적이 글쓰기를 가능하게 했다.

2) 『인물과 사상』(도서출판 개마고원) 제12권 중 "젊음, 재산, 시간, 건강과 맞바꾼 11년-≪여성신문≫ 사장 이계경을 해부한다"에서 진현숙 씨 사건에 대해 강준만 전북대 교수는 기사 전문의 일부를 그대로 실으면서 다음과 같이 평가했다. "이 사건에 '드라마'가 있다. 눈물과 고통과 기적과 해피 엔딩을 갖추고 있는 것이다. 다른 일반 매체들 같았으면 이걸 다뤄주기는커녕 다룰 생각이나 했을까? 이건 ≪여성신문≫만이 할 수 있는 일이거니와 그 성과는 미혼모 인권

이 사건은 한국사회에서 여성 스스로 가족을 구성할 권리를 환기시켜 준 사건이었다.[3] 진 씨는 딸 민주(가명)를 되찾은 1999년 7월 이후 현재까지 두 사람만의 행복하고 평등한 가정을 이뤄 만족스러운 삶을 살아가고 있다. 이 사건은 '혼인 외' 관계임을 핑계삼아 생부가 자녀에 대한 책임을 방기할 뿐만 아니라 '자녀 소유권'을 들어 자녀의 장래를 제 뜻대로 결정할 수도 있는 부계 혈통 중심의 가족 제도와 그 통념의 부조리를 극명하게 드러낸 사건이었다. 호주제 폐지가 목전에 다가와 남성 중심의 가족 구성이 더 이상 '원칙'이 아니게 되었고, 결혼과 출산에 대한 여성의 자율권과 다양한 가족 형태에 대한 모색이 그 어느 때보다도 필요한 지금, 특히 미혼모 가운데 25%가 자녀를 입양시키지 않고 자신이 키우고 싶어하는 등[4] 점차 미혼모의 양육권 요구가 가시화되는 현재 상황에서 이 사건을 평가해보는 것은 의미 있는 일이라고 생각한다.

문제를 다룬 백 편의 논문보다 훨씬 더 크다고 볼 수도 있다. 이게 만약 선정주의라면, 나는 ≪여성신문≫이 앞으로 더욱 화끈한 선정주의를 발휘해야 한다고 생각한다. 아니, 한국 여성이 처해 있는 현실이 '선정' 그 자체가 아닐까?"

3) "미혼모에 대한 우리 사회의 부정적인 인식은 합법적 아버지가 있어야 어머니와 자녀도 존재할 수 있다는 것을 함의한다. 남성과 연결되어 있지 않은 여성은 존재의 근거, 의미를 부정 당한다. 그러므로 미혼모는 자기 존재를 숨겨야 하며 그들이 낳은 사생아는 사회적 존재 가치가 부여되지 않는다. 사생아(私生兒)는 사적으로, 개인적 차원에서 태어난 아이다. 이미 탄생에서부터 공·사(公私) 영역의 분리와 차별이 있다. 공사 영역의 위계는 곧바로 성별 위계로 연결된다. 여성은 사적인 존재로 간주되기 때문에 여성이 태아를 자녀로 인정하는 것은 아무런 의미가 없다. 태아는 아버지의 법칙에 의해 공적 영역에서 승인될 때만 비로소 인간이 된다. '어머니 날 기르시고, 아버지 날 낳으시고', 자녀는 어머니의 몸을 빌려 아버지가 '낳는 것'이다." 정희진(2003), 「어머니는 말할 수 있을까?」, 『탈영자들의 기념비』, 생각의 나무, 42~43쪽.

4) 이는 대한가족보건복지협회 부설 한국성문화연구소가 2002년 전국 미혼모 시설에서 생활 중인 213명을 대상으로 설문 조사를 실시한 결과다.

1. 3년 만의 해후

2003년 8월 6일 비가 개인 오후 2시 30분, 서울 서초구 양재 시민의 숲 맞은 편 버스 정류장에 차를 대면서 내 마음은 한없이 뛰었다. 거의 3년 만에 진현숙 씨와 그의 딸 민주를 다시 만나게 된 것이다. 그동안의 공백 속에서도 내 머리 한 구석엔 현숙 씨의 휴대폰 번호가 각인되어 있어 자동 인형처럼 손가락은 그 익숙한 번호를 돌렸다. 1999년 현숙 씨 사건이 한창 진행 중일 때 기자와 취재원으로 인연을 맺은 우리는 사건이 해결된 이후에도 2000년 말까지 가끔 만나곤 했다. 그해 10월 김대중 전 대통령이 노벨 평화상 수상자로 결정된 것을 축하하는 불꽃놀이가 남산을 수놓을 때도 현숙 씨와 민주, 나는 정동의 한 음식점에서 저녁을 함께했던 것이 기억난다.

현숙 씨가 용인에서 출발한다기에 광화문에서 출발한 내가 더 약속 장소에 일찍 닿지 않을까 생각했지만, 20~30m 앞에 날씬하고 큰 키의 여성이 서 있었고, 밝은 연두색 우비와 노란색 장화 차림에 양 갈래로 머리를 묶은 깜찍하고 자그마한 소녀가 분홍색 비닐 우산으로 땅 바닥에 무엇인가를 그리며 그의 주변을 빙빙 맴돌고 있었다. 직감적으로 "현숙 씨와 민주다!"라고 느낀 순간, 마음속에서 무엇인가 뜨거운 것이 울컥 올라오는 듯했다. 3년의 공백 동안, 한 돌이 채 되기 전에 엄마의 품으로 돌아왔던 민주는 만 다섯 살 생일을 이틀 앞두고 있었고, 현숙 씨 모녀와 처음 인연을 맺었던 당시 어수선한 신혼 생활을 마감해가고 있던 난 올해 3월에서야 아이를 출산해 '엄마' 길의 초입에 들어섰다. 현숙 씨와 나 둘 다에게 적지 않은 변화가 있었던 셈이다.

2001년 초 ≪여성신문≫에서 역시 여성언론인 ≪우먼타임스≫로 직장을 옮긴 이후 정신 없는 나날을 보내면서도 현숙 씨 모녀는 늘 내 마음 한 켠에 있었다. 1999년 취재로 현숙 씨를 처음으로 만나게 됐고, 그와의 만남과 취재 과정은 기자로서의 내 삶을 극적으로 변화시켰다. 현숙 씨 모녀사건을 다루면서, 나는 이른 바 '황혼 이혼'이란 노인 여성 인권 문제에 이어 '미혼모의 양육권'이라는 '특종'을 했다. 그러나 그것보다 더 중요한 것은 현숙 씨 취재를 통해―'기자'의 직업 의식을 벗어나기란 어느 정도 한계가 있겠지만―기자와 취재원이 같은 가치관과 지향점을 가지고 자매애를 공유하는 체험을 얻었다는 것이다. 이 사건이 '특종'으로서 사회에 충격파를 던지는 데 그치지 않고, 사회와 사람들의 기존 인식을 변화시킬 수 있는 내구력을 지닌 그 어떤 것이라는 깨달음을 주었다.

1999년 2월 중순의 어느날 오후 털모자를 깊이 눌러쓴 30대 초반(당시 34세)의 여성이 도움을 청하러 제주도에서 서울의 여성신문사까지 찾아왔다. 결혼을 기대하며 제주도에서 한 남성과 2년 여간 동거해왔던 이 여성은 임신을 하게 됐고, 출산을 만류하는 남자친구를 피해 춘천으로 거처를 옮겨 1998년 8월 8일 출산을 감행, 딸을 낳았다. 일종의 '자유주의자'로 결혼에 얽매이기 싫었던 남자친구는, 산후조리를 하고 있던 이 여성을 찾아와 아이를 자신의 누나 집에서 키우겠다고 설득했다. 당시 이 여성은 한 달 정도만 남자 쪽에서 아이를 맡아주면, 그동안 자신은 직장을 구해 아이를 다시 데려올 수 있을 것이라 생각하고 남자친구에게 임시 양육을 위탁했다.

그런데 정작 남자친구는 누나네 집으로 이 여성의 딸을 데려간 것이 아니라, 그 길로 곧장 서울로 올라가 당사자인 그녀의 의사를 단 한 마디도 묻지 않은 채 미리 입양을 주선해두었던 한 가정에 딸을 일방적으로 입양시켜버렸다. 보름 남짓 후 이 여성은 자신의 딸이 남자친구의 친척이 아닌 생면 부지의 가정에 입양된 사실을 알게 됐고, 이때부터 딸을 찾기 위한 지난한 싸움이 시작됐다. 그녀는 우선 남자친구와 그의 친척들에게 딸이 있는 곳을 알려달라고 윽박지르기도 하고 매달려보기도 했다. 심지어는 헤어진 남자친구가 경영하는 카페에 몰래 침입해 관련 단서를 훔쳐올까 하는 절박한 생각도 해봤지만 다 소용없는 일이었다.

남자친구에게 어떤 답변도 들을 수 없었던 그녀는 제주도 내 여성문제 전문 상담기관과 무료 법률자문기관을 찾아다녔고, 경찰서에 두 차례나 진정서도 제출했다. 그러나 담당 경찰관은 "아이가 화목한 가정에서 잘

자라고 있고, 양부모 말에 따르면 입양 당시 생부가 다시는 아이를 찾는
일이 없을 것이라고 했다"며 "수사 기관은 생모에게 아이를 키우는 양부
모의 주소를 가르쳐줄 의사나 책임이 없다"고 이 여성의 진정서를 '내사
종결'로 처리해버렸다. 생부가 딸의 소재에 대해 입을 굳게 다물고 있는
상태에선 그를 강제할 어떤 법적 근거도 없었다. 이 여성이 각고의 노력
끝에 홀로 제주 지법에 낸 '유아인도청구소송'에 대해서도 재판부는 "사
건의 핵심인 아이가 이 자리에 없고, 입양된 곳을 친부(생부)에게 물을 권
리가 재판부에 없다"는 이유로 기각 판결을 내려버렸다. 생부와 경찰도
다 아는 딸의 소재를 정작 생모인 그는 단지 '미혼모'란 이유로 전혀 알
수 없었다. 부계 혈통만이 친권자라는 사회 통념이 굳건했기 때문이다.
　남자친구는 기존의 사회 통념에 따라 생부이기에 딸의 유기에 대해
'무혐의' 처리됐고, 생모인 여성은 미혼모란 이유로 딸을 빼앗긴 데 대해
어떤 권리도 주장할 수 없었다. 심지어는 "경제력도 별로 없는 미혼모의
신분으로 아이를 키우느니, 차라리 안정된 가정에 아이가 입양되는 게
아이에겐 잘된 일 아니냐. 이번 기회에 새출발이나 해라"라는 충고까지
들어야 했다. 오직 '법적' 결혼을 통해서만 여성과 아이의 권리와 지위,
복리가 보장된다는 편견의 결과였다. 미혼모에 대한 이러한 사회 통념의
완강한 벽과 개인으로서 자신의 한계를 절감한 그는 불만과 분노로 폭발
직전의 상태에 있었다. 그러다가 당시 ≪여성신문≫ 발행인이었던 이계
경 씨가 한 월간지와의 인터뷰에서, "≪여성신문≫의 존재 의의는 여성
인권을 위한 것"이라고 말한 것에 고무돼 무작정 ≪여성신문≫을 찾아
오게 되었다.
　이 여성이 바로 진현숙 씨고, 사건 당시 미혼부인 그의 남자친구에 의
해 유기 됐던 딸이 바로 '진민주'이다. 그해 11월 4일 현숙 씨는 딸을
찾겠다는 일념에서 '부(父)'란은 공백으로 둔 채 행방이 묘연한 딸을 자
신의 성을 따라 '민주'라는 이름으로 자신의 호적에 미리 올렸다. 한편
민주를 입양한 양부모는 이에 앞서 9월 25일 민주를 자신들의 호적에
입양한 후였다. 우리의 인연은 바로 이 지점에서 시작됐다. 그동안 수많

은 미혼모들이 자의반 타의반으로 억울하게 포기해야 했던 어머니로서의 권리와 양육권 이슈를 우리 사회에 던지게 된 것이다.

2. 미혼모의 '어머니될 권리'와 양육권 이슈화 투쟁

나는 당시 현숙 씨가 오로지 언론에 자신의 문제를 이슈화함으로써 딸을 찾겠다는 목적으로 서울까지 올라와 여성신문사를 찾았다고 생각하지는 않는다. 그가 여성신문사를 찾아온 주된 이유는 자신의 처지를 들어주고 함께 분노하고 위로해줄 일종의 '귀'와 '가슴'이 필요했고, 한 개인의 힘으론 감당할 수 없어 막연히 연대의 필요성을 느꼈기 때문일 것이다. 그만큼 당시에는 미혼모의 인권이, 특히 어머니될 권리와 양육권에 대한 사회 인식이 척박했고, 제주 지역의 관련 여성단체들도 지역의 보수 정서로부터 자유롭지 못한 상태에서 현숙 씨 문제에 둔감하지 않았을까 추측된다.

당시 현숙 씨의 문제를 여성신문에 처음 기사화할 때 편집국 내부에선 미혼모에 대한 사회적 편견과 이에 대한 독자 반응을 고려해 미묘한 의견 차이가 있었다. 관점은 크게 두 가지였다. 우선, 미혼모가 되기로 한 '무모한' 결정에 더해 생부에게 아이를 무방비로 넘겨버린 현숙 씨의 상황을 독자들에게 상식적으로 어떻게 납득시킬지가 문제였다. 다음으론 엄마 아빠가 있는 가정에서 민주를 다시 데려와 현숙 씨 혼자 힘으로 키우게 하는 것이 과연 아이의 장래를 위해 더 나은 선택일까 하는 문제였다. 현숙 씨가 민주를 찾고 함께 생활을 한 이후부터 그를 올해 다시 해후하기까지 나 자신 또한 내심 수없이 회의하며 의문을 떨쳐버리지 못했던 문제이다. 혼인 관계로부터 오는 소위 '정상 가족'의 법적 경제적 보장과 사회 편견에 상처받지 않는 안정된 보육 환경을 미혼모가 제공하기란 거의 불가능한 일이었기 때문이다.

사실 당시에는 현숙 씨의 딸을 되찾는다는 것 자체가 거의 불가능한 일로 보였지만, 편집국 내부에선 아이를 되찾고 난 후의 상황까지 함께 고민해보는 과정을 거쳤다. 결국 우리는 "결혼을 했든 안 했든 모든 여성은 어머니될 권리를 존중받아야 하며, 이것이 사회 통념에 의해 무시당해서는 안 된다. 현숙 씨와 민주가 모녀로 다시 만나지 못한다면 두 사람 모두 일생 자기 정체성 갈등으로 고통을 받을 것이다"라는 결론에 이르렀다. 그러나 우리 사회에서는 지금까지 그 누구도 미혼모 문제에 사회적 의미를 부여하지 않았기 때문에 편집부 내부에서 이런 잠정결론을 내려놓고 한 달 가까이 현숙 씨 사건을 묵혀놓았다가 그녀에게 기사화에 대한 의사를 조심스럽게 타진해보았다.

그 한 달 동안 제주도에 있는 현숙 씨는 나에게 전화를 걸어 도움받을 수 있는 제주도 내 여성단체나 상담기관, 인권변호사 등에 관해 문의해왔고, 그 과정을 통해 우린 연대감을 형성해나가기 시작했다. 현숙 씨와 나는 때로는 취재원과 기자, 때로는 내담자와 상담원의 관계를 유지해나갔는데, 당시 현숙 씨가 나와의 약속에서 보여준 정확성과 성실성에 난 종종 감탄하곤 했다. 이 사건이 잘 풀려나가게 된 데는 한 아이의 어머니로서 아이를 찾고야 말겠다는 현숙 씨 자신의 강한 의지와 이에 따르는 성실성이 큰 몫을 했다. 물론 간혹 슬럼프가 없는 것은 아니었다. 지금도 기억나는 것은 밤 11시가 훨씬 지난 시간에 제주도에서 걸려온 현숙 씨의 절박한 전화였다. 그는 골목 어귀의 희미한 가로등 불빛에 의지해 공중전화 부스에서 전화를 건다며, 아이를 영영 못찾을 가능성에 대해 언급하며 "마치 낭떠러지 끝에 와 있는 듯하다"고 토로했다. 그의 목소리엔 생을 포기할 듯한 절망감이 배어 있어 전화기를 잡고 있던 내 손에서 땀이 났던 것이 기억난다.

당시에는 현숙 씨나 나나 무엇보다도 아이의 생사 여부가 최대 관심사였다. 난 생모인 현숙 씨가 실명을 밝히고 취재에 응하는 것이 사회적 파장 면에서나 사건 해결에 더 효과적일 것이라는 다소 '전략적'인 사고를 했지만, 현숙 씨는 그 정도까지는 준비가 안 된 상태였다. 그래서 처음에 현숙 씨 기사는 가명으로 기사화됐다(≪여성신문≫ 517호, 3월 16일자). 그런데 미혼모라는 사회적 금기를 건드린 독특한 사례여서인지 의외로 기사에 대한 반향이 컸다. 독자들(특히 여성들)의 관심뿐만 아니라 다른 언론에서도 관심을 보이는 가운데, SBS TV의 <그것이 알고 싶다> 팀이 현숙 씨의 사례를 계기로 미혼모 인권에 대한 심층 취재를 해보고 싶다고 연락을 해왔다.

이제 난 취재 기자로서 바빠졌다. 여성 인권 문제이기에 적어도 다른 어떤 언론보다 먼저 보도하고 싶었다. 그래서 <그것이 알고 싶다> 방송 시점 직전에 여성신문 보도가 나가게 하기 위해 사진기자와 함께 제주도로 날아갔다. 그곳에서 현숙 씨의 두 평도 채 안 될 듯한 자취방, 그가 여전히 소중히 간직하고 있는 민주의 탯줄과 갓 태어났을 때의 사진, 전 남자친구와 민주 문제로 오고 간 분노와 애원의 자국이 서린 편지 다발 등을 접하며, 나는 사건의 실체에 좀더 가까이 접근하게 됐다.

어느 정도 자신감과 희망을 회복한 현숙 씨는 실명을 밝히며 '커밍 아웃'하여 자신의 문제를 해결하겠다고 결정했다. 이에 ≪여성신문≫은 521호(1999년 4월 16일자) 표지와 전면을 할애해 '진현숙 씨의 목숨 건 딸 찾기 투쟁 7개월'이란 제목 아래 그녀의 실물 사진과 함께 사건 전말을 소상하게 보도했다. 현숙 씨 사건을 집중 보도한 521호에 대해 독자들의 문의가 빗발치고 다른 언론들도 문의를 하는 등 호응도는 높았다. 하지만 그 다음에는 단지 여성신문과 한 TV방송의 일회성 보도에 그칠지도 모른다는 위기감이 들기 시작했다. 그러기엔 너무나 아쉬웠다. 현숙 씨가 제기한 미혼모 이슈에 대한 사회적 관심을 지속시키기 위해선 다른 전략들이 필요했고, 당시 데스크(김효선 현 ≪여성신문≫ 발행인)와 난 기사화에 그치지 않고 신문사 안팎에서 다양한 지원방법을 찾아보기로 했다.

우선 70세에 90세 남편에 대해 이혼 소송을 제기한 황혼 이혼 사건의 주인공 이시형 할머니 사건이 계기가 돼 시작된 여성신문사의 '여성 인권 보호 지원 사업' 두번째 주인공으로 현숙 씨를 선정했다. 그리고 ≪여성신문≫에 '자매에게 띄우는 편지'라는 칼럼을 신설했다. 어려움에 처한 여성들에게 다른 여성들이 공개적으로 지지와 위로의 편지를 쓴다는

컨셉이었다. 이를 통해 여성연대의 힘을 보여주고, 독자의 관심을 다시
한번 환기시키기 위해서였다. 이는 525호부터 즉각 시도됐다. 이혼을 통
해 어머니로서의 권리와 양육권 문제로 아픔을 겪은 소설가 공선옥 씨가
고맙게도 '자매에게 띄우는 편지' 첫 필자를 기꺼이 자처해주었다. 그는
가슴을 울리는 격려 편지를 보내주었고, 현숙 씨는 이후로도 그 편지에
많은 위로를 받았다.

525호(1999년 5월 14일자)부터 시작돼 560호(2000년 1월 28일자)에 끝
을 맺은 현숙 씨에 대한 '여성인권보호지원사업'에 많은 여성 독자들이
정성을 모아주었다. 모금된 돈은 그녀가 딸을 찾기 전엔 소송비용으로,
딸을 찾은 후엔 생활 정착 자금으로 활용되었고, 여성신문사는 사업을
통해 현숙 씨에게 생활비, 민주 첫돌 비용 등 총 250만 원을 지원했다.
중간에 현숙 씨가 육아를 위해 쿠키 세일즈를 할 때는 그의 쿠키 구입을
독려하는 사업으로 전환되기도 했다.

3. 극적 전환점

이렇게 사건 자체는 독자와 언론의 관심을 모아갔지만, 정작 문제의
핵심인 현숙 씨의 딸이 아직 엄마 품에 돌아오지 못한 채여서, 나는 현
숙 씨와 논의하여 여성단체와의 연대를 모색하게 되었다. 연대 대상 여
성단체는 자연스럽게 우리나라 대중 여성인권운동의 본산인 한국여성의
전화연합으로 결정됐다. 이후 생부 멋대로 입양해버린 딸을 되찾고자 하
는 현숙 씨의 노력은 여성운동과의 연대로 또 한 번의 전환점을 맞았고,
기자의 손을 떠나 가속도가 붙어 일사천리로 풀려나가기 시작했다. 여성
의전화의 개입으로 현숙 씨 문제가 여성인권 문제로 더 분명하게 위치지
어졌고, 사회 정의 차원에서 해결돼야 할 문제라는 인식이 생겨나게 됐
다. 공동 변호인단의 구성 역시 이 과정에서 자연스럽고 용이하게 전개
됐다.

4월 26일, 현숙 씨와 나는 당시 신혜수 여성의전화 회장과 면담 약속을 하고 신당동 여성의전화 사무실에서 신 회장을 만났다. 신 회장은 무턱대고 지원과 연대를 약속하기 전에 앞으로 있을 어려움을 알려주고 현숙 씨의 의지를 먼저 확인해보고 싶어하는 듯했다. 기자가 보기에도 까다로울 정도로 신 회장은 잃어버린 아이를 찾는 데 얼마나 많은 시간과 인내, 심리적 좌절을 겪어야 하는지를, 그리고 미혼모에 대해 얼마나 많은 사회적 편견과 비난을 감수해야 하는지를 꼼꼼히 지적하기 시작했다.

현숙 씨는 신혜수 당시 회장과의 면담에서 "딸을 찾는 과정에서 새로운 세상에 눈뜨고 소외된 이들에게 따뜻한 마음을 품게 됐다"고 말하고, "무엇보다도 딸이 성장해서 맞닥뜨리게 될 상실감을 엄마인 나 외에는 치료해줄 수 없다는 확신이 굳어졌다"고 답했다. 이어서 그는 "세상 사람들이 말하듯이 경제적 풍요가 아이의 행복을 보장해주는 것은 아니다"라고 하며 "아이 성장의 최상 환경은 '엄마'일 수밖에 없다는 것을 좀 이해해줬으면 좋겠다"고 단호히 답했다. 신 회장은 현숙 씨에게 "여성운동가 못지 않은 의식을 가지고 있다"는 격려와 함께 지원을 약속했다. 이후 여성의전화 측에선 인권 사업을 담당한 정주연 간사가 실무를 맡아 기자와 현숙 씨와 연락을 취하며 일을 꾸려가기 시작했다.

여성의전화는 최우선적으로 법적 지원부터 착수하기 시작했다. 생부와 경찰서가 굳게 비밀(?)을 지키고 있는 민주를 입양한 부모의 소재를 파악하기 위해, 빠른 시일 내에 여성 인권 변호사들로 공동변호인단을 구성해 '정보공개청구'를 관련 기관에 요구할 계획을 세웠다. 공동변호인단은 김진, 배금자, 안귀옥, 최일숙, 최은순(현 청와대 국민참여수석실 제도개선비서관) 5인의 여성 변호사들로 결성됐다. 공동변호인단은 초기에 수시로 모임을 가지며 아이를 찾기 위한 효과적인 소송 방안을 모색했다. 처음에는 최일숙 변호사가 주심으로 실무를 담당하다가 후에 민주의 양부모 소재지가 인천으로 파악됐기에 인천에 기반을 둔 안귀옥 변호사가 최종 실무 창구가 됐다. 공동변호인단은 6월 입양 무효 확인 소송과 유아 인도 청구 소송을 동시에 인천지법에 냈다. 그 과정에서 안귀옥 변호사는 양부모들의 호적에 아이가 '양자'가 아닌 '친생자'로 올라와 있다(이것은 아이의 장래를 위해 입양가정에서 흔히 하는 관례다)는 사실을 확인하게 되었고, 이에 소송 청구 취지를 '친생자관계 부존재 확인'으로 변경했다. 이중 호적을 가지게 된 아이의 호적을 생모의 호적으로 정리해주는 작업이 가장 효과적인 조치라고 판단했기 때문이다.

또 공동변호인단의 변호사들은 아이 찾기에 조급증이 날 수밖에 없는 현숙 씨에게 바쁜 시간을 쪼개 자상하게 소송 진행 과정을 설명해주었다. 특히, 당시 안귀옥 변호사와 최은순 변호사는 격무에 임신이 겹친 상태였는데도 현숙 씨에게 따뜻한 위로를 아끼지 않았다. 당시 주심을 맡았던 안 변호사는 "'처녀가 아이를 낳아도 할 말이 있다'는 것이 속담으로 인용될 정도로 아이에 대한 미혼모의 친권 주장은 뻔뻔스러운 것으로 비쳐지는 것이 현실이어서, 처음 이 사건을 접하면서 흥분을 느꼈다"고 회상했다.

법리상으로 혼인 외의 관계에서 태어난 아이와 생부와의 관계는 일방적이고도 부조리한 면이 있다. 이는 부계 혈통만을 존중하는 사회 관행의 횡포이기도 하다. 그리고 그 희생자는 바로 생모인 미혼모 혹은 생부의 법적 배우자인 또 다른 여성이 된다. 즉 생부는 아이를 인지하기 전까지는 아이에 대해 어떤 권리도 주장할 수 없는 '무관계'이지만, 일단 자신이 인지하고자 하기만 하면 바로 그 순간 생모의 의사와는 상관없이(혹은 기혼남인 경우 법적 배우자의 의사와 상관없이) 아이를 자신의 호적에 정식으로 입적시킬 수 있다. 이때서야 비로소 부자 혹은 부녀 관계가 성립된다. 반면, 생모는 '출생 신고'란 별도의 절차가 없어도 '출산'이란 자연적 관계에 의해 모자 혹은 모녀 관계가 성립돼 자동으로 친권자로서 법정대리인이 된다. 그러나 부계혈통사회에서 생부의 권리는 생모의 권리보다 우선하기 때문에, 남성 일방의 인지권이 전가의 보도처럼 휘둘러지는 것이다.

현숙 씨 사건은 생부의 권리에 대한 이 같은 법률과 통념의 이중성이 아이러니컬하게도 유리하게 작용한 사례였다. 즉 현숙 씨 딸의 생부는 법적인 '인지' 절차를 거치지 않은 채 막연히 생부로서 자녀에 대한 권리가 있다고 생각했기에, 법적으로는 친권자가 아닌 그가 딸을 입양시킬 권리는 인정되지 않은 것이다. 오히려 법적으로는 그 권리는 생모인 현숙 씨에게만 있었다. 바로 이 지점에서 공동변호인단 변호사들은 법리 해석과 일반 인식이 상반되는 모순을 전복시키려는 의욕을 느끼고 있었다. 당시 최일숙 변호사는 "이 사건은 미혼모에게 법적으로 주어져 있는 권리조차 철저히 무시해온 가부장적 관행에 대한 첫 법적 투쟁"이라고 의미를 부여했다.

이 같은 과정을 거쳐 6월 24일 서초동 법조 타운의 한 음식점에서 공동변호인단과 현숙 씨, 기자와 정 간사가 공식적인 첫 모임을 가졌다. 당시 사진 기자(민원기 ≪여성신문≫ 사진부 부장)의 제안으로 변호사들은 현숙 씨를 둘러싸고 여성 연대를 '과시'하는 당당한 포즈를 취해 사진 촬영을 했다. 이 사진이 ≪여성신문≫ 533호(7월 9일자) 1면에 톱으로 등장하면서 공동변호인단의 활동을 소개한 기사가 KBS TV 등 공중파 방송들에서부터 월간지에 이르기까지 다른 언론의 집중적인 관심을 받았으며 이를 계기로 현숙 씨의 사건은 급물살을 타기 시작했다. 7월 12일 ≪중앙일보≫ 사회면에는 '진현숙'이란 실명과 함께 '생부가 다른 집에 입양…… 미혼모 양육권 소송 제기', 이어서 관련 박스 기사로 '미혼모 양육권 제기…… 10개월 여아 운명은……'이란 제목의 기사가 등장했다. 이 기사는 현숙 씨 사건을 "여성단체들이 미혼모의 권리 찾기 운동으로 확대하고 있다"고 해석했다. 또 다른 언론에서는 이중 호적을 갖게 된 민주의 처지에 대해 '기른 정이 우선하느냐 낳은 정이 우선하느냐' 식의 공방이 잠깐 일긴 했지만, 이는 전체적으로 문제의 본질은 아니었다.

그러던 중 아이 인도를 강경하게 반대할 것으로 예측됐던 민주의 양부모 측에서 뜻하지 않게 7월 13일 공동변호인단과 여성의전화 측에 양육 포기 의사를 밝혀왔다. 7월 15일 신촌 연세대 후문의 한 한적한 카페에서, 현숙 씨는 민주를 양부모로부터 인도 받아, 생후 1개월도 채 안 돼 헤어진 딸을 10여 개월 만에 다시 품에 안게 되었다. 당시 오후 1시 30

분으로 예정된 모녀 상봉 시간을 앞두고, 여성의전화 측에선 기자인 나를 배석시킬 것인가에 대해 고민을 거듭했다. 결론은, 현숙 씨 사건의 문제화 과정에서 처음부터 함께 뛰어왔으니, 내가 기자로서가 아닌 '여성운동 동료'로서 현장에 참여하는 것은 당연하다는 것이었다. 그러나 사실 난 민주가 인도되는 첫 순간부터 가방 한켠에 넣어온 카메라 끈을 수 없이 만지작거리며 촬영의 유혹과 싸워야 했다. 민주의 양부모와 만나는 자리에는 당시 여성의전화 본부 부회장을 맡은 관계로 현숙씨 사건에 개입하게 된 박인혜 인천여성의전화 회장(현 여성의전화 상임대표)과 정주연 간사, 그리고 내가 현숙 씨와 동행했다. 이들은 현숙 씨가 양부모로부터 현숙 씨가 아이를 넘겨받은 이후에도, 마감 관계로 신문사로 급히 뛰어간 나를 대신해 현숙 씨의 이문동(본격적으로 아이를 찾기 위해 현숙 씨는 제주도 생활을 청산하고 서울로 올라왔다) 자취방까지 따라가서 그가 아이와의 생활을 시작하는 데 필요한 준비를 해주었다.

　맞벌이 부부로 단란하고 성실하게 살아온 민주의 양부모는 당시 13세 외동아들만 있어 평소 딸을 입양하려고 생각하던 차에, 아는 사람한테서 민주의 생부를 소개받고 "아이의 생모가 외국으로 유학 가서 절대 아이를 다시 찾을 일이 없다"는 말만 믿고 아이를 입양했다. 그들은 "아이의 생부가 마치 옆구리에 가방을 끼듯 아이를 안고 갑자기 나타나, 우리 부부라도 그 아이를 받아주지 않으면 그 아이가 어딘가에 버려질 것 같은 위기감을 느껴 망설임 없이 아이를 입양했다"고 털어놓았다. 입양 후 아이의 백일도 이틀에 걸쳐 온 동네 잔치로 치르고, 퇴근 후 집에 돌아와 아이의 사진을 찍는 것으로 하루를 마감하며 한 달도 채 남지 않은 첫돌을 손꼽아 기다리던 이들 부부에게, 생모의 출현은 너무나 충격적인 일이었다. 사실, 이들 부부는 이전에 현숙 씨가 경찰서에 아이를 찾아달라는 진정서를 냈기 때문에 4월 5일 담당 형사의 방문을 받기까지 했다. 당시 이들 부부는 생모가 어려운 처지일 것이라 짐작하고, 자신들이 아이를 잘 키워주겠다고 설득하려고 단단히 마음을 먹었던 상태였다. 그 후 6월 공동변호인단의 입양무효확인소송장과 유아인도청구소송장이 날아오자, 처음에는 전 재산을 털어서라도 법적 대응을 하려 했지만, "생모가 포기 안 한다면 설사 법정에서 이긴다 할지라도 아무 의미가 없고 결국 딸만 불행해질 것 같아" 아이를 돌려주기로 어렵게 결정을 내렸던 것이다. 이들 부부는 생모가 아이를 애타게 찾고 있다는 것을 안 4월 이후부터 극도의 불면증에 시달리는 고통을 겪기도 했다. 그러다가 언론 보도로 자신들의 문제가 사회적으로 표면화된 것이 아이 인도 결정의 최종적인 계기가 된 것이다.

양부모들은 30여 분간의 대화 시간 동안 상당히 의연했다. 그들은 현숙 씨에게 "우리들이 이제까지 이 아이를 사랑해준 것보다 더욱더 많이 사랑해주고, 다시는 딸을 다른 사람에게 함부로 맡기지 말라"며 "우리가 영원히 민주 엄마 아빠로 남을 테니 어려운 일이 있으면 예전처럼 실수하지 말고 언제든지 우리들을 찾아오라"고 당부했다. 그들은 아이의 용품을 차곡차곡 챙겨왔고, 현숙 씨에게 보내는 따뜻한 격려 편지까지 그 안에 넣어놓았다. 그러나 막상 엘리베이터 앞에 이르러 그들이 키워온 딸과 최후의 작별을 할 시간이 다가오자 그들의 평정은 무너졌다. 양엄마가 갑자기, "어떻게 키운 내 딸인데…… 난 못 내놔!" 라며 가슴을 쥐어짜는 듯한 울음을 터트리며 주저앉았다. 인간의 목소리가 그토록 폐부를 찌르는 비통함과 울림을 가지고 있다는 사실이 내겐 정말 충격이었고, 그만큼 또 다른 모성을 어떻게 이해해야 할까라는 문제가 남게 됐다. 생부의 착각과 판단 착오, 그리고 그가 휘두르는 폭력이 현숙 씨뿐만 아니라 진정 어머니가 되고 싶었던 또 다른 여성까지 희생자로 만들어버린 것이다. 당시 박인혜 회장이 침착하게 대응해 양쪽을 진정시키고 즉시 민주를 현숙 씨 품에 안기지 않았더라면 과연 현숙 씨가 자신의 딸을 무사히 되찾을 수 있었을지는 의문이다. 현숙 씨 혼자 그 자리에 나갔더라도 양부모가 딸을 순순히 돌려줬을까?

4. 그 후로도 한동안 연대는 계속된다

현숙 씨가 민주를 찾은 후에도 여성의전화와 ≪여성신문≫은 그들 모녀와의 관계를 안정적으로 지속하기를 원했다. 아니, 더 정확히 말하면 그들 모녀가 제기한 여성 인권의 이슈와 그 의미를 가볍게 넘기려 하지 않았다. 7월 19일 현숙 씨가 민주를 안고 환한 모습으로 감사 인사를 하러 여성신문사 입구로 들어서는 순간, 누군가 숨죽인 목소리로 말했다. "이래서 생명을 되찾아준다는 것이 정말 경이로운 일이구나." 이 자리에서 현숙 씨는 "이제서야 세상이 조금씩 달라 보인다. 마치 컴컴한 터널 속에서 빛을 따라 밖으로 나간 느낌이다"라며 "왜 많은 사람들이 그토록 어린 아이를 희망의 상징으로 삼는지 알겠다"고 감격을 표했다. 이후 여성신문사에선 현숙 씨에 대한 생활 안정 지원사업을 계속하는 한편, 그의 경제 자립을 위해 주거지 근처의 '일하는 여성의 집'과의 연결에도 신경을 썼다.

여성의전화는 민주의 첫돌인 8월 8일을 며칠 앞두고 사무실 상근자들이 마음을 모아 돌잔치 상을 차려주었다. 또 당시 신혜수 회장은 2000년 2월 제주도에서 열렸던 한국인권재단 주최의 인권학술회의에 현숙 씨를 공식 초청했고, 현숙 씨는 한국의 대표적 인권운동가들이 모인 자리에서 미혼모 인권에 관한 논문을 발표하였다. 그녀는 스웨덴 등 여성인권 선진국들의 사례를 들어 미혼모에게 적대적인 한국의 현실을 비판하면서, 자신의 문제를 사회 구조적 측면에서 정리해나갔다. 당시 학술회의의 두툼한 자료집에 한 장으로 들어간 그의 논문은, 돌을 갓 넘긴 민주를 들쳐업고 남산 도서관 문턱이 닳도록 공부한 결과물이었다. 이후 현숙 씨의 노력은 여성의전화를 중심으로 한 여성운동계에서 공식적으로 인정받았다. 2000년 3월 8일 한국여성대회에서 현숙 씨는 한국여성단체연합이 선정한 '여성권익 디딤돌'로 선정됐다. 자신의 명예를 걸고 미혼모 인권 문제를 이슈화시킨 공로였다.

공동변호인단은 법적 지원의 마무리로, 선의의 피해자인 양부모의 피해를 최소화하고자 이미 제기해놓은 소를 취하하는 대신, 8월 형식적 재판을 통해 판결문을 받기로 했다. 6월부터 현숙 씨 사건에 개입해 정식 판결문을 받기까지 5개월 동안 공동변호인단은 안귀옥 변호사가 중심이 돼서 법적인 문제를 마무리해주었다.

5. 쟁점, 그리고 남겨진 숙제들

진현숙 씨 사건은 사회적 통념의 벽을 넘어 성공적으로 마무리됐지만, 그래도 몇 가지 아쉬움과 논쟁의 여지는 남아 있다. 가장 대표적인 것은 법적 차원에서 미혼모의 양육권 확보와 미혼부를 비롯한 생부의 자녀 방기에 대한 엄중한 책임 부가를 명시한 판례를 확보하지 못했다는 점이다. 현숙 씨와 양부모가 재판 과정까지 가지 않고 화의한 데다가, 이후에도 유사 사건이 가시화되어 피해 당사자가 여성단체와 연대해 여성운동 차원에서 법정까지 간 경우가 생겨나지 않았기 때문이다.

변호인단과 여성의전화, 여성신문사 모두 안타까워하는 점은, 이번 사건에 대한 판결문이 형식상의 절차여서 다른 미혼모들의 양육권 확보를 위한 판례로 적용되기는 힘들다는 점이었다. 그러나 10월 19일 인천지법에서 내린 판결문(99드단11762 친생자관계부존재확인 사건, 이범균 판사)은 비록 요식 절차이긴 했지만 "민법 제869조의 규정에 따른 입양의 요건(15세 미만 자의 입양에 대한 법정대리인의 승낙, 이 경우 법정대리인은 '출산'이란 자연 과정에 의해 생모가 된다)이 갖추어지지 아니한 것이어서 입양으로서의 효력이 없고, 생모인 원고(진현숙)는 그 확인의 이익이 있다"는 점을 분명히 했다. 즉 혼인 외 자녀의 경우 생부가 법적으로 '인지' 신고만 하지 않는다면 생모가 생부에 우선한 권리를 가지고 있어 생모가 '친권자'임을 인정한 판결로서, 생부가 우선 친권자일 것이라는 막연한 사회 통념에 경종을 울렸다.

이와 관련해 한국가정법률상담소가 2003년 창립 47주년 기념으로 마련한 '미혼모에게 인권은 있는가'라는 제목의 심포지엄은, 현숙 씨 사건을 계기로 미혼모 인권에 대한 관심이 점차 높아진 데다가 TV 드라마와 호주제 폐지 운동 등이 이 이슈와 맞물려 대중화된 것이 그 개최 배경이 됐다. 심포지엄에서는 "자녀는 아버지의 가(家)에 입적하는 것이 원칙이지만, 생부가 인지하지 않은 혼외자는 어머니의 가에 입적한다"는 민법 제782조의 문제점이 집중 지적됐다. '인지'란 생부가 혼외자를 자기의 자식이라고 인정하는 가족법상의 행위로 호적법이 정하는 신고에 의해 효력이 발생한다. 이때 '인지' 행위는 생부가 상대 여성의 의사를 무시하고도 언제든지 할 수 있도록 되어 있어, 생부가 그때까지 혼외자와 아무런 교류가 없었고 양육비도 한 번 주지 않은 경우라 해도, 언제든 남성이 원하는 시점에 여성의 의사와 무관하게 권리 주장을 할 수 있도록 거의 무제한의 권리를 보장한 법이다. 일단 생부가 '인지'하게 되면, '부가입적' 원칙에 따라 혼외자의 이름은 그동안 등재되어 있던 생모의 호적에서 생부의 호적으로 옮겨가게 된다. 즉 현재의 호적 제도하에서는 미혼모의 '어머니'로서의 권리는 상대 생부에 비해 언제나 이차적이고 불안정하다. 이는 부계 혈통만을 일방적으로 옹호하는 호주제의 폐해이기도 하다. 심포지엄에선 이에 대한 대안으로 혼외자 자신의 부양청구권 인정과 비혼모에 대한 생부의 부양 의무를 규정하고 있는 독일 민법이 '모범 답안'으로 제시됐다. 이 경우 생부는 생모의 동의 없이는 양육권을 갖지 못한다.

한편 이 사건은, 생부의 아이에 대한 책임을 엄밀히 묻지 못한 측면에서 '미혼모만 있고 미혼부는 없는' 부조리를 다시 한번 일깨워주었다. 현숙 씨 자신이 딸에 대한 책임을 회피하고 방기해버린 생부에 대해 2000년 초에 손해배상청구소송을 제기하기는 했다. 당시 이종걸 변호사(현 국회의원)를 비롯해 3명 정도가 공동변호인단으로 참여했지만, 현숙 씨는 10개월 만에 되찾게 된 딸과의 관계 복원과 생계 문제 때문에, 이종걸 변호사는 4월 총선 때문에 여력이 없어 끝까지 소송을 밀고 나가지 못했다. 현숙 씨는 이후 그 다음해까지도 "여력만 허락한다면 제주도에 있는 생부가 어떤 방식으로든 양부모와 내가 당한 고통에 대해 책임을 지도록 하고 싶다"고 강하게 피력하곤 했다. 또 아이의 부모가 아이를 자녀로 인지하지 않을 수도 있다는 해석이 가능한 민법 782조에 대해, 아동 인권을 무시하는 악법이라는 취지로, 뜻이 맞는 몇몇 지인들과 위헌 소송을 낼 것까지 생각해보기도 했다.

이 사건은 한국사회에서 피해여성이 자기 문제를 해결해가는 과정에서 겪어야 되는 고통에 대해서도 많은 문제를 제기한 사건이었다. 피해여성이 여성의 성에 대한 사회적 편견에 맞서 자신의 피해 사실을 공개하고 연대를 구하는 과정을 통해 '생존자'가 되는 것은 너무나 당연하고 바람직한 일이다. 그러나 자신이 주변에 공개되는 것이 당사자에게는 상당한 심적 부담으로 남을 수밖에 없다. 현숙 씨는 "아이를 되찾기로 한 이상, 더 이상 뒤로 갈 데는 없었다. 커밍 아웃할 수밖에"라며 "당시는 전투적 자세여서 이것저것 생각할 겨를이 없었지만, 사건이 해결돼 자신을 좀 추슬러보니 언론에 너무 많이 알려진 것 같아 부담스러웠다"고 토로했다. "아이가 후에 자신에 관한 기사를 보게 될 경우, 아이의 고통은 고스란히 개인적 부담으로 남을 수밖에 없지 않은가"라며 이런 생각 때문에 "힘들었다"고 털어놓았다. 뿐만 아니라 미혼모나 호주제, 동거 등의 이슈가 뜨면 어김없이 각 언론사에서 '미혼모'의 대명사로 자신에게 취재 섭외가 오는 것 역시 당혹스러워 했다. 현숙 씨 사건에 적극적으로 개입했던 박인혜 여성의전화 대표도 "피해자가 드러나야만 운동 요건이 성립된다는 점이 아쉽다"며 여성운동 대중화 전략의 다양한 모색과 시도의 필요성을 지적했다.

여성운동 차원에서 보면, '미혼모의 어머니될 권리와 양육권'이라는 당시 어떤 여성운동 세력도 다루지 않았던 문제를 드러냈다는 점에서 그 자체로 의미가 있다. 박 대표는 "사회 편견의 벽과 경제적인 어려움까지 현숙 씨와 함께 나누며 공동 보조를 펴 대안 모델을 제시하고 싶었으나 이런저런 한계로 계속 운동으로 연결되지 못한 점이 가장 아쉽다"면서도, "현숙 씨는 여성이 결혼 관계에 들어가지 않고도 출산권과 육아권을 확보할 수 있다는 실제적인 모델이 됐다. 또 역으로 미혼남도 건강하고 당당하게 아이를 키울 수 있는 그런 성숙한 사회가 될 수 있는 가능성을 열어놓았다"고 의의를 달았다.

　내 입장에선 현숙 씨 사건을 계기로 우리 사회에 이미 물꼬를 튼 미혼모 인권 문제를 좀더 밀고 나가 사회 인식의 변화를 더 적극적으로 이끌어내지 못한 아쉬움이 있다. 미혼모의 '어머니될 권리'와 양육권 문제는 여전히 풀지 못한 숙제로 남아 있는 것이다(요즘 TV드라마 태반의 주요 소재가 미혼모가 된 '비련의 여인들'에 대한 것이지만, 그들이 자신들의 삶을 헤쳐나가는 과정은 여전히 일관되게 사회 통념을 반영하고 있다. 통쾌한 전복은 거의 없으며, 그래서 힘 빠지고 고달프다). 현숙 씨 사건이 널리 알려진 후 미혼모들의 SOS 전화를 자주 받곤 했지만, 손을 맞잡고 함께 '운동'을 할 미혼모를 발견하지 못했다는 것이 가장 큰 이유다. 한 미혼모와는 그의 어린 딸을 찾아 한국어린이보호재단에 찾아가 미아 기록부를 함께 뒤지기도 했지만, 내게 도움을 요청해왔던 대부분의 미혼모들은 아이를 찾으려는 정당성이나 의지면에서 함께 연대하기엔 어려움이 있었다. 한 미혼모는 유부남인 아이 아빠와 함께 살기 위해서라면 본처와도 동거할 수 있다는 식의 목적과 수단이 뒤바뀐 의식을 드러내기도 했다. 결국, 난 미혼모 인권 문제에 천착하기보다는, 이미 우리 사회에 존재하고 있는 미혼모 가족을 비롯한 다양하고 열린 가족 형태에 더 관심을 쏟게 되었다.

　여성신문사는 현숙 씨 사건의 보도야말로 여성주의 언론이 존재할 필요성과 다른 남성 중심 언론과의 차별성을 분명히 드러낸 사건으로 평가하고 있다. 당시 데스크였던 김효선 발행인은 "현숙 씨 사건은 너무나 '사소해' 일반 다른 언론매체들이었다면 절대 취재하지 않았을 사건이었다. 그러나 여성신문은 일반 언론의 냉정한 관행이 아니라 따뜻한 가슴으로 사건을 바라보았기에 취재가 가능했다"고 회고했다. 그는 여성운동 차원에서 여성저널의 역할은 현숙 씨 사례가 보여주듯 '실천 저널리즘'이어야 한다고 강조했다. 당시 여성신문은 이 기회에 미혼모에 대한 편견을 바꾸자고, '운동' 차원에서 생각했다. 이런 맥락이 있었기에 취재

기자로서는 취재원에 대해 분리나 우월 논리에 의한 역할 분담이 아니라 동지로서 서로 평등 관계를 이루어나가면서 같은 여성으로서의 공감대와 자매애를 통해 취재원의 처지에 감정 이입을 할 수 있었기에 좋은 결실을 맺었다고 생각한다. 현숙 씨 경우에서처럼 사건이 끝난 후에도 책임감을 가지고 계속해 취재원과의 관계를 유지해나가며 다시 새로운 관계를 정립해나가는 것은 여성주의 언론에 종사하는 기자들의 특성일 것이다. 당시 여성신문 이계경 발행인은 현숙 씨에게 그가 미혼모 인권 운동을 전개할 수 있도록 사무실과 관련 집기를 제공하겠다는 제의도 했으나, 현숙 씨는 경제 육아 등 자신의 당면 문제로 이 제의를 받아들일 준비가 되지 못했던 것 같다. 결국 여성신문사의 제안은 성사되지 못했다.

현숙 씨 사건이 제기한 문제들 중에서 가까운 현실에서 부딪치는 실제적인 문제는 크게 두 가지로 정리된다. 이는 또 다른 여성인권운동 과제로 남게 됐다. 하나는 남성 중심의 사고와 통념으로 진행되는 수사 관행으로, 이를 통해 피해여성은 다시 한번 상처를 받고 또 그 상처가 덧나버리는 이중의 고통을 경험하게 된다. 현숙 씨는 민주를 찾기 위해 경찰에 도움을 청하는 과정에서 "나 같아도 지 자식이 (내가 한때 관계를 맺었던 여성이 결혼한) 다른 남자 밑에서 자라는 것보다 (그 여성과 무관한) 생판 남한테서 자라는 게 더 낫겠다"는 말을 듣는 등 미혼모에 대한 편견으로 인해 감당하기 힘든 수모를 당했다. 순결 이데올로기와 여성을 일종의 사유 재산으로 간주하는 가부장적 인식에서 벗어나지 못하는 수사 관행이 아직도 문제였고, 여성의전화는 전반적으로 여성인권 사건에 개입하는 경찰의 태도를 감시·비판하고 개선해나가야 할 책임감을 다시금 절감했다.

다음으론, 현숙 씨 자신이 강력히 제기하고 있는 '미혼모' 용어의 부당성이다. 이런 맥락에선 '비혼모'도 역시 마찬가지라고 현숙 씨는 지적하고 있다. 즉 '결혼'을 기준으로 해서 '미혼모' 혹은 '비혼모'로 아이를 키우는 여성을 구분하는 것은, 지금처럼 결혼이 선택인 시대 흐름에도 역행한다는 것이다. 그래서 현숙 씨는 "'미혼모'란 용어는 결혼하지 않은 여성이 아이를 낳았을 때, 그 여성이 아이를 키우거나 또는 키우지 않기로 하는 상황과는 별개로 결혼을 하지 않은 채 아이를 '낳았다'는 사실만 강조하는 감이 있다"며 "'독신모'나, 외래어지만 '싱글 맘(single mom)'이란 용어가 훨씬 평등한 용어 아니냐"고 반문했다. 그 자신도 스스로를 '싱글 맘'이라 부르며 딸에게도 "우린 싱글 맘 가족이지, 그치?"라고 말한다. 혼인 관계만을 잣대로 모성을 규정한다면, 스스로 어머니가 되기로 결정한 여성의 권리가 무시될 수 있다는 것이다.

6. 에필로그 - 민주와 그녀가 일구어가는 새 가족

다시 올해 8월 6일 오후로 되돌아가보자. 3년여 만에 다시 만난 현숙 씨 모녀와 나는 그동안 나누지 못한 얘기 보따리를 풀어놓았다. 현숙 씨는 딸을 되찾으면서 생부와의 관계가 완전히 끝났고, 새로운 공동체 가족이 되길 은근히 기대했던 양부모와의 관계 역시 지속되지 못했다고 말했다. 양부모는 민주와 헤어진 후에도 간간이 소식을 전해오긴 했지만, 1년도 채 못 돼 딸을 낳고 "민주 덕분에 아이가 생겼다"며 감사 전화를 해왔다고 한다. 이제 만 다섯 살이 되는 민주는 호기심이 강해 쉼 없이 장난거리를 만들어내면서도 자기 주장이 분명한 아이로 자라나 엄마와 친구 같은 대등한 관계를 유지하고 있었다. 3시간을 훌쩍 넘기고 계속된 현숙 씨와 나와의 대화 중간중간에 끼어들면서 "'우리' 얘기냐?"고 물어보기도 했다. 현숙 씨는 한때 다른 남성과의 결혼을 심각하게 고려해보기도 한 듯하지만 "자기 아이가 아닌 아이를 허심탄회하게 포용해주고, 양보하고 배려해줄 그런 파트너를 아직 만나지 못했다"며 "민주가 좀더 크면 그런 사람을 만날 수도 있겠지만, 지금으로선 가정을 새로 꾸리는 것을 포기하는 것 외엔 달리 방법이 없다"고 말했다. 그러나 내 눈에 그들 모녀는 그들 자체로 이미 하나의 가족이었다.

현숙 씨는 딸과의 관계에 대해 "너무나 좋다"며 "잠들 때나 이쁜 짓을

할 때면 '하늘에서 내려온' 아이 같다. 내 아이라기보다는 내가 너무나 잘 알고 있는 어떤 아이 같아서 그 아이가 장차 어떤 고통을 겪더라도 그를 다 이해하고 극복할 수 있도록 도와줄 수 있을 것 같다"고 했다. 그는 1999년 당시에 대해 "행여 '만약이라도' 아이를 못 찾을 거란 생각은 하지 않았다. 단지 시간 문제라 생각했을 뿐이다. 낙심과 좌절의 순간에서 회복되어가면서 '당연히 아이는 찾아질 거다'라는 생각이 점점 뚜렷해졌다"고 회상했다. 그는 당시 1~2년 앞을 내다보고 아이가 자신에게 돌아올 경우의 대책을 여러 가지로 생각했었는데, "오히려 아이가 너무 빨리 찾아져 감당하기 힘들었다"고 토로하기도 했다. 그때 가장 두려웠던 것은 자신이 생각한 대로 아이를 잘 키우지 못할 거란 두려움이었다고 한다. 아이를 제대로 맞이할 환경이 미처 마련되지 않은 것이 가장 큰 고민이었지만, 이를 점점 극복해가고 있다고도 했다.

현숙 씨 모녀는 그동안 이문동 비좁은 자취방에서 여성의전화 소개로 대한성공회에서 운영하는 상계동 '나눔의 집'에서의 공동체 생활을 거쳐, 현재는 경기도 근교에 17평 연립 주택에 독립 공간을 마련했다. 그동안 현숙 씨 사건에 적극 개입했던 취재 기자로서 가장 걱정됐던 문제는 그들의 생계였다. 현숙 씨는 양육을 병행할 수 있도록 파트타임으로 학습지 교사 일을 하고 있었다. 넉넉하진 않지만, 그럭저럭 생활은 유지할 수 있다고 했다. 그들의 생활에서 가장 관심을 끄는 부분은 교육이었다. 현숙 씨는 자신의 집에 TV가 없다고 했다. 또 학습지 교사 일을 하면서 다른 부모들의 과잉 교육열을 보다 보니 회의가 들어서, 민주 교육은 나름대로 집에서 시킨다고 했다. 딸이 엄마와 체험과 생각을 공유할 수 있는 기회도 될 수 있는 한 많이 만드는 듯했다. 지난해 6월 월드컵 열기 속에서의 시청 앞 '붉은 악마' 대열, SOFA개정 시위나 미군 장갑차에 치어 희생된 의정부의 두 중학생을 위한 촛불 시위, 한국정신대문제대책협의회와 정신대 할머니들의 일본 대사관 앞에서의 수요시위 등에도 늘 딸과 함께 참여했다. "아이와 함께 우리 역사와 사회적 의미를 느끼고 싶었기" 때문이다.

현숙 씨는 미혼모나 사생아에 대한 우리 사회 편견에 대해 "씩씩하게 살아가는 덕택인지 주변 이웃들로부터 별로 느끼지 못했다"고 했다. 그러나 아이가 자신의 출생에 의문을 가질 때 어떻게 대처해나갈지는 여전히 숙제로 남아 있는 듯했다. 그래서 그가 택한 방법은 환경운동에의 적극적인 참가이다. "자연 그대로의 자연스러운 모습과 생존, 변화를 아이가 직접 느끼며 자신의 출생과 그 후의 과정도 자연의 한 과정으로 이해해주길 바란다"고 그는 희망했다. "아이가 '아빠가 보고 싶다'고 하면 솔직히 어떻게 얘기할지 모르겠다. 그래서 그냥 '자연'을 보여주고 있다. 자연처럼 삶이 한 단면이 아니며, 인생에 해답은 없다는 것을 스스로 깨닫게 해주고 싶다. 그러다 보면 딸이 자라서 우리의 가족관계를 이해하는 데 별 어려움이 없을 것"이라고 생각하고 있다.

그녀의 얘기를 들으며 난 뜬금없이 '로맨티즘'과 '방랑'이란 두 단어가 생각났다. 솔직히 그들 모녀가 현실과는 정반대 방향으로 가고 있지나 않은지 걱정도 됐지만, 세속적인 것에 큰 욕심 부리지 않고 함께 살아갈 수 있다는 사실에 만족하다면 자신들에게 별 부담 없는 자유로운 삶을 선택하는 것도 한 방법이란 생각이 들었다. 여성의 자율권에 의해 운영되는 또 다른 형태의 가족으로서 그들이 누리는 자유로움, 사회 편견에 정면으로 맞선 충돌을 전략적으로 살짝 비켜난 융합적이고 지혜로운 그들의 삶의 태도에 나는 안도했다. 그리고 그 바탕에는 성실하고 강한 의지의 소유자인 진현숙 씨가 딸을 되찾는 과정에서 여성들과 연대해나간 여성운동의 체험이 맞물려 있을 것이라고 믿는다.

자발과 강제의 이분법을 넘어서

군산 성매매업소 화재 사건[1]

정미례

1. 군산 '유곽' 지역의 역사성: 지역경제, 한국정부, 식민주의

전라북도 서해안에 위치한 군산은 인구 30만의 중소 도시다. 일제 시대에는 항구를 통해 품질 좋은 쌀을 일본으로 송출해가는 항구였고, 산업화 과정에서는 농어촌과 도시화가 혼재하면서 발달한 도시이다. 군산의 성매매 산업은 1900년대 일제 시대부터 일본 관리들과 지역 유지들에 의해 유곽 사업에 그 뿌리를 두고 있다. 당시 유곽 설립에는 상당한 이권이 달려 있어, 유곽이 들어설 후보지를 서로 자기 땅에 유치시키기 위해 지주들간에 상당한 이권 다툼이 있었다고 한다. 유곽 후보지 선정을 위하여 일본 민단 내에 선정위원회까지 구성되고 군산 이사청의 이사관이 직접 관여했다고 하니, 유곽의 설치가 군산 지역 일본인들의 최대 관심사였음을 보여준다. 군산의 유곽은 일제시대 번성을 누리다가 해방

---

1) 이 글을 읽고 좋은 의견 주신 김현선, 김미령, 민은영, 민가영, 전희경, 정희진 님께 감사드린다.

후 미군정의 공창 폐지 방침(1948년 2월 14일)에 의거하여 폐지되었으나, 이후 다시 미군 병사들을 상대하는 유흥업소로 변신하여 미국인 거리로 조성되었다. 시내 외곽에 '아메리카 타운'을 만들어 미군을 상대하던 업소들은 나중에 전북 옥구군 미면 임사리라는 곳으로 이전되었다. 당시 밭농사와 조개잡이로 생활하던 50여 세대 마을 주민들은 '아메리카 타운'의 조성이 경제적 이익을 가져다줄 것이라는 기대로 유흥업소 이주에 적극 협조하였다고 한다.2)

1972년 정부의 기지촌 정화 작업을 통해 '아메리카 타운'이라는 기지촌 자치 구역이 형성되었고, 1980년까지 최고의 번성기를 누리며 미군의 '휴식'과 '오락'을 위해 하루 평균 1,000명의 미군들을 상대로 영업을 하였다. 지금은 '경기'가 안 좋아져 내·외국인 여성들이 한국인과 미군을 상대로 영업하고 있다. 또한 도심지에는 군산시 대명동과 개복동, 중앙로 등을 중심으로 일제시대 때부터 형성되어온 전통적 형태의 성매매업소들이 자리 잡고 있다.

특히 군산역 앞에 형성된 '쉬파리 골목'에서는 미로 같은 좁은 골목길에 여관 형태의 성매매업소 10여 개가 영업을 하고 있었다. 언제부터 쉬파리 골목이라고 불렸는지 정확히는 알 수 없으나, 일본어의 '소매를 잡아끌다', 즉 호객행위를 한다는 말이 지역 사람들에 의해 '쉬파리'라고 불리게 되었다고 한다. 이 지역은 1960~1970년대에 형성되었는데 해방 후 군산역 뒤에 군부대가 생기면서 술집이 들어서게 되고 이후 산업화 과정을 겪으면서 성매매만 하는 업소로 자리잡은 것으로 보인다. 실제로 성매매 현장에서는 일본어가 많이 사용되기도 하는데, 호객 행위한다는 뜻의 '휘파리'라는 말 역시 전라도식으로 변형된 일본어가 아닌가 생각한다.

군산 시민이라면 누구나 이들 지역과 '감둑'이라 불리는 대명동 지역에서 일어나는 일에 대해 너무도 잘 알고 있었다. 예전에는 이 지역에

---

2) 김중규, 『군산 역사 이야기: 고 지도와 옛 사진으로 풀어본 군산 역사』, 나인, 2001.

감을 파는 시장이 형성되어 있다고 한다. 삼례나 완주, 금산사 등 군산 인근 지역에서 감을 가지고 와서 감이 많이 유통되면서 감-도가라고 불렸는데, 점차 주변에 성매매업소들이 생겨나면서 둑이라는 말이 붙어 감둑으로 불리게 되었다고 한다. 둑이라는 표현은 둑 너머 천민들이 살던 지역명에서 나온 것으로, 성매매업소에 갈 때 "둑 너머에 간다"고 했던 말에서 나온 것으로 알려지고 있다. 그래서 지역 주민들이 '감둑'이라는 표현을 쓸 때는 그 지역이 성매매 지역임을 의미한다. 그 위치가 시내 중심지인 데다 근처에 학교가 있었기 때문에, 시민들과 지역 상인들이 성매매 지역에 대한 '정화' 작업을 요청하는 일이 여러 차례 있었다. 그럼에도 불구하고 여전히 성매매 영업은 계속되고 있다.

2. 2000년 9월 19일, 군산 대명동 성매매업소 화재참사와 만나다

2000년 9월 19일 오전 9시 10분경 대명동에서 발생한 화재로 인해 인신 매매되어 감금 상태에서 성매매를 강요당해오던 20대 여성 5명이 숨지기 전까지, 우리 사회에서 성매매는 어떤 면에서는 마치 존재하지 않은 것처럼 외면, 방치되어왔다. 화재가 발생한 당일에도 우리 군산여성의전화 실무 활동가들은 이 참사가 어떤 의미를 가지고 있는지에 대해 정확하게 인식하지 못했다. 단지 상황파악을 하는 차원에서 화재 현장으로 달려갔을 뿐이었다. 그런데 도착한 화재 현장에서 주변 상인들로부터 듣게 된 이야기는 실로 놀라웠다.

화재가 난 건물이 어떤 용도로 사용되고 있었는지에 대해 그 일대에 사는 모든 상인들이 알고 있었음에도 단 한 번의 문제제기 없이 모른 체하며 생활해왔다는 사실을 확인하며, 우리는 사회가 공모한 침묵 뒤에 숨겨진 삶을 이해해야만 했다. 화재 현장 주변에 모인 사람들은 너도나도 화재가 난 업소의 실제 포주는 따로 있고 그 사람은 조직 폭력배이며, 얼마 전에도 여성들을 때려 경찰이 출동한 적이 있었다고 이야기했다.

어떤이는 이번 화재 사건에 대해 군산 경찰과 군산시가 책임을 져야 한다고 주장하기도 했다. 대로변에 위치해 일반 상가 건물로 위장한 성매매업소 건물에는 군산 시장과 경찰서장 명의의 '청소년출입금지구역' 팻말이 붙어 있었고, 누가 보아도 의심이 가는 두꺼운 쇠창살3)이 을씨년스럽게 뜯겨진 채 우리를 원망하듯 굳건히 매달려 있었다. 화재 당시 언론은 당시 상황을 이렇게 적고 있다.

> 군산시 대명동 윤락가 화재 사건은 처음 불이 났을 때부터 진화까지 20분밖에 걸리지 않았지만 5명이 숨졌다는 점에서 이해할 수 없는 참사였다. 특히 5명이라는 인명피해가 발생한 데는 윤락 업주가 윤락녀들이 도망가지 못하기 위해 쇠창살로 창문을 막고 통로를 한 곳에만 설치한 데다 윤락가에 대한 사회의 구조적인 무관심이 더해졌기 때문으로 풀이되고 있다. 여기에 주택을 개조, 불법영업을 해온 윤락촌에 대한 당국의 부실한 소방점검이 겹쳐 발생한 인재였다. 화재가 발생한 곳은 군산역 앞 윤락촌으로 한때 업소가 30여 곳에 달할 정도로 번성을 누렸지만 지금은 쇠락을 거듭한 끝에 현재 7~8개 업소만 영업중이다. 이렇듯 다중시설이 집중된 곳인데도 당국에서는 수년 동안 소방점검을 소홀했던 것으로 드러났다. 특히 불이 난 업소는 주택 공간으로 허가됐지만 주인 박 씨가 윤락행위를 위해 쪽방을 만들고 불법영업에 나섰던 것으로 밝혀졌다. 그러나 소방당국은 불법 개축물인 데다 면적이 좁은 다중이용시설물이라는 점을 들어 형식적인 점검으로 일관, 대형참사의 원인을 제공하는 데 한몫 했다.4)

화재 발생 당일에는 건물 내부 현장에 들어가보지 못하고 철수할 수밖에 없었기 때문에, 우리는 실제 업소 내부의 감금 구조나 희생된 여성들의 고통스러운 삶에 대해 절감하지 못했다. 유가족을 만나보기 위해 곧장 희생자들의 빈소가 마련된 군산의료원으로 달려갔지만, 유가족들에게 연락이 제대로 되지 않아 한 가족만 도착한 상황이었다. 연락을 받은 유

---

3) 이 쇠창살은 일반 가정집 방범창과 달리 매우 두꺼웠으며, 이곳 외에는 근처 상가 어디에도 2층에는 쇠창살이 설치되어 있지 않았다. 당시 그 주변의 성매매업소 대부분이 이런 쇠창살을 설치해놓았기 때문에, 대명동 화재 참사 이후 경찰은 업주들에게 쇠창살을 제거하도록 하였다.

4) '20분만에 5명이 사망한 人災', ≪전북일보≫ 2000년 9월20일자 기사.

가족들 역시 왜 딸들이 군산에까지 와서 희생당했는지에 대해 아무것도 모르고 있었다. 일단 수사 결과를 기다리면서 상황을 지켜보는 것밖에 달리 방법이 없어 보였다. 그러나 우리의 바람은 아랑곳없이 경찰은 이 사건을 '사창가에서 일하던 여성들이 잠자다 질식사한 단순 화재 사건'으로 보고 나이 든 포주만 구속하는 선에서 사건을 마무리하려 했다. 경찰은 화재 현장을 제대로 보존하지도 않았고 증거품을 제대로 챙기지도 않았다. 결국 화재 발생 다음 날 유가족들이 직접 사건 현장에서 희생자의 일기장을 찾아냈고, 그 내용이 알려지면서 가족들의 분노와 억울함은 이루 말할 수 없었다.

> 짜증이 난다. 아파서 짜증이 나고 눈치 보여 짜증이 나고…… 벗어나고 싶어 발버둥을 친다. 모든 걸 잊고 죽고만 싶다. 인간에게 질려버리고 짜증이 난다. 남자, 남자, 남자가 싫어진다. 아프기 싫은데 자꾸 아프니까 싫다. 나! 나 좀 도와주세요. 제대로 인간답게 사람 사는 것처럼 살고 싶어요. 이 정도면 옛날에 죄 값은 다 치른 것 같은데……

이 일기장에는 감금과 감시 속에서 최소한의 자유마저 빼앗긴 채 성매매를 강요당해야 했던 평범한 20대 여성의 고통과, 하루라도 빨리 빚을 해결하고 집으로 돌아가고 싶다는 작은 소망이 생생히 적혀 있다. 한편 일기장과 함께 발견된 장부에는 여성들이 벌어들인 돈과 포주가 여성들로부터 빼앗은 액수들이 적혀 있었는데, 포주는 한 평 반밖에 안되는 방의 방세로 100만 원씩이나 받아가는 등 각종 명목으로 여성들을 착취해왔음을 한눈에 알 수 있었다.

결국 유가족들은 여성단체에 찾아와 일기장의 공개와 공식적인 진상 규명을 요청했고, 책임자 처벌 및 재발 방지를 요구하며 함께 싸우겠다는 의지를 보여주었다. 그동안 군산여성의전화의 활동은 유가족을 위로하고 빈소를 지키면서 경찰서와 군산 시청을 오가며 사건의 경위를 파악하는 정도였다. 그러나 이러한 유가족들의 요청을 계기로 본격적으로 지역대책위원회를 꾸려 이 사건을 여성 인권 침해 사건으로 공론화하기에 이르렀고, 경찰의 철저한 조사와 진상 규명, 관련 책임자 처벌, 재발 방지 대책 마련 등을 요구하는 싸움을 이어갔다.

3. 문제화의 과정

1) '화재 사건'에서 인권 침해 사건으로

9월 22일 희생자의 일기장이 대외적으로 공개되면서 지역의 시민·사회·여성단체들이 대책위를 구성했고, '단순화재 사건'이 아닌 여성 인권 침해로 사건을 위치 짓기 위해 성명서를 발표하였다. 대책위 실무 사무국은 군산여성의전화가 맡기로 했고, 군산경찰서와 군산시에 대책위가 구성되었음을 알리고 이후 대책위와 공식적인 대화를 통해 사건을 해결해나갈 것을 요구하였다.[5] 가장 어려움이 예상되었던 국가상대 손해배상 청구소송을 '민주사회를 위한 변호사 모임'(이하 민변)의 배금자 변호사가 맡아주기로 하면서 대책위 활동은 탄력을 받게 되었다. 9월 25일 발표된 군산화재참사대책위 발족 선언문에서, 우리는 성매매의 연결 고리를 밝혀 관련 책임자를 처벌할 것과 피해자에 대한 명예회복 및 피해보상, 그리고 재발방지를 위한 대책 마련을 촉구하였다.

성매매업소의 인권 침해 상황을 알면서도 아무도 그러한 현실에 대해 의문시하지 않았던 군산 지역사회의 침묵을 문제화하기 위해 대 시민 홍보물 제작과 모금 및 서명운동, 각 기관 항의방문, 장례 및 피해보상 문제 추진 등의 활동을 대책위 소속 단체들이 분담하여 진행해나가기로 결

---

5) 대책위에는 군산여성의전화, 군산성폭력상담소, 군산참여자치시민연대, 경실련 군산지부, 군산YWCA, 군산YMCA, 전국주부교실군산지회, 미군기지우리땅찾기시민모임, 전북평화와인권연대, 전북기독교사회선교협의회, 군산지역목회자 정의평화실천협의회, 전북여성단체연합, 한국여성단체연합, 매매춘근절을위한 한소리회, 한국여성의전화연합, 새움터, 군사주의와매매춘에반대하는여성주의 자연대등 40여 개 단체가 참여하였다.

의하였다. 26, 27일은 군산시의회, 국회의원을 대상으로 철저한 수사를 촉구하는 유인물을 제작·배포하며 가두 서명전을 진행하였고, 대책위 단체들이 분담하여 군산 시내 주요 거리에서 시민들에게 화재 참사를 알렸다. 또한 진상 규명 및 책임자 처벌과 새로운 성매매방지법 제정을 촉구하는 서명전을 진행하였다. 당시에 대책위에서는 '윤락가'라는 표현과 '매춘', '매매춘' 등의 용어가 혼용하여 사용되었고, 대책위 명칭도 '군산윤락가화재참사대책위'였다. 이 용어 사용에 대한 문제제기도 있었지만, 일반 대중들이 인식하고 있는 '상식' 수준에서 접근하기 위해 2000년 당시에는 이 용어를 사용하였다. 그러나 2001년 이후부터는 '윤락'이나 '매매춘'이라는 용어를 '성매매'로 고쳐 썼다.

경찰이 관련 공무원과 포주 간의 유착 비리를 제대로 수사하지 못하고 있는 상황에서, 28일 군산시가 유족과 대책위에게 만남을 요청하였다. 이 자리에서 군산시는 이번 화재 참사에 대해 군산시가 도의적 책임을 지겠다고 했고, 화재 참사 사망 희생자를 위한 장례 및 유가족에 대한 위로금 지급에 관련해 군산시와 유가족의 합의가 이루어져 빠른 시간 내에 장례식을 치르기로 하여 29일로 장례 일정을 확정하였다. 이 날 (구)시청 앞에서는 시민·사회단체들이 책임자 처벌 및 재발 방지를 촉구하는 집회를 개최하였고 화재 현장까지 가두 행진을 했다. 당시 직접 화재 현장 내부까지 들어가보았던 집회 참석자들은 피해여성들이 살았던 참혹한 상황에 눈시울을 적셨다. 장례식은 30일 화재 현장에서 치러졌다. 전국에서 모인 여성단체 활동가와 성매매 피해여성 지원 활동가들이 참석하였고, 오늘의 분노를 가슴 깊이 새겨 이 땅에 인권을 유린당한 채 희생되는 여성이 더 이상 나오지 않도록 새로운 특별법의 제정과 재발 방지 대책을 촉구하였다.

전북지역에서 이루어진 이러한 활동에 힘입어 10월 16일에는 서울 YMCA에서 한국여성단체연합이 주최한 '군산화재참사를 통해 본 성매매 근절 토론회'가 개최되었다. 원래 이 토론회는 장례식 이전에 열릴 계획이었으나 대책위 활동이 숨가쁘게 진행되고 있는 상황에서 서울까지 조직하고 여론화하기에는 역부족이었기 때문에 부득이하게 일정이 연기되어, 결국 장례식이 끝난 후에야 개최되었다. 이 자리에는 각 정당 여성의원들이 함께 참석하여 성매매 문제의 심각성과 해결 방안에 대한 대책 마련의 시급성을 함께 공감하였다. 또한 그동안 무관심했던 서울 지역의 '중앙' 방송에서도—당시 방송과 언론은 연일 올림픽 경기 소식을 보도·중계하고 있었다—군산화재참사와 관련한 내용을 방영함으로써6) 그간 ≪한겨레≫ 지역판과 ≪오마이뉴스≫라는 인터넷 신문에서만 다루어져왔던 내용이 공중파 방송을 통해 전국적으로 알려지게 되었다.

한편, 9월 19일 화재 발생 이후 계속된 대책위 활동과 장례 준비 등으로 인해 장례식 때까지 나는 거의 집에 들어가지 못하고 유가족과 함께 영안실을 지켜야만 했다. 그러다 보니 '엄마'인 나에게 부여되었으나 평소에도 제대로 못했던 역할은 그나마도 아예 할 수가 없는 상황이 되었다. 영안실에서 아침에 집에 전화해 아들에게 학교 가라고 깨우는 일이 전부였다. 같이 일하는 여성활동가들은 기혼 여성 활동가 처지의 고통과 힘겨움을 잘 알고 있었기에, 나의 고충을 굳이 말하지 않아도 표나지 않게 도와주었다. 남성 중심의 성별 분업 체계로 인해 공적 영역에서 활동하는 (특히 아이가 있는 기혼) 여성들은 이중 부담을 지게 된다. '헌신'이 규범화되어 있는 한국의 사회운동 문화 속에서 결국 이러한 나의 어려움은 남편이 아니라 다른 여성의 희생과 도움으로 '해결'되곤 했다. 남편은 노동운동을 하는 사람으로 서울에서 활동하고 있어서 아이는 내가 데리고 있었고, 부모가 각자 활동하는 동안 방치된 아이는 게임 중독에 빠져 혼자만의 생활을 견뎌내고 있었다.

2) 누가 책임자인가—성매매와 국가 권력의 관계

장례 이후 유가족들은 군산을 떠났지만, 대책위를 중심으로 하는 지역

---

6) 10월 22일 SBS <뉴스추적>과 KBS <추적60분>에서 이 사건이 다루어졌다.

활동은 오히려 더욱 본격화되었다. 대책위는 10월 10일 군산지방법원에
진정서를 제출하였고, 전북경찰청장과 도지사에게는 도내 성매매 관련
질의서를 발송하였다. 10월 11일 경찰의 축소 수사 규탄 집회에는 전라
북도 내 시민사회단체들이 함께하면서 경찰의 축소 수사를 규탄하고 책
임자 처벌을 촉구하였다. 또한 당시 대통령 직속 여성특별위원회를 방문
하여 사건의 진상을 알리고 여성특별위원회가 대책 마련에 적극 나설 것
을 촉구하기도 하였다. 대책위는 정기국회 감사에서 대명동 화재 참사를
쟁점으로 만들기 위한 활동의 일환으로, 국회 행정자치위원회 소속 국회
의원들이 전라북도와 전라북도 도경을 감사하는 날(10월27일) 감사장에
들어가는 국회의원들에게 이 사건을 알리고 감사장에서 질의해줄 것을
요구하면서 전라북도청 앞에서 하루종일 집회를 열었다. 이날 우리는 감
사장에 직접 참석하여 질의와 답변 사항을 모니터했고, 결국 행자위 소
속 국회의원들이 군산 화재 현장을 직접 방문하여 참상을 목격하기에 이
르렀다. 그리고 이 과정에서, 대책위가 왜 지역이 아닌 중앙에서 수사해
야 한다고 주장하는지에 대한 일정 정도의 공감이 이루어졌다. 우리는
경찰청(본청) 감사 역시 모니터하였고(11월 2일), 11월 6일 희생자를 위한
49재 및 경찰 수사 규탄 대회를 열어 경찰의 축소·은폐 수사 규탄 및 철
저한 수사 촉구를 주장하면서 "전북 경찰 못 믿겠다, 대검에서 수사할
것"을 요구하였으며, 더불어 성매매 방지를 위한 특별법 제정을 촉구하
였다.[7]

　　10월 26일에는 한국여성단체연합과 대책위 주최로 서울 세종문화회관
앞에서 군산 대명동 화재 참사 관련 기자회견 및 철저한 진상 규명을 위
한 규탄 집회를 열었다. 이 집회가 끝난 후 유가족들은 배금자 변호사를

---

7) 성매매방지법 제정 요구는 이후 꾸준히 확산되었다. 2001년 10월 9-11일 새움
　 터가 주최한 '아시아 성 산업 근절을 위한 네트워크 결성과 성매매 방지 특별
　 법 제정을 위한 국제 심포지움'이 열렸다. 이 국제 회의에 참석했던 (미국, 필
　 리핀, 홍콩, 일본, 한국 등) 성매매 피해여성과 성매매 근절 활동을 하는 활동
　 가들이 한국 정부에 성매매방지법 제정을 촉구하였고, 법원 앞에서 집회를 열
　 고 재판 과정까지 방청하는 등 국제 연대의 힘을 모아주기도 하였다.

주심 변호인으로 하여 국가 등을 상대로 21억 2,000여 만 원의 손해 배상을 청구하는 소장을 서울지방법원에 접수하였고, 13개 시민사회단체가 연명하여 군산 사건 관련 공무원 및 경찰청장과 관련 경찰 등 14명을 고발하는 고발장을 서울지검에 접수하였다. 이러한 일련의 운동은 그동안 철저히 '익명 메커니즘' 속에 있었던 성매매 산업을 가시화시켜 구체적인 책임자와 가해자를 드러냄으로써, 참사의 책임 소재를 선명하게 문제화하기 위해서였다. 특히 공무원과 경찰을 형사 고발하고 국가를 상대로 민사 소송을 제기하는 등의 활동은 성매매를 국가 권력과의 관계 속에 다시 위치시키는 작업이기도 했다.

국가 등을 상대로 한 민사 재판은 1년 7개월 동안 10여 차례에 걸쳐 진행되었고 법정에 출두한 4명의 증인에 대한 법정 공방도 치열하게 진행되었는데, 이 재판에서 가장 큰 쟁점은 국가의 책임과 지방자치단체의 책임을 밝히는 부분이었다. 주심 변호를 맡았던 배금자 변호사는 2001년 1월 18일 1심 1차 재판에서 시작하여 2002년 7월 4일 1심 선고에 이르기까지 전 재판 과정에서 성매매가 여성에 대한 폭력이자 사회 구조적 문제임을 주장했다. 특히 그는 성매매 피해여성들의 인권 유린 상황과 이를 묵인·방조한 경찰, 국가, 군산시 관련자들의 책임을 밝히는 데 주력하였다. 대책위는 재판이 열리는 날마다 법원 부근에서 집회를 열어 시민들에게 이번 재판의 의미와 중요성을 알렸고, 집회가 끝나면 집단적으로 재판 과정을 방청하고 다음 재판을 준비하였다.

한편 13개 시민사회단체들이 군산화재참사 관련 책임자들을 형사 고발한 사건은 전주 지검에서 다루어졌는데, 당시 검찰은 피고발인에 대한 조사 자체를 하지 않은 채 사건을 군산 지검으로 이송했고 군산지검은 사건을 각하 처분했다. 고발한 단체들은 이에 항의하여 다시 항고, 재항고를 계속하였으나 결국 각하 처분으로 마무리되었다.

3) 성매매 피해여성은 말할 수 있는가—증언의 정치학

그런데 이 재판이 진행되는 동안 군산 지역 성매매업소(개복동 유흥주점) 여성들이 경찰에 정기적으로 '성 상납'을 해왔다는 사실을 밝혀 충격을 주었다. 당시 3명의 여성들은 배 변호사에게 "1998년 중순부터 18개월 동안 군산 지역 형사들에게 100여 차례에 걸쳐 정기적으로 술 접대를 했으며 경찰 고위 간부 등에게 수차례 '성 상납'도 했다"고 밝혔다. 이는 성매매 업주들이 군산 지역 공무원들에게 정기적인 '성 상납'을 해왔으며 이런 유착 관계 때문에 경찰이 성매매업소 단속을 사실상 방치해왔음을 말해주는 것이었다. 배금자 변호사는 "윤락가의 비리를 밝힐 이들 여성 3명을 증인으로 채택해달라"고 요청했으며 재판부는 이를 받아들여 다음 재판에서 증인 신문을 하기로 했다. 하지만 이 여성들은 포주들로부터 신변의 위협을 받고 있다며 재판 전날까지도 법정에서의 증언 여부를 결정하지 못했다. 이에 재판부는 이례적으로 이 여성들을 위한 신변 보호 절차를 밟기로 하고 실명과 주소 등 신상이 공개되지 않은 재정 증인으로 채택해 심리하기로 했으나, 결국 피해여성들의 증언은 성사되지 못했다.

대명동 사건 재판 과정에서 성매매 피해여성에 대한 증인 채택은 두 차례에 걸쳐 이루어졌는데, 그 첫번째가 대명동 화재 참사의 유일한 생존자에 대한 증인 채택이었고 두번째가 이 경우였다. 그러나 두 번 모두 피해여성들은 증인으로 출석하지 못했다. 이 문제는 성매매 피해여성이 자신의 존재를 세상에 드러낸다는 것이 매우 힘들며, 현실적으로는 거의 불가능에 가깝다는 사실을 보여준다. 그녀들이 증언을 하지 않기로 결정했던 가장 큰 이유는 그 누구도 자신의 신변을 보호해줄 수 없다는 두려움이었다. 또한 자신이 그런 증언을 한다고 해도 자신의 말을 믿어주는 사람은 없을 것이며 변하는 것은 아무것도 없을 것이라는, 그녀들로서는 당연한 세상에 대한 불신이었다.

나는 이 일을 계기로 성매매 피해여성들의 소위 '커밍 아웃'에 대해 갖고 있던 환상을 깨게 되었다. 사람들은 쉽게 이렇게 말한다. "여성단체들은 그들을 대변하는 것에 불과하니, 당사자인 피해자가 대중 앞에 나서서 자신이 얼마나 큰 피해를 당하고 있는지를 말하면 더욱 설득력이 있을 것"이라고. 그러나 이런 말은 피해여성을 대상화, 증오, 혐오, 비하하는 현실을 무시한 주장이며, 여성을 피해여성과 여성운동가로 이분화하여 여성들간의 연대를 힘들게 하는 남성 논리임을 현실 속에서 체득하게 된 것이다.

성매매 피해여성이 대중들 앞에 자신의 모습을 드러낸다는 것은 개인의 용기나 결단을 넘어서는 행위이다. 그녀들의 '커밍 아웃'이 가능하기 위해서는, 말할 수 있는 분위기—성의 이중 규범 비판, 자존감 향상 및 신변 보장 등—가 만들어지고, 사회적 여건이 우선적으로 바뀌어야 한다. 무엇이 성매매 피해인가가 정의조차 되지 않은 사회에서, 그녀들의 피해를 들을 수 있는 사회적 의미 체계가 없는 상황에서, 그녀들의 목소리를 존중하지 않는 사회에서 성매매가 존재한다는 것을 증명하기 위해 피해의 '심각성'을 대중 앞에 '전시'하는 것은 무엇을 의미하는가. 이런 의미에서 "피해자가 대중 앞에 나서면 더 설득력이 있을 것"이라는 주장은 언어와 권력을 독점한 자들의 무지와 오만이며, 또 다른 형태의 여성에 대한 폭력이다.

사실 성매매 현장의 폭력을 증언하는 전략은 상황의 '심각성'을 드러내어 착취와 감금, 인신매매 등 좀더 쉽게 가시화되는 확실한 피해를 강조하게 되는 일종의 '충격 요법'이라 할 수 있다. 그러나 이러한 접근 방식은 성매매를 사회 구조적인 정치적 문제가 아니라 예외적이고 일탈적인 사건으로 바라보게 만들기 쉽다. 군산 성매매업소 화재사건에서 여성 인권 침해는 '쇠창살로 감금당했다'는 사실뿐만이 아니라 그러한 현실을 포함한 성매매 행위 그 자체에서 발생한다.

4. 성매매 범죄의 총집결체, 군산화재참사의 의미

군산 대명동 성매매업소 화재 참사는 성매매 피해여성들의 인권침해 상황을 단적으로 드러냈을 뿐만 아니라 성매매를 작동 가능하게 하는 우리 사회의 구조, 국가와 공권력의 문제, 성매매에 대한 일반인의 인식 등 성매매 범죄에 관한 모든 것이 함축된 사건이었다.

1) 성매매업소의 성적 착취 구조

이 사건은 성매매 산업의 성적 착취 구조가 얼마나 조직적이고 폭력적이며 그 연결 고리가 얼마나 견고한가를 보여주었다. 희생된 여성들은 인신 매매로 팔려와 감금 상태에서 성매매를 강요당했다. 성매매 피해여성들은 많은 경우 직업 소개소나 아는 사람의 소개로 다방이나 유흥주점 등에 '선불금'을 받고 취업하게 되는데, 이때 받게 된 최초의 선불금이 결국은 여성들을 묶어두는 족쇄가 된다. 이후 업소에서 일방적으로 물린 각종 명목의 벌금이나 선불금 이자 등으로 불어난 빚을 감당하지 못하게 된다. 이러한 구조에서 빨리 빚을 갚고 집으로 돌아가겠다는 것은 사실상 불가능하고, 업주나 소개업자들의 계산에 의해 이리저리 인신매매되는 과정에서 여성들은 돈 한 푼 만져보지 못하게 된다. 결국 처음 제공되는 선불금은 여성들의 경제적으로 궁핍한 상황을 이용하여 여성들을 묶어두고 불법 성매매 영업을 시키기 위한 노예 문서가 되는 것이다.

100명의 성매매 피해여성들을 조사한 연구(김현선, 2002)에 의하면 성매매 피해여성들의 평균 성매매 유입 연령은 18.9세로서, 73%가 13세에서 19세 사이에 유입되었다. 대부분이 사기 광고나 인신 매매에 의해 성매매 산업에 유입되었고, 성매매업소 중 가장 많은 유형은 유흥주점(71%)과 티켓다방(62%), '사창가'(59%)였다. 군사에서 화재로 희생된 여성들도 모두 근처 다른 업주가 선불금을 받고 '사창가'로 팔아넘겨 그곳에 있게 된 것이었다.

포주에게 여성은 물건이고 상품이며 '움직이는 현금'이다. 포주들은 여성에 대한 감금과 감시, 폭행, 협박이 자신의 재산권을 지키기 위한(여성이 도망가면 손실이 발생하므로) 정당한 행위라고 주장한다. 하지만 실제로는 여성들끼리 맞보증을 하도록 하여 한 여성이 도망가면 도망간 여성의 빚을 보증을 선 여성에게 물려 다른 곳으로 팔아버리기 때문에, 업주 자신은 어떠한 손해도 보지 않는다. 또한 포주들은 '빚 갚을 때까지 못 나간다', '도망가면 경찰에 사기죄로 고소한다', '끝까지 쫓아가 잡아서 섬으로 팔아버린다'고 협박한다. 여성들은 도망간 여성을 실제로 포주가 잡아서 빚을 더 올려 섬으로 팔아버리는 것을 직접 보았기 때문에, 그녀들로서는 다른 사람에게 도움을 청하거나 도망가는 것은 생각하기 어렵다.

선불금은 개인간 정상적 금전 거래가 아닌 불법 원인에 의한 채권이기 때문에, 반사회적 질서 법률행위는 이를 무효로 한다는 민법의 취지에 따라, 포주가 성매매 피해여성에 대해 가지는 채권은 일체 무효이다. 하지만 이를 구체적으로 명문화하고 있는 '윤락행위등방지법' 20조(당시 제11조)는 법전 속에서 잠자고 있었고, 법 제정 이후 한 번도 이 조항을 적용시킨 사례가 없었다. 오히려 여성들이 도망가면 포주와 소개업자는 여성들에게 받아놓은 차용증을 근거로 경찰에 그들을 사기죄로 고소하고, 경찰은 전국에 여성을 수배하여 여성들을 잡아오는 포주의 대행자 노릇을 하고 있었다. 실제 군산화재참사로 사망한 여성 중 3명은 기소 중지되어 전국에 수배된 상태였다. 피해자에게 필요한 법이, 가해자들이 활용하는 바로 그 법이었다. 이러한 상황은 '윤락행위등방지법'이 현실에서 사실상 여성 인권 침해를 묵인·방조하는 효과를 가져왔음을 여실히 보여주는 것이었다.

2) 성매매산업구조의 일부인 경찰

한편 2000년 10월 15일 화재 참사에서 유일하게 살아남은 생존 여성의 진술서가 ≪오마이뉴스≫를 통해 공개되면서 대명동 화재 참사 관련

운동은 두번째 전환점을 맞게 된다. 화재 당시 유일하게 살아남은 김모 씨(29)는 배금자 변호사 사무실에서 작성한 진술서에서, "포주들이 명절 때마다 파출소 경찰에게 상납금을 줬다"고 주장하는 등 포주와 경찰의 상납 고리·유착을 폭로했다. 생존여성의 이 같은 증언은 대책위와 유가족이 사건 발생 때부터 문제제기해왔던 경찰과 포주의 유착 비리와 경찰의 은폐를 분명히 밝혀주는 내용으로, 대책위는 이를 근거로 재수사를 통해 상납비리를 밝혀내고 관련 책임자를 처벌할 것을 주장하였다. 군산 경찰이나 전라북도 경찰 등 지역 수사기관이 성매매에 구조적으로 연루되어 있으므로, 철저한 수사를 위해서는 서울에 있는 경찰 본청이 수사에 착수해야 한다고 강력히 요구하게 되었다. 결국 대책위의 요구와 지역 여론에 밀린 전라북도경은 10월 17일 생존여성 진술을 계기로 뒤늦게 수사 전담팀을 꾸려 종전의 방관자적인 입장을 탈피, 강경 수사로 급선회하면서 '철저한 수사'를 공언하였다.

그러나 사정은 크게 나아지지 않았다. 전북지방경찰청 차원에서 10월 30일부터 10여 일 동안 군산시청을 비롯해 군산소방서, 한전, 군산경찰서 직원들을 불러들여 유착 여부를 조사했지만, 하급 직원만을 조사하여 결과적으로 책임자 처벌은 이루어지지 않았다. 오히려 검찰이 포주로부터 떡값 및 뇌물을 받은 경찰관과 수배 중인 포주에게 수사 진행 정보를 알려준 경찰관을 구속시키면서, 군산화재참사에 대해 단속 경찰에게도 책임이 있음을 입증해주었다. 한편 2000년 9월 26일 《한겨레》에 서울 미아리 성매매업소 포주들이 '상납계'를 만들어 단속 경찰들에게 3년여에 걸쳐 6~7억 원대의 뇌물을 전해온 사실이 보도되면서, 성매매 업주와 경찰이 떼려야 뗄 수 없는 공생 관계에 있음이 전 사회적으로 공론화되었다. 법으로는 성매매를 금지하고 있지만 성매매가 광범위하게 용인되는 한국 사회에서, 경찰은 이미 성매매 산업 구조의 일부이다.

대명동 화재 참사가 일어난 지역은 군산에서도 유명한 '쉬파리 골목'이라 불리는 '사창가'이다. 미로처럼 연결된 골목길은 군산역으로 통하도록 되어 있고, 근처 100미터 근방에 역전파출소가 위치하고 있다. 이 지

역에서 군산 경찰은 포주들로부터 정기적으로 뇌물을 상납 받으면서 단
속 정보를 미리 알려주는 식으로 공생 관계를 유지해왔다. 그런데 지역
주민들까지도 공공연히 알고 있는 경찰의 문제를 경찰 자신만은 '몰랐
다'로 일관하면서 책임을 회피, 변명하기에 급급하였다. 군산시 당국 또
한 불똥이 자신들에게 튈까봐 쉬쉬하면서 어느 누구도 책임 있게 문제해
결에 나서려고 하지 않았다. 군산화재참사 당시 군산 경찰은 단순 화재
사건으로 화인(火因)을 밝히는 선에서 사건을 덮으려 했고, 수사 경찰과
군산시 공무원 모두 성매매에 대한 문제의식이 전혀 없었다. 그들은 모
두, "윤락녀 몇 명 몸 팔다 죽은 것 가지고 왜 이리 야단인가," "군산만
이런 업소가 있는 것이 아닌데 재수 없게 군산에서 이런 일이 발생한 것
에 불과하다," "더 이상 대책위가 싸움을 계속하면 군산 경제 망한다"면
서 오히려 문제 해결의 노력 자체를 비난했다. 시간이 지나 대책위가 지
치기를, 여론이 잠잠해지기만을 기다리고 있는 듯 보였다. 당시 연일 특
집 기사를 내보낸 지역 신문 중 하나인 ≪전북일보≫를 살펴보면, 수사
를 맡은 경찰을 비롯한 관계 당국의 태도가 어떠했고 그 이면에 어떤 성
매매 구조가 놓여 있는지를 부분적으로나마 알 수 있다.

> ……사고 당시만 해도 업주 구속 선에서 서둘러 수사를 마무리하려던 당
> 국이 이번 기회에 윤락가에 대한 난맥상을 되짚어야 한다는 여론에 떠밀려
> 강경 수사로 급선회했기 때문이다. 이 같은 미온적 태도의 이면에는 '수사가
> 확대되면 공무원과 윤락 업주들 간의 검은 거래라는 판도라의 상자를 건드
> 리지 않을까'라는 고심의 흔적이 역력하다는 안팎의 지적이다. 결국 이 같은
> 뒷북 수사로 인해 곳곳에서 파열음이 빚어지고 있다. 무엇보다 경찰이 실제
> 포주의 소재 파악에 실패, 수사에 허점을 드러냈다. 사고 직후 경찰은 전 씨
> 모자를 구속했지만 이들은 실제로는 명목상 업주에 불과했으며, 실질 업주는
> 전 씨의 딸과 사위인 박모 씨(39)-이모 씨(46) 부부였다는 윤락가 주변 상인
> 들의 한결같은 주장이다. 경찰은 그러나 사고 직후 '실질 업주' 제보를 받고
> 도 이를 묵살했고, 최근에서야 이 씨 부부의 소재파악에 나섰지만 이들의 행
> 방은 묘연하다. 그런가 하면 경찰은 사고 직후 수사의 결정적인 단서인 감식
> 에도 소홀, 결정적인 수사단서를 놓치는 우를 범하기도 했다.
> ─<집중조명> '경찰수사 어디까지 왔나'(9월 29일자)

　　군산 윤락가 '쉬파리 골목' 포주들과 경찰 사이에 '검은 커넥션'이 실존했다는 주장이 제기돼 파문이 일고 있다. 지난달 19일 윤락녀 5명의 생명을 앗아간 군산 대명동 윤락가 화재 사건 당시 유일하게 살아남은 생존 윤락녀 김모 씨(29)가 지난 13일 서울 배금자 변호사 사무실에서 포주와 경찰의 상납고리·유착관계 등을 폭로했다. 김 씨는 이날 작성한 진술서에서 "포주들이 명절 때마다 파출소 경찰에게 상납금을 줬다"고 주장했다.

─ '군산윤락가 경찰 검은 유착 있었다'(10월17일자)

　　군산 윤락가 화재참사와 관련, 그동안 꾸준하게 제기됐던 '경찰-포주 간의 유착고리'가 몸통을 드러냈다. 10일 전주지검 군산지청은 군산경찰서 역전파출소 전 부소장 전모 경사(50)와 형사계 차모 경사(50)를 직무유기 및 수사기밀누설 등의 혐의로 구속했다. 이들은 윤락가 포주 전모 씨(56·구속)와 수시로 연락을 취하며 수사진행상황을 알려준 혐의를 받고 있다. 포주 전 씨는 화재 당시 건물 3층에 잠을 자다 탈출했던 윤락녀 김모 씨(29)가 지난달 14일 "다른 포주들로부터 돈을 거둬 경찰에 상납했던 윤락가 포주들의 실질적 대표"라고 진술했던 인물이다. 이에 따라 '검은 거래는 없다'는 전북경찰의 주장은 궁색한 변명에 불과했으며, 지난달 17일부터 윤락가 화재사건을 전담했던 전북청은 군산서 일부 직원의 내부 거래에 유린당하는 수모를 떨치기 어렵게 됐다. 더욱이 전북지방경찰청 수뇌부는 '검은 거래'를 애써 외면, 사태를 악화시켰다는 지적이다. 이는 군산시청을 비롯해 군산서·군산소방서 직원들을 상대로 돌입한 윤락가화재참사 전면 재수사에서도 여실히 드러났다. 지방청은 업소 수가 60여 곳에 이르는 속칭 감독은 제외한 채 업소 수가 10곳에 불과한 속칭 '쉬파리 골목'으로 수사규모를 축소했는가 하면, 군산경찰서 직원 가운데 수사대상을 '몸통'인 형사계 및 특경대 직원들은 배제하고 '깃털'에 불과한 방범과 직원으로 한정하는 우를 범했기 때문이다.

─ '윤락가 검은 거래 몸통 드러내'(11월 11일자)

　　군산 윤락가 화재 참사와 관련, '경찰-포주 간의 유착고리'가 잇따라 실체를 드러내고 있다. 전주지검 군산지청은 24일 군산경찰서 수상파출소장 강모 경위를 긴급 체포했다. 검찰에 따르면 지난 3월까지 역전파출소장으로 근무한 강 씨가 윤락가 포주와 수시로 전화연락을 취하면서 내부 정보를 흘린 혐의를 잡고 수사에 나선 것으로 알려졌다.

─ '군산윤락가 수사 관련 前 역전파출소장 긴급체포'(11월 27일자)

　　군산윤락가 포주와 경찰의 검은 유착 의혹을 수사해온 전북경찰이 본질은 놓친 채 수박 겉핥기식 수사로 일관하면서 시간만 끌었다는 비난이 높다. 전북지방경찰청은 지난 10일 기자회견을 통해 전담 수사팀을 구성해 두 달 가까이 집중 수사한 결과를 발표했는데도 2주를 훌쩍 넘긴 지난 28일에야 검

찰에 수사자료를 송치, 비리척결 의지는 오간 데 없고 포주와 경찰의 유착관
계를 오히려 감추려는 태도가 아니냐는 여론이 비등해지고 있다.
                                    —'경찰 윤락가 헛수사 비난 높아'(11월 30일자)

　관련 공무원의 무사 안일과 책임지지 않는 정부, 지방자치단체의 문제
가 결국은 2002년 1월 19일 군산시 개복동에서 더 큰 참사를 빚게 하는
결과를 가져왔다. '이중 잠금 장치'가 있는 성매매업소에 대형 화재가 발
생해 12명의 여성이 죽음을 당하는 사건이 다시 일어난 것이다.

　그러나 경찰 공무원의 직무 유기와 성매매 방조 및 묵인 행위는 결국
2002년 7월 4일 군산 대명동 화재 참사 민사 재판 1심 선고를 통해 그
책임이 인정되어, 국가가 유가족에게 손해 배상을 해야 한다는 판결이
나오게 되었다. 이 판결은 대한민국 헌정사상 처음으로 성매매에 관한
국가 책임을 인정한 것이다. 하지만 재판부는 군산시의 책임은 인정하지
않았기 때문에 대책위는 이에 항의하여 현재 항소심이 진행 중이다. 이
러한 결과는 기나긴 재판 과정에서 온갖 어려움과 힘든 상황에서도 포기
하지 않은 유가족과, 배금자 변호사를 도와 헌신적으로 활동해온 새움터
김현선 대표와 활동가들이 있었기에 가능한 일이었다. 유가족들은 한국
여성단체연합으로부터 개인의 아픔과 슬픔을 딛고 여성 인권을 위한 일
에 힘을 보태고 꿋꿋하게 버텨온 것이 인정되어, 2001년 3·8 한국여성
대회에서 '여성권익 디딤돌'상을 수상하기도 하였다.

　군산화재참사 이후 전국적으로 비슷한 사건이 계속 발생하였다. 2001
년 충북 청원군의 노예 성매매 사건, 부산 완월동 성매매업소 화재 사건,
성남의 감금 성매매, 2002년 1월 19일 군산 개복동 화재 참사, 청량리
(속칭 588 입구)에 있는 여관 화재 사건, 익산 찜질방 화재 사건, 2003년
전북 장수군 룸싸롱 숙소 화재 참사 등이 그것이다. 전국 각지의 성매매
지역에서 수많은 화재가 발생하여 많은 희생자가 나왔고, 곳곳에서 인신
매매와 감금 사건의 피해자들이 구조를 요청해왔다. 이들 여성들과 가족
들은 군산 대명동 화재 참사를 알고 있었고, 모두가 지푸라기라도 잡는

심정으로 도움을 요청해왔다. 국가가 손놓고 있는 사이, 몇 안 되는 현장 여성운동단체[8]들은 정부를 대신하여 엄청난 구조 상담 활동을 해야 했다.

3) 성매매를 둘러싼 우리 사회의 담론 구조—'자발'과 강제의 이분법

세번째 드러난 것은 성매매를 둘러싸고 있는 우리 사회의 인식, 담론 구조의 문제이다. 그동안에는 논의의 여지가 없는 당연한 현상으로 무시되어왔던 성매매 이슈가, 이 사건의 공론화를 계기로 각종 논쟁과 주장들을 수반하며 수면 위로 떠올랐다. 언론에서도 관심을 가지고 (TV 심야토론이나 신문 등에서) 이를 다루었으며, 정부의 대책을 촉구하는 각종 정책 제언들이 공적인 장에서 논의되기 시작했다. 그러나 이러한 논의·논쟁들은 여전히 과거의 낡은 틀과 내용을 답습하고 있었다. 논쟁의 구도는 '사회적 필요악'이라는 주장에서부터 '성 노동자로 보아야 한다', '성매매 피해여성으로 보아야 한다'는 주장에 이르기까지 다양한 스펙트럼으로 벌어졌는데, 이러한 주장을 주도하는 세력을 보면 그러한 언설의 정치적 의미가 더욱 분명해진다.

일례로, 2001년 8월 12일 대전지법의 황 모 판사는 "성매매는 사회적 필요악으로 일면의 긍정적 사회적 기능을 담당하는 측면을 무시할 수 없다"면서 스포츠 마사지 업주를 상대로 한 영장을 기각하였다. 성매매에 관한 사법부의 이러한 인식은 우리 사회 일반의 의식과 '상식'으로 통용되는 남성 중심적 시각을 그대로 반영하는 것이다. 또한 정부 관계자와 공무원·경찰의 경우, 이유는 각기 다르지만 '성매매는 근절이 불가능하다'는 대전제하에 정책 방향을 세워나간다는 점에서 공통적이다. 이들은 규제주의, 즉 '공창제'를 실시해야 한다는 입장을 기본으로 하여 한시적

---

8) 2002년까지 성매매 피해여성 지원을 주요 활동으로 진행한 여성단체는 한소리회, 새움터, 두레방, 한국교회여성연합회, 막달레나의 집, 전북여연 부설 성매매여성인권지원센터, 대구여성회 성매매여성 구조지원팀 등이다.

공창제 등 여러 가지 변형된 주장을 하는데, 이때 많은 경우 공창제를 실시하는 '선진국'의 예가 거론되며 그 정책이 성공한 정책인 양 주장하는 정치적인 담론 실천을 쉽게 볼 수 있다. 공창제를 통해 '끔찍한' 상황을 제거하면 강제에 의한 성매매는 사라지고 자발적 성매매가 정착할 것이라는 '상상'이다.

그러나 성매매에 대해 논할 때 주로 등장하는 '자발'과 '강제'의 구분은 남성의 경험과 시각에서만 가능하며, 그 자체가 구조적 문제를 개인의 문제로 치환하는 정치적 효과를 갖는다. 대개의 형법학자들은, 법이란 최소한의 것에만 관여해야 하므로 범죄 행위임이 명백한 성적 착취('강제') 부분에만 국가가 관여하고 일반적인 성 문제('자발적인 성매매')는 관여해서는 안 된다고 주장한다. 하지만 성매매 일반을 성적 착취가 아닌 '일반적인 성 문제'로 보는 이러한 시각 자체가 남성의 경험에 기반한 것이다.

성매매의 폭력성에 대한 연구 자료에 의하면 성매매 피해여성들이 경험하는 신체적·성적 폭력은 매우 심각하다. 96%가 신체적인 위협이나 무기를 사용한 위협, 신체적 폭력, 강간 등을 경험하였고 81%가 외상 후 스트레스 장애를 겪고 있으며, 96%가 성매매에서 벗어나는 것을 원하고 있다. 그들은 포주로부터의 보호(87%) 및 안전한 장소(85%), 개인상담(84%), 건강보호(82%), 법률적 지원(76%) 등의 사회적 지원을 필요로 하고 있었다. 90%의 성매매 피해여성들이 공창제에 반대하는 것으로 조사되었다.[9] 자발과 강제의 이분법은 성매매 자체의 폭력성을 그대로 둔 채 책임을 여성 개인에게 돌리고 여성연대를 파괴하는 논리이다. 구조, 상담 및 대책위 활동 등을 통해 확실히 인식할 수 있었던 것은, 이것이 여성의 존재성이 남성과 달리 '몸'으로 간주되는 남성 중심 사회의 성차별을 정당화하는 데 기여하는 가부장적 담론 실천이라는 사실이었다.

---

9) 김현선, 성공회대학교 시민사회복지대학원 석사학위 논문, 「성매매의 폭력성과 성매매 피해여성의 외상 후 스트레스장애」, 2002.

5. 군산참사대책위 활동을 통해 본 성매매 문제화의 정치경제학

1) 사건에 대한 입장들

대책위에서는 성매매가 여성에 대한 폭력이자 인권 침해 행위임을 분명히 하면서 자발과 강제의 이분법을 문제화하고 우리 사회의 구조화된 폭력에 맞서 싸워나가기 위해 노력하였다. 성매매 문제는 하루아침에 해결될 수 있는 문제가 아니며, 법과 제도의 정비와 함께 남성 중심적인 문화, 군사주의, 거대한 성 산업 구조와 세계화로 인해 가속되고 있는 빈곤의 여성화 등 복잡한 권력망이 만들어내는 차별이 해결되지 않는 한 여성 착취는 계속될 수밖에 없다고 보았다. 그것은 하나의 성매매 사건 해결이 전 사회에 대해 갖는 정치적 의미와 효과를 드러내고, 여성들이 지난한 투쟁의 과정에 연대해야 함을 인식하는 활동이었다.

성매매에 대한 여성주의의 입장은 자유주의적 입장과 급진적 페미니스트의 입장으로 크게 나눠볼 수 있다. 자유주의 입장은 '성 노동자'로 합법화의 길을 주장하고, 급진주의는 성매매가 여성에 대한 성적 착취이자 폭력이므로 근절해야 한다고 믿는다. 대명동 화재참사 대책위 활동을 진행하는 동안 가장 어려웠던 것이 바로 이 부분을 조정하고 함께 관점을 통일시켜나가는 것이었다. 대책위에 참여한 단체들의 성격이 다양하고 성매매에 대해 각기 다른 입장을 가진 상황에서, 대책위를 주도해나가는 여성들의 입장이 무엇보다도 중요했다. 이는 피해여성들을 피해자로 만들지 않으면서 성매매의 억압상을 드러내는 작업이었다.

당시 대책위 활동을 가로막는 주요 남성 지배 담론은 두 가지였다. 군산 지역에서 발생한 사건을 대외적으로 알리면 창피한 일이니 적당히 덮어두어야 한다고 보는 군산시와 경찰의 태도와, 성 산업 구조의 이해에 기반하며 '사건을 문제화하면 군산 경제가 망한다'고 주장하는 논리가 그것이다. 그러나 진정으로 군산 경제를 발전시켜나는 방법은 성매매를 용인하는 것이 아니라 지역개발계획을 세워 건강한 지역 공동체를 회복

해나가는 것일 것이다. 대책위는 군산 지역이 성매매 문제 해결의 모범
사례가 되어 정부 정책을 바꿔내는 데 앞장서야 한다고 생각했다. 이러
한 책임감 아래서 대책위는 한 사건에 대한 진상 규명에만 그치지 않고
성매매방지법 제정과 국가 책임을 강조하면서 피해자를 위한 대안 마련
을 촉구했다.

2) 한국의 인권운동 진영 내에 존재하는 인권 문제의 서열

처음에는 성매매를 바라보는 관점의 차이로 인해 일반 시민사회단체
들을 조직하기 힘들지 않을까 하는 우려도 있었지만, 지역단체 및 시민
들은 시내 중심가에 위치한 유흥업소에 대한 문제의식이 있었고 해결을
위해서는 힘을 모아야 한다고 공감했기 때문에 어렵지 않게 지역대책위
를 구성할 수 있었다. 지역시민사회단체를 중심으로 대책위를 만들자 전
북지역을 비롯한 전국의 시민사회단체들이 명의를 연대하겠다고 제안해
오면서 대책위 활동에 힘을 실어주었다. 하지만 실제로는 연명에 그치지
않고 좀더 책임 있게 활동을 한 것은 여성단체들뿐이었다. 이 과정에서
우리는 성매매 문제가 여전히 시민사회 영역의 주요 과제가 아님을 절감
하였고, 인권운동의 영역에서 여성 문제가 항상 구색 맞추는 '부문'운동
으로 간주되는 현실에 부딪치게 되었다. 처음에 군산여성의전화가 시민
사회단체에 연대를 요청했을 때, 지역단체들은 여성단체가 앞장서면 뒤
에서 도와주겠다는 식으로 소극적으로 대응하였다. 이는 지역에서 다른
사안별 연대체를 구성할 때와는 완전히 다른 모습이다. 예컨대 일반적인
'정치적' 사안이나 환경문제, 노동문제, '인권'문제를 다룰 때는, 영향력
있는 시민단체가 대표가 되고 실무자 파견도 모든 단체들이 적극적인 경
우가 일반적이기 때문이다.

또한 이슈라고 해서 모든 여성단체가 연대하면서 하나의 목소리를 내
는 것도 결코 아니었다. 군산은 여성운동이 활발히 진행되어온 지역이 아
니었고 주민들이 보수적이고 남성 중심적 의식이 강한 상태여서, 여성주

의 정체성이 없는 일부 단체들은 오히려 정부의 입장을 대변하면서 군산시와 경찰의 입장을 비호하기도 했다. 그러나 이러한 여러 가지 한계에도 불구하고 여성 사안(gender issues)에 여성운동단체만 활동하면 대중성을 확보하기 힘들기 때문에—주로 대중 동원력과 호소력이 떨어진다는 우려가 많다—가능한 한 많은 단체들을 조직하는 것은 중요한 문제였다. 어려운 상황에도 군산목회자정의평화실천협의회10) 석일 목사님이 대책위 공동대표를 맡아주시면서 성매매 문제는 여성인권 문제이며, 그것은 사회 구조와 일상 문화 전체가 변화해야 하는 문제임을 알려내면서 온갖 궂은 일을 다 해주셨다. 그리고 시민사회단체들은 동지적 연대 의식으로 우리가 제대로 챙기지 못하는 시위용품이나 집회 조직 등을 함께 해주었다.

　당시 대책위 내부에서는 '이렇게 열심히 싸울 수 있는 것은 이 지역 사람이 아니기 때문에 가능하다'는 말이 나올 정도로, 성매매 업주 대부분은 지역 유지로 행세하는 사람들이었고 심지어 시민단체에 회원으로 등록하고 후원금까지 내는 사람도 있었다. 지역 연고가 있는 지역 활동가들 중에는 안면이 있거나 아는 사람들도 있었기 때문에, 이런저런 관계망에 얽히면 끝까지 싸움을 하기 어렵기 때문이다. 그런 점에서 보면 인맥도 없고 돈도 없고 세력도 없는 여성단체는 무서울 것이 없고 걸릴 것이 없었다. 우리는 비록 힘은 약하지만 타협하지 않고 끝까지 싸워나갈 수 있었고, 이를 아는 많은 사람들이 우리의 활동에 보이지 않는 지지와 격려를 보내주었다. 서울을 중심으로 중앙 집중화된 한국사회에서, 중소 도시로서의 소외감 역시 이 싸움을 설명할 수 있는 하나의 요소이다. 서울에서 이루어지는 사회운동과 달리, 우리의 투쟁은 중앙 언론에서 제대로 다뤄지지 않았다. 만약 서울에서 이런 참사가 발생했으면 연일 보도되었을 거라느니, 언론이 제 기능을 못한다느니 하는 분노를 되씹으

10) 당시에는 군산목회자정의평화실천협의회(준) 상태였으나 대책위활동을 열심히 한 이후 정식으로 조직이 결성되었다. 석일 목사님은 개복동화재참사사건 때도 대책위 공동대표를 맡아서 앞장서서 활동하였고 2002년 전북여성단체연합에서 주최하는 여성주간행사에서 여성권익 디딤돌상을 수상하였다.

며 지역 언론 보도로 만족해야 했다.

앞서 기술한 바와 같은 성매매에 대한 입장 혹은 전략의 차이로 인해, 대책위 활동에서 중점적으로 선택한 전술은 성매매의 폭력성을 알려나가면서 정부 정책을 비판하고 정부의 책임을 부각시키는 것이었다. 다양한 주장과 입장에도 불구하고 최우선적인 것은 여성 인권을 중심으로 성매매를 문제화하는 것이었다. 혹자는 군산화재참사의 경우 감금, 인신매매, 성적 착취가 확실하기 때문에 '노예 성매매'로 규정하고 문제제기를 했으면 더 쉽지 않았겠냐고 지적하기도 했다.

우리 사회에는 공창제 주장에서부터 피해여성 책임론('자발성'), 지역 경제 활성화를 주장하는 경제 논리까지 다양한 남성중심적 주장들이 위세를 떨치고 있다. 실제로 우리가 가장 많이 들었던 이야기는 지역경제가 망한다는 것이었다. 당시 성매매업소를 중심으로 지역 상권이 형성되어 있었는데, 성매매업소들이 문을 닫으니 인근 중소 상인들까지 빨리 사건이 해결되기만을 기다리고 있는 상태였다. 성 산업이 만연해 있는 우리 사회에서 전국 어디서나 제2, 제3의 군산화재참사는 얼마든지 발생할 수 있는 것이고, 군산 대명동 화재 참사는 그 중 결국 더 이상 참지 못하고 곪아터진 일부에 불과하다. 대충 사건을 마무리하고 아무일도 없었던 것처럼 일상을 봉합하는 것은 아무런 의미가 없기 때문에 여성인권 문제와 지역의 문제를 함께 해결해내기 위한 활동이 필요했다. 결국 대책위의 활동 방향은 하나의 개별 사건 해결에만 집중하는 것이 아니라 성매매라는 더 근본적인 문제 해결을 위해 정부 정책을 변화시켜야 한다는 것이었다. 그리고 이를 위해 성매매 방지와 성매매 피해여성을 지원하기 위한 특별법 제정 촉구 운동을 통해 이것이 지역 전체, 사회 전반의 문제임을 주장하고 연대활동을 통해 대중적인 운동이 되도록 하는 것이 중요했다.

대책위 활동은 이후 지역 문제 해결을 위한 상시적인 조직으로 존재할 수 없는 조직상의 한계를 지니고 있었지만, 그래도 대책위 이름을 해체하지 않고 그대로 유지하고 있었던 것은 2002년을 예견해서였을까? 결국 대명동 대책위 투쟁의 성과는 2002년 군산 개복동 화재 참사 당시 신속하게 지역과 전국을 조직할 수 있는 밑거름이 되었고, 보수적인 여성단체들까지도 함께 대책위에 합류하였다.

6. 정부 정책을 바꿔라―성매매방지법 제정 활동

한국 정부는 2000년 유엔 국제조직범죄협약을 보충하는 인신매매, 특히 여성과 아동의 매매 예방 및 억제를 위한 의정서에 비준했다. 이 협약은 인신매매를 방지하기 위해서 각 국가들이 인신매매 범죄를 조사하고 기소하면 서로 협력하여 피해자를 보호할 것을 명시하고 있다. 또한 국내법을 국제 기준에 맞추어 정비해야 할 필요성을 제기하였는데 한국은 인신매매 관련 국내법이 정비되지 않아 국제적인 문제에도 제대로 대응하고 있지 못한 실정이다. 결국 2001년 미 국무성에 의해 인신매매 3등급 국가로 분류되어 '국제적 망신'을 당한 이후 정부 각 부처는 부산을 떨면서 여러 정책들을 내놓았지만, 여전히 근본적인 해결 정책은 세우지 못하고 있다. 반면 군산 대명동 화재 참사 이후 한국여성단체연합을 중심으로 여성운동단체들이 성매매 문제를 주요 과제로 삼아 2001년 성매매방지법 제정을 위한 전문가 회의를 통해 '성매매알선등행위의처벌및방지에관한법률안'을 만들어 2001년 11월 26일 입법 청원하게 되었다.

이 법안의 입법 청원 취지는 다음과 같다.

20세기 이후 국제 협약이나 각 국의 입법례들은 이미 과거 성매매 행위자를 중심으로 한 처벌 입법에서 벗어나 성매매를 '착취 구조 속에 걸려든 피해여성을 착취하는 범죄'로 간주하여, 알선과 인신 매매 행위 등을 직접 처벌하고 이를 방지하는 내용의 입법으로 전환된 지 오래다. 그런데 현행 "윤락행위등방지법"은 성매매 행위자에 중점을 두고 있다. 그리하여 성매매의 발생 원인에 대한 접근을 하지 않고 모든 책임을 성매매 피해여성에게 전가하고 단죄함으로써, 인신 착취 및 성매매 방지에 대한 실효성이 없다. 국제적인 기준에 맞는 입법으로 개선될 필요가 있다.

따라서 이 법안은 한국 정부가 비준한 2개의 국제협약과 이 국제협약에 따라 강력한 국내 법률을 제정한 스웨덴과 미국의 법률 등을 참고로 하였다. 즉 이 법안은 1950년에 제정된 "인신매매 금지 및 타인의 매춘 행위에 의한 착취 금지에 관한 협약(Convention for the Suppression of the Traffic in Persons and of the Exploitation of the Prostitution of Others)"과 2000년에 제정된 "유엔 국제 조직범죄 방지 협약을 보충하는 인신매매 특히 여성과 아동의 매매 예방 및 억제를 위한 의정서(Protocol to prevent suppress and punish trafficking in persons, especially women and children, supplementing the United Nations Convention against transnational organized crimes)," 스웨덴의 "여성폭력방지법," 미국의 "인신매매와 폭력 피해자 보호법," "인신매매, 특히 여성과 아동의 매매금지를 위한 ASEM 행동계획," "여성 매매 방지를 위한 방콕 협정 및 행동계획" 등을 참고로 하고 있다.

성매매는 알선자 및 성을 사는 자, 성을 파는 자, 이렇게 3자에 의해 이루어지지만, 이 중에서 성을 파는 자는 절대 약자의 위치에 있다. 성매매를 조장하고 이득을 취하는 주체는 성매매를 알선하는 자와 매춘 여성을 통제하는 남성 손님이다. 따라서 이 법안은, 성매매를 근절하기 위해서는 성매매 알선자를 처벌하는 것이 중심이 되어야 한다고 천명하고 있다. 그러므로 법률명도 성매매 행위에 초점을 맞추지 않고, 성매매 알선 행위에 초점을 맞추어 "성매매알선등행위의처벌및방지에관한법률"로 정하였다.

한국여성단체연합은 2002년 '성매매방지법제정특별위원회'를 설치하여 성매매 근절 및 조속한 법 제정을 위한 본격적인 활동을 진행했다. 2002년 6월 조배숙 의원을 발의 의원으로 한 법률안이 국회 법사위에 제출되었다가 동년 9월 처벌법과 보호법으로 나뉘어, 이 글을 쓰는 현재 보호법은 여성위에, 처벌법은 법사위에 계류되어 있다. 2003년 7월 1일 국회 법사위에서 공청회를 열어 대체입법으로서의 성매매방지법제정의 필요성과 시급성을 논의하였다.

7. 나오며

2001년 9월 19일, 우리는 화재가 일어났던 현장에서 대명동 참사 1주기 추모식을 가졌다. 화재 현장의 쇠창살은 모두 깨끗이 제거되고, 평범한 유리문으로 바뀌어 있었다. 겉모양이 바뀐 건 '쉬파리 골목'만이 아니었고, 이른바 '감독' 및 개복동 일대도 쇠창살은 없애고 그 대신 카메라나 세콤 등을 설치해놓는 식으로 좀더 세련되게 바뀌어 있었다. 그러나 변한 것은 아무것도 없었다. 전국 각지의 다양한 성 산업은 날로 늘어가고 있으며, 변화되는 현실에 대응하지 못하는 무기력한 법과 대책 마련에 나태한 정부 정책이 이리저리 표류하는 사이 성매매 현장에 있는 여성들의 인권 상황은 더욱 악화되고 있다.

전북 지역에서는 군산 대명동 화재 참사 대책위 활동을 조직적으로 이어나가기 위해 2001년 9월 20일 전북여성단체연합 부설 성매매여성인권지원센터를 개소하여 전국적으로 성매매 피해여성에 대한 구조·상담·지원 활동 및 실태 조사 등을 진행해왔다. 그러나 개별 단체와 운동가 개인의 헌신적인 활동에도 불구하고, 성매매 시장의 거대함에 지친 우리들은 매일매일 '밑 빠진 독에 물 붓기'를 절감한다. 성매매 피해여성들에 대한 지원 대책이 거의 없는 상황에서, 국가가 해야 할 이런 엄청난 일을 민간 단체가 이렇게 고생하면서 해야 하는가? 이러한 활동이 국가의 책임을 면책해주는 것은 아닌가? 하는 회의를 갖기도 한다. 하지만 도움을 요청하는 현장의 외침에 몇 명 되지도 않는 활동가들은 오늘도 '출동'하고 있다. 하나의 위안이 있다면, 이 과정에서 우리는 군산 대명동 화재 참사를 보고 자신도 같은 처지에서 도움을 요청하게 되었노라고 말하는 성매매 피해여성들과 가족들을 많이 만나게 되었다는 점이다. 그 순간이야말로 우리의 운동이 얼마나 큰 영향을 미쳤는지 확인하는 시간이다.

가부장적인 사회·문화적 구조, 지구화되는 자본주의, 빈곤의 여성화, 국민 국가의 틀을 넘어서는 성 산업의 확산과 번창 등 사실 성매매를 문제화하는 것은 사회 전체를 문제화하는 것과 다름없다. 그러나 이 지난하고 아득한 투쟁의 시작은 사회에 만연해 있는 고정 관념과의 싸움으로부터 출발한다. 성매매 불가피론("역사 이래로 항상 있어왔다," "성폭력을 예방한다"), 공창제 주장(이는 여성이 아니라 남성을 위한 공창권이다) 등 가부장제 사회의 수많은 신화와 신념에 도전하면서 여성주의 언어를 개발·설득하는 일부터 시작해야 한다.

성매매를 여성에 대한 폭력과 착취로 인식하는 의식의 전환이 절실하다. 이를 위해서는 성매매 피해자-생존자의 시각에서 인권 개념이 여성주의적으로 재구성되고, 성매매에 관한 한 사회 구성원 모두가 재사회화되어야 할 필요가 있다. 고통받는 여성들을 방치하고 개인의 책임으로 몰아서는 안 된다. 이제 더 이상 '필요악'이니 '자발성'이니 하는 남성의 경험과 해석만을 반영한 폭력적인 언어를 묵인해서는 안 된다.

> 쉬어야 하는데 딱 하루라도 전화가 너무 하고 싶었어. 엄마 나 좀 데려가라고 나 힘들다고. 옛날이 그리웠어. 집이 그립고 친구가 그립고 동네가 그리웠어. 날고 싶다. 훨훨 새가 되어 꽉 막힌 곳을 벗어나. 베란다 중앙에 새장을 보았다. 외로이 새 한 마리가 보였다. 날 보는 것만 같았다. 무언가를 말하고 싶은데 남들이 알아들으면 어떠한 방법을 가르쳐줄 텐데…… 아무도 모른다. 새의 울부짖음을, 그런 새를 보며 나 역시 울고 있다. 누구 하나 대화할 수 있는 사람이 없다. 괴롭다. 돈은 갚으려면 아직도 멀었고 집은 자꾸 생각나고 미치겠다. 빨리 세월이 갔으면…….
>
> ─군산 대명동 희생자의 일기장 중에서

8. 남은 이야기, 나의 이야기

벌써 3년이 된 시점에서 새삼 다시 글을 정리하다 보니 내내 가슴이 답답하고 머리카락은 더 빠지고 있다. 3년 동안 변화된 것이 무엇이고 무엇을 바꾸어냈을까를 생각해보니, 앞으로 할 일이 더 많다는 생각에 마음이 무겁다. 또한 나의 생각이 이 글 속에 제대로 표현되었는지도 확신하기 힘들다. 현장에서 활동하는 활동가에게 긴 투쟁을 정리하여 글로 쓴다는 것은, 또 다른 능력과 성찰을 필요로 하는 것인데 나는 이런 능력까지 가지고 있지 못하다. 여성 인권을 위해 오늘도 투쟁하고 있을 활동가들에게 피해를 주지 않기를 바라는 마음뿐이다.

결국 군산대명동대책위활동이 '족쇄'가 되어 나는 원하든 원하지 않든 성매매 활동 현장에서 일할 수밖에 없게 되었다. 이 활동은 직업병이 심각하다. 주로 경찰과 대치하고, 매순간 긴장하며 활동해야 하며, 네온사인 깜빡이는 업소는 모두 성매매업소로 보여 들어가봐야 하고, 남성들은 모두 성 구매자로 보여 자칫 남성혐오주의자가 될 가능성이 너무도 크다. 한밤중에 구조하러 가는 일도 적지 않고, 휴일도 없이 지역을 넘나들어야 하므로 항상 대기 상태에서 지내야 하는 긴장감과 압박감이 나를 힘들게 한다. 또한 나의 여성운동은 가족의 희생을 담보로 하지 않으면 불가능한 것이었다. 나는 슈퍼우먼도 아니고 슈퍼우먼 콤플렉스로 고통받는 사람도 아니어서, 내게 부여된 삼중 사중 노동(가사노동, 육아노동, '운동', 생계)을 모두 감당할 능력이 없어 아이에게 늘 미안했다.

사실 고백하건대, 내가 성매매 문제에 전문적인 지식이나 소명 의식이 있어서 활동해온 것은 아니다. 단지 사건 발생 당시 내가 군산 지역에 살고 있었고, 나는 문제 해결을 위해 최선을 다해 싸웠을 뿐이다. 그러나 성매매와의 투쟁은 그동안 여성운동을 하면서도 '명예 남성'으로 살아왔던 내게 큰 영향을 미쳤다. 여성의 관점으로 여성운동을 한다는 것이 무엇인가에 대한 진지한 고민과 정체성을 회복시켜준 계기가 되었다(그 전까지 내 인생에서 전환점이 되었던 사건은 고3 때 겪었던 광주 항쟁이었다). 나 또한 초보적인 상태에서 대책위 활동을 해오다 보니 대책위 내부의 의견을 만들어내고 입장을 정리하기 위해 밤새 공부하고, 고민하고, 토론하고, 정리하면서 새롭게 성매매 문제에 대해서 인식하게 된 것이다.

234   성폭력을 다시 쓴다 – 객관성, 여성운동, 인권

<참고문헌>

한국여성단체연합. 2002, 『한국정부의 성매매방지 대책 어디까지 왔나』.
한국여성단체연합. 2002, 『성매매방지법제정을 위한 토론회』.
전북여성단체연합. 2002, 『군산대명동·개복동화재참사백서』.
김현선. 2002, 「성매매의 폭력적특성과 성매매피해여성의 외상후스트레스
        장애」, 성공회대학교 석사학위논문.
새움터·이주여성인권연대. 2001, 『아시아 성산업 근절을 위한 네트워크 결
        성과 성매매 방지 특별법 제정을 위한 국제 심포지엄』.
김중규. 2001, 『군산 역사 이야기: 고 지도와 옛 사진으로 풀어본 군산 역
        사』, 나인.

인권, 보편성과 특수성의 딜레마?

여성주의 시각에서 본 인권

정희진

1. 인권 개념의 보편성과 가해자의 '인권'

얼마 전 대학생이자 예비 군인인 ROTC 학생들을 대상으로 하는 성폭력 예방 교육에서 나는 예기치 못한 반응에 부딪혔다. 남성을 대상으로 하는 성폭력 예방 교육은, 구조적으로 잠재적 가해자의 위치에 있는 남성들이 실제 가해자가 되지 않게 하기 위해 인간과 사회를 성인지적(性認知的) 관점에서 해석할 수 있도록 훈련시키는 교육이라고 할 수 있다. 그러나 나의 전제와는 반대로, 그들은 두 가지 측면에서 자신들을 잠재적 '피해자'라고 생각하고 있었다. 하나는 상급자에 의한 군대 내 동성간 성폭력 피해자가 될 가능성으로 인한 것이었다. 또 하나는 자연스런 남녀 관계(혹은 남성의 권리)를 범죄로 규정하는 현재 한국의 여성 '위주'의 법들 때문에 남성들이 피해 받고 있다는 주장이었다. "여자한테 농담 한 번 잘못했다고 (성희롱 범죄로) 3,000만 원"은 말이 되지 않으며, "성폭력 당했다는 여자들의 주장은 실연에 대한 보복"이라는 것이다.

성폭력 문제 해결 과정에서, 피해여성의 진술이 사실이 아니라고 주장하는 가해남성과 그를 지지하는 가부장제 사회에 의해 최근 유행처럼 제기되고 있는 '성폭력가해자 인권담론'은 복잡한 논의를 요한다. 관련법이 제정되었음에도 불구하고 현재 한국사회에서는 여전히 피해여성의 진술보다는 가해남성의 주장을 신뢰하는 분위기가 팽배하기 때문에, 성폭력은 범죄 사실이 인지, 인정되는 것 자체가 대단히 어렵다. 절도나 사기 등 다른 범죄와는 달리, 성폭력은 언제나 '강간이냐 화간이냐'라는 방식으로 피해 사실을 둘러싼 객관성 논쟁에 휩싸인다. 성폭력 사건의 80%는 아는 사람에 의한 것인데, 이는 성폭력이 남녀간의 '정상'적인 성/사랑과 질적으로 다른 문제가 아니기 때문이다. 가부장제 사회에서 성폭력-성매매-'아름다운 성과 사랑'은 모두 불평등한 성역할 제도(gender system)의 연속선상에서 존재한다.

때문에 어린이 성폭력이나 윤간 등 남성의 기준에서 볼 때도 의심의 여지가 없는 '완벽한' 피해를 제외한 대부분의 성폭력은 신고되지도 처벌되지도 않는다. 한국의 성폭력 신고율이 2~6%에 불과한 것은, 신고할 경우 더 큰 피해가 있다는 것을 여성들 스스로 잘 알기 때문이다. 이러한 사회 구조의 남성 중심성은 성폭력 가해자로 하여금 범죄를 저질러도 처벌받지 않는다는 자신감을 갖게 한다. 성폭력 때문에 처벌받는 것은 '재수 없게 나만 걸린', '억울한' 일, 남성다움에 흠집이 나는 '창피한' 일로 인식된다. 이러한 문화적·정서적 구조 속에서, 피해여성이 법의 도움을 요청하는 그 순간, 가해남성은 명예훼손, 무고죄 등으로 피해자를 역고소한다.

성폭력 가해자가 피해 사실을 공론화한 피해자를 명예훼손·무고·모욕죄·간통죄 등으로 역고소한 사례는 1986년 부천서 성고문 사건, 1988년 대구 경찰 성폭력 사건, 1993년 신정휴 교수 사건(서울대 성희롱 사건) 등 꾸준히 있어왔다. 그러나 2001년 초, '운동사회 성폭력 뿌리 뽑기 100인 위원회'가 공개한 2개 사건을 시작으로 명예훼손 역고소 사건이 크게 증가, 일반화되고 있다.[1] 현행법상 명예훼손은 피해여성이 여성단체에 상담하는 등 피해 사실을 제3자에게 말하기만 하면, 얼마든지 적용될 수 있다.

이 과정에서 가해남성은, 성폭력 가해 사실을 적극적으로 부인하고 피해여성을 괴롭히는 자신의 행위를 남성의 인권이라고 주장하고 있다. 남성 중심적 사회 구조에 편승한 가해남성의 2차 성폭력 행위(social rape, second rape)가, "성폭력 가해자에게도 인권이 있다"는 보편적 인권 개념으로 옹호되고 있는 것이다. 물론 성폭력 가해자에게도 인권이 있다. 그러나 여기서 말하는 인권은 성폭력 가해자가 수사 과정에서 고문이나 부당한 대우를 받지 않을 권리 등을 의미하는 것이지, 가부장제 사회에서 피해여성을 억압하는 가해남성의 권력이 인권은 아니다.

"성폭력 가해자 신상 공개는 이중처벌이다," "성폭력 가해자의 인권도 존중되어야 한다"는 발언이 광범위한 사회적 공감을 얻고 있다. 그러나 문제는 대부분의 성폭력 가해자가 이중 처벌을 받기는커녕 거의 처벌되지 않는다는 점, 성폭력 가해자를 처벌하는 과정에서 피해자가 겪어야 하는 고통은 가해남성의 몇 배이며, 여성의 고통은 남성 중심적인 언어로는 아예 설명되지도 않는다는 점이다. 이러한 현실과 '가해자 인권론'이 어떠한 관계를 갖는가를 질문하는 것이 중요하다. 다시 말해 여성주의의 문제제기는, 성폭력 가해자의 '인권'이 누구를 대상으로 어떤 권력과의 관계에서 주장되고 있는가에 대한 것이다.

'가해자의 인권' 논의가 정부·법조계 등에까지 확산된 계기는 청소년 성범죄자 신상공개제도의 시행이었다. 물론 성 범죄자 신상 공개는 가해남성의 '프라이버시'를 '침해'한다.[2] 그러나 여성 연예인의 비디오 피해

---

1) 자세한 내용은 이 책에 있는 전희경의 글을 참고할 것.

2) 나는 개인적으로 현재 한국사회의 성폭력 반대 운동의 맥락에서, 청소년성범죄자 신상공개제도에 대한 찬반 여부는 여성주의자에게 의미 있는 질문이 아니라고 생각한다. 이는 성 보수주의와 한국사회의 독특한 체면 문화를 활용한 것으로 불필요한 논쟁과 여성주의에 대한 적대감만 높일 뿐 실질적인 근절 방안과는 거리가 있다. 여성주의가 성폭력 근절을 위해 주장하는 것은 가해자에 대한 사회적 낙인과 강력한 처벌이 아니라, 일상적인 성별 권력 관계의 근본적인 변화이다. 그러므로 어떤 면에서, 신상 공개 논란은 성폭력 범죄 근절을 위해 여성운동 세력이 끈질기게 요구해온 실질적인 효과를 거둘 수 있는 대책—수사 과정에서 피해자의 반복 진술 방지, 경찰에 대한 성인지 교육 등—은 외면한 채 문제의 핵심을 흐리는 것이다.

사건이나 공중 화장실 등지에서 여성을 촬영하여 인터넷에 배포하는 '몰
래 카메라' 폭력에 대해 여성의 프라이버시를 존중해야 한다는 사회적
여론은 없다. 남성의 프라이버시가 침해되어야 한다는 얘기가 아니라, 남
성이 여성을 억압하는 권력이 인권으로 주장되는 사회적 맥락을 질문하
는 것이다.[3]

한국사회에서 성폭력 개념과 성폭력 사건의 객관성은, 법의 영역에서
나 일상 생활에서나 모두 여성의 입장이 아니라 남성의 경험과 이해에
의해 구성된다. 때문에 남녀 모두에게, 여성의 주장은 지나치게 예민하고
과격한 것으로 받아들여지지만 남성의 주장은 자연스럽고 객관적인 것으
로 수용된다. 5,000년이 넘는 성별 권력 관계의 이러한 역사성을 무시한
채, 피해여성의 인권과 가해남성의 권력이 경합하는 상황에서 남성의 특
권을 인권의 이름으로 옹호하는 것은, 가부장제 사회에서 여성의 인권이
어떠한 방식으로 삭제되는지를 보여준다. 뿐만 아니라 성폭력 사건의
'진실'을 둘러싼 논쟁에서 가해남성과 가부장제 사회가 실질적으로 주장
하는 것은, 성폭력 가해자의 인권이라기보다는 남성 생물학의 자연스런
결과로서 성폭력의 불가피성이라는 데 문제가 있다.

2. 경합적 가치로서의 인권

국가기관이든 NGO든 연구자든 인권 논의에서 성인지적 관점의 부재
는 일반적인 현상이다. 근본적으로 이 문제는 인권 개념의 보편성이 성
인지적 시각에서(혹은 장애인, 동성애자, '아시아'인의 시각에서) 재구성되고
있지 못한 결과로서, 인권의 보편성에 대한 서구·근대·남성 중심적 시각

---

3) 프라이버시는 가장 성별화된(gendered) 개념 중 하나이다. 여성이 개인·시민으
로 간주되지 않는 가부장제 사회에서 여성이 프라이버시 권리를 가질 수 있을
까. "남성에게 가정은 프라이버시를 실현하는 공간이지만, 여성이 프라이버시
를 즐길 수 있으려면 가족에 대한 전통적인 역할을 포기해야만 가능하다." 애
니타 알렌(1987) 참조.

에 대한 인식론적 전환을 요구하는 문제이다. 이 글은 현재 한국사회에서 논의되고 있는 보편적인 인권 개념과 보편성과 특수성이라는 인권 논의의 쟁점 구도 자체가 인권 문제의 해결과 논의를 가로막고 있다는 문제 의식에서 출발하여, 인권 논의의 쟁점과 관점이 어떠한 방식으로 다르게 제기되어야 하는가를 모색하고자 한다.

한국사회에서 (민중이나 민족, 계급이 아니라) 인권 개념에 근거한 사회운동과 그에 따른 인권 담론이 본격적으로 표출된 것은 김대중 정부 출현을 전후로 한 1990년대 중반부터라고 할 수 있다. 이후 인권 운동 세력들의 오랜 노력으로 국가인권위원회가 설립되면서 인권과 관련한 연구, 정책, 사회운동 담론이 제도적인 차원에서 보장되고 활성화되고 있다. "가난을 물리치는 국가 자주력 배양 없이, 법질서 존중 없이 인권은 없다(박정희, 1962)"는 지난 시대에 비해서는 매우 급진적인 발전이라 할 수 있다.

이처럼 인권 담론이 활발해지면서 사회운동에서의 '전통적인' 피억압 세력 외에도, 논쟁적인 사회적 이슈의 당사자들이 자신의 심정이나 고통을 인권 개념으로 설명하기 시작했다. 대학 병원의 성폭력 가해 교수를 처벌하는 것이 그에게 치료받아야 할 환자의 생명권 침해라는 주장, 가수 유승준의 입국을 허락하는 것은 병역 의무를 준수한 대한민국 남성의 인권을 무시하는 것이라는 주장, 군 가산제 폐지가 군필자에게 피해를 준다는 의미에서 주장되는 예비역 병장의 인권, 베트남 전쟁에서 한국인의 잔혹 행위에 대해 한국의 시민사회가 베트남에 사과하는 행위는 참전 용사를 가해자로 간주하여 참전 용사의 인권(자부심)을 침해한다는 주장, 성을 팔 권리(생존권)로서 매춘 여성의 인권, 반(反)성매매 여성운동이 장애 남성의 성을 살 권리를 침해한다는 의미에서 주장되는 장애 남성의 인권, 청소년 성 매수자 신상 공개를 둘러싼 논쟁 등 각기 차원과 맥락은 다르지만, "누구에게나 '인간'으로서 권리가 있다"는 인권 개념의 보편성에 근거하여 자신의 주장을 인권으로 설명하는 논의가 일상 생활에서 자연스럽게 이루어지고 있다.

앞의 사례에서 인권 개념이 논의되는 공통의 방식이 있는데, 여기서 인권은 구성되고 쟁취되는 경합적·과정적 가치가 아니라 사회적 제 권력 관계와 관련 없이 추상적·초월적으로 선재(先在)하는 당위적인 개념이다. 이처럼 인권 담론이 정치적 조건으로서가 아니라 객관적 조건으로 간주되기 때문에, 각 개인간·집단간의 인권이 갈등이 일으킬 때 '성폭력 가해자의 인권론'처럼 갈등하는 사회 세력간의 권력 관계에서 강자의 입장이 '보편적'인 인권의 내용을 구성하게 된다.

모든 인간이 인권을 갖는다는 근대적 인권 개념의 보편성은 급진적인 동시에 대단히 문제적인 아이디어로서,[4] 칼날과 칼자루 같은 양면성을 가진다. 인권 개념의 보편성은 현실이 아니라 지향이며, 약자를 포함한 모든 인간에게 평등하게 적용될 수 있다는 의미에서 이상적 가치이다. 그러나 보편성 개념은 지배 세력의 시각에서 구성된 입장이 마치 전체 인간의 이해에 부합하는 것처럼 보이게 하는, 강자의 권력 수단이기도 하다. 누구의 입장이 보편적인 인간의 입장으로 대변되는가는 언제나 논쟁거리이다. 남성(혹은 비장애인, 이성애자)의 입장이 보편으로 간주된다면, 즉 양성간 '차이'가 남성을 기준으로 구성된다면, 여성은 남성과 '같음'을 주장해도 불평등을 경험하며 '다름'을 주장해도 차별 받게 된다.

"인간은 인종, 피부색, 성, 종교, 언어, 정치적 견해와 상관없이 인간으로서 권리와 자유를 누릴 수 있다"는 세계인권선언(Universal Declaration of Human Rights) 제2조의 내용은, 역설적으로 모든 사람의 인권이 같지 않다는 것을 보여준다. 1948년 유엔이 채택한 세계인권선언은 소중하지만, "모든 인간은 태어날 때부터 동등하다. 서로 형제애의 정신으로[5] 행동해야 한다"는 제1조의 내용이 보여주듯이, 결코 보편적이지 않다.[6] 이미

---

4) 강자의 윤리로 기능한 인권 개념의 오용과 역사적 사례에 대한 분석은 커스틴 셸라스, 오승훈 옮김, 『인권, 그 위선의 역사』, 은행나무, 2003 참조.

5) 그나마 이 문구는 세계인권선언 작성 당시 처음에는 '형제처럼(like brother)'이었다가 유엔여성위원회의 요청으로 '형제애의 정신으로(in the spirit of brotherhood)'로 바뀌었다(앞의 책, 47쪽).

6) 세계인권선언에 대한 여성주의적 비판과 재해석은 신혜수(1999), 헬렌 B. 홈스

(자매애가 아니라) 형제애가 인류애를 대표하고 있는 것이다. 성차별, 계급 제도, 서구중심주의, 이성애주의, 비장애인 중심주의, 인종차별 등으로 인해 각 개인의 삶의 조건이 다르므로, 인간의 권리는 상충되고 갈등한다. 때문에 인권은 이미 주어져 있는 고정된 실체가 아니라 투쟁 속에서 경합하는 매우 정치적이고 역동적인 가치일 수밖에 없다. 그러므로 인권 개념은 각 정치 세력들의 충돌 속에서 맥락적인 선택과 판단을 요한다.

이는 인권을 논하는 인식자의 위치성과 상대방과의 사회적 권력 관계에 대한 질문이 거세된 '보편적' 인권 개념이, 결코 가치 중립적이지 않다는 의미이다. 인권 담론은 다른 사회적 언어와 마찬가지로 계급, 성별, 인종, 나이, 성 정체성을 둘러싼 지배적 담론으로부터 자유롭지 않다. 권리를 누릴 수 있는 인간 개념의 정의 자체가 그러한 사회 제도로부터 '오염'되어 있기 때문이다. 예를 들어, 시민/인간임을 둘러싼 모든 전제들이 섹슈얼리티에 대한 가치관으로부터 영향 받는다는 점에서 모든 시민권은 성적(性的) 시민권이다. 마찬가지로 인간이라는 개념, 무엇이 인간의 권리인가라는 인권의 내용은 성별, 인종, 계급 제도와 연관되어 있기에 모든 인권 개념은 젠더적, 인종적, 계급적이다. 그러므로 인권은 언제나 매순간 각 정치 세력들의 투쟁의 결과에 따라 다르게 정의·재구성되는, 피억압 세력의 개입을 기다리는 과정적 개념이다. 인간이 당하는 억압과 고통의 문제가 인권 문제로 설정되는 것은, 무엇을 문제로 보는가에 대한 특정 방식의 패러다임 안에서만 가능하기 때문이다.

사실, 인권 개념이 정치적 경합의 소용돌이 속에서 각 정치 세력의 선택을 기다리는 부유(浮游)하는 가치였다는 것은 한국사회의 오랜 현실이었다. 인권 개념 자체가 없었다기보다는, 인권은 다양한 정치 세력들이 자신의 이해 관계에 맞게 전유하고자 했던 지속적으로 경합하는 가치였다. 1960년대, "세계인권선언의 숭고한 이념이 이를 거부하는 불순 세력에 의해 유린되고 있다"(1969년 법무부장관의 《인권연보》 발간사 중에서),

---

(1987)를 참조.

"오늘날 세계 도처에 인권의 존엄성을 부정하고 인간의 노예화를 꿈꾸는 공산 도배들을 무찌름으로써 인권 사회 건설에 매진해야겠습니다" (1968년 인권주간 고 박정희 전 대통령 치사 중에서) 등의 언설은, 인권이 기본적으로 '힘의 가치'이며 얼마나 다른 방식으로 이해될 수 있는가를 보여준다.[7]

3. 보편자 서구, 특수한 아시아?

현재 한국사회에서 논의되는 인권 이슈들은 사법 제도, 군축·평화·북한, 국가 폭력, 과거 청산, 사회권 대 자유권, 서구적 인권 개념 대 동아시아적 가치, 국가 안보와 인간 안보, 소수자의 인권 등이다. 그 중에서도 인권 문제와 관련하여 일상에서, 국가 정책 차원에서, 연구와 현장 영역에서 공통적으로 논의되는 대표적인 쟁점은 '서구적 인권 개념(보편성) 대 동아시아적 가치(특수성)의 딜레마'와 그 대안에 대한 논의이다. 한상진(1996), 정영선(2000), 정진성(2000), 이근관(2002), 한국인권재단(www.humanrights.or.kr), 인권운동사랑방(www.sarangbang.or.kr) 등은 모두 인권 논의에서 동아시아의 중요성, 인권 개념에 있어서 문화 상대주의 문제, 개인주의와 공동체주의에서의 인권, 아시아적 가치와 인권, 자유주의적 인권 개념의 장단점에 대해 논한다.[8]

현재 한국사회에서 이루어지고 있는 인권 개념의 특수성과 보편성에 대한 논의는 보편자로서의 서구/특수자로서의 동아시아를, 구성적이거나

---

7) 위 두 가지 인용과 앞의 1962년 박정희 발언 인용은 이정은, 『한국에서의 인권개념 형성과 인권운동에 관한 연구』, 서울대 사회학과 석사논문, 1999, 20-21쪽에서 재인용한 것이다.

8) 이와는 달리 인권의 보편성과 특수성 문제를 다루면서도 인권 개념이 변화하는 과정, 즉 '인권의 운동'을 중심으로 논의한 문성원(2002)은, 마이클 왈저의 논의를 소개하면서 보편과 특수 논의 구도의 맥락성과 가변성을 중요하게 주장한다.

임의적인 경계가 아니라 본질적 범주로 전제하고 있다. 이러한 전제 위에서 서구의 '경험'은 '이론'으로, 동아시아의 '경험'은 '사례'로 상정되고, 한국사회 혹은 동아시아에서 서구 이론의 '적용' 가능성을 모색한다. 그리하여 개인주의에 기반한 서구의 인권 개념과 공동체주의에 기반한 아시아적 가치의 장단점을 비교하고, 그러한 장단점이 국가 권력이나 자본주의 세력에 의해 활용될 가능성을 경계한다.

이러한 쟁점들에 대해 논자들이 제시하는 해결 방안은 양 담론의 절충과 조화(이근관, 2002: 76-77), 동아시아 문화가 서구 중심의 인권 논의에 자극이 되도록 공동체주의 시각을 새롭게 부각시키자(한상진, 1996: 26), 동양 사상의 장점과 서구 사상의 장점을 조화시켜 동서융합의 새로운 인권 사상 정립(정영선, 2000: 720), 한국 문화에서 인권 가치를 살려내고 아시아 인권기구를 설립하여 일본의 전쟁 범죄를 문제화하자(정진성, 2000: 112-113) 등이다.

이때 '특수한' 아시아의 문화와 경제, 정치 제도 등은 이미 '서구적'임에도 불구하고, 서구와 아시아는 언제나 상호 배타적인 범주로 간주된다. 즉 '아시아적 특수성'의 내용은 현재 고도로 자본주의화되고 글로벌 경제에 깊숙이 편입되어 있는 현실의 살아 있는 아시아, 혼성화된 아시아가 아니라 '전통 문화'로 간주된다. 그러나 서구 문화와 다른 아시아적 가치/한국적 가치의 내용은 무엇이고 그것을 누가 정하는가에 대한 논쟁은, 아시아적 가치를 둘러싼 아시아 내부의 담론 투쟁이 불가피함을 의미한다. 리콴유[李光耀]나 박정희 같은 국가(민족)주의 세력과 저항적 민족주의 세력이 주장하는 아시아 고유의 가치는 서로 다를 것이며, 여성과 남성이 의미하는 아시아적 가치 역시 다를 것이다.

보편성을 구성하는 가치는 이미 특정 주체의 시각과 이해에 기반한 정치적 산물이다. 인간과 사회 현상을 보편과 특수의 구도로 인식하는 것은 근대 이후 주체가 타자를 구분하고 정의하는 방식이라고 할 수 있다. 서구와 비서구, 남성과 여성, 이성애와 동성애는 대립하는 개념이 아니라 전자의 시각에서 후자가 규정되는 주체와 타자의 관계이다. 주체의 입장에서 구성되는 타자 '디 아더스(the others)'는 글자 그대로 주체 외의 '나머지 것들'을 뜻한다. 그러므로 이러한 인식 구도에서 아시아는 서구에 대립되는 이항적 개념이 아니라 서구-비서구의 구조에서 서구 외 기타(the others) 중 하나에 해당하게 된다. 보편성 담론은 이미 그 자체로 논리적 모순을 지닌다. 정말 사회 현상을 보편으로 설명할 수 있다면, 특수는 존재하지 않아야 한다. 즉 특수성이 존재한다면 보편은 이미 보편적일 수 없는 것이다. 보편과 특수는, 권력 주체가 규정한 '차이'를 권력주체의 입장에서 설명하는 지배 담론일 뿐이다.

사회적 약자가 보편자가 되지는 않으며, 억압받는 자의 경험이 인류의 보편적인 경험으로 간주되지는 않는다. 그러므로 보편과 특수로 세계를 인식하는 방법 자체가 이미 서구가 자기를 설명하는 방식이다. '서구적 인권 개념 대 동아시아적 가치' 논쟁의 구도는, 그 출발점 자체가 이미 서구를 보편자로 간주하고 동아시아를 특수한 사례로 보는 것이다. 이때 물론 기준은 서구이며 동아시아는 서구 이론을 적용하는 경험 대상이다. 보편성과 특수성의 구도 속에서 한국의 인권 개념을 모색하려는 이러한 시도는, 기본적으로 서구·남성 중심적 지식이 구성되는 사유 구조를 답습하는 것에서부터 시작된다. 아시아인이 서구의 인식론으로 자신의 위치를 사유할 때, 보편성을 강조할 것인가 특수성을 강조할 것인가라는 딜레마는 필연적으로 동반될 수밖에 없다. 보편의 기준이 이미 서구인 상태에서 아시아는 아시아적 가치를 강조해도 특수하고 서구적 가치를 강조해도 특수하다.

한국사회의 인권 논의에서 인권 개념의 보편성과 특수성의 딜레마에 대한 대개의 해결 방식은 '조화'인데, 거칠게 요약하자면 동서양의 좋은 것만을 취하자는 절충론이라고 할 수 있다. 이 문제는 한국사회에서 서구화, 근대화, 전통과 관련한 담론에서 늘 등장하는 사유 방식이다. 아시아·한국의 근대화(서구화)와 자본주의는 식민 통치와 함께 시작되었기 때문에, 아시아가 자본주의, 인권, 과학 기술 등 근대적 가치를 발전시킨다는 것은 외부의 서구에 저항하고 내부의 반동적 유산(봉건, 권위주의 정권,

부패 등)을 극복해야 하는 이중의 프로젝트이다.

그러므로 아시아의 입장에서 "동서양의 좋은 점만 취하자"는 논의는 서구도 부정하고 자신의 과거도 부정해야만 근대성-인권을 성취할 수 있다는 이야기이고, 이는 불가능할 수밖에 없는 기획이다. 보편자를 서구로 상정하고 특수자를 아시아와 관련지어 논의하면, 언제나 아시아의 역사는 비이론적인 영역으로 남아 있을 수밖에 없다. 특수자 아시아의 경험은 사례 혹은 경험일 뿐 이론이 되지 못한다. 서구와의 관계에서 자기 이론을 만들 수 없는 현대의 아시아는, 서구적인 어떤 것이 예전에 우리에게도 있었다는 식으로 자신의 정체성을 '과거' '우리'의 '전통'에서 찾을 수밖에 없다.

우리 사회에서 인권 논쟁에 참여하고 있는 대부분의 논자들은, 자신의 논의를 전개시키기 전에 인식 주체인 자신의 사회적 위치(position)를 설정하고 있지 않다. 논자의 위치성이 드러나지 않기 때문에, 인권 논의의 작가들은 현실의 어떤 이해 관계로부터도 영향 받지 않는 보편적 초월적 주체의 시선을 가진다고 간주된다. 이처럼 현실에 개입하지 않는 인식이 보편성과 특수성의 딜레마를 해결하는 방법은, 양비론(兩批論)이거나 절충론일 수밖에 없다.

기존의 보편성 개념을 수용하거나 거부할 뿐 보편성이 구성되는 역사 자체를 비판하지 못하면, 서구가 자신을 보편자로, 서구를 제외한 그 외의 세계를 특수자로 상정할 수 있는 바로 그 인식 주체의 권력을 문제화할 수 없다. 이때 이들이 주장하는 동아시아적 가치는 서구 중심적 보편성을 비판, 재구성하는 것이 아니라 언제나 특수한 예로서 남아 있게 된다.

문제는 이러한 언설 방식 자체가 이미 현실의 이해 관계에서 초월한 주체(disinterested position)가 존재한다는 전제하에서 구성되고 있기 때문에, 아시아적 가치 혹은 공동체적 가치가 누구의 이해를 대변하는가를 둘러싼 복잡한 권력 관계는 문제화되기 힘들다. 자신을 국가·민족을 대표하는 주체로 상정하는 이러한 고정된 논의 구도에서, 인권 개념의 상황적 분석을 요구하는 맥락적 질문은 나오기 어렵다. 이처럼 이제까지 한국사회에서 인권을 논의하는 방식은 서구를 보편으로 상정한 상태에서 서구 외 특정한 사회에 인권 개념이 있는가 없는가를 묻는 것이었다. 이러한 질문 방식은 실제 현실에서 인권 개념을 놓고 사회 구성원의 이해가 충돌할 때 인권 개념이 어떻게 작동하는가, 어떤 맥락에서 어떤 사례에 적용되는가를 논의하기 어렵게 한다.9)

4. 보편성의 재구성을 위하여

모든 인간에게 똑같은 인권이 있기 때문에, 성매매를 반대하는 여성운동은 장애 남성이 성을 살 권리를 침해하는가? 비장애인 중심의 여성운동과 남성 중심의 장애운동은 대립할 수밖에 없는가? 최근 불가피한 글로벌 경제 현상처럼 논의되고 있는 이주 남성 노동자의 매춘 권리 주장처럼, 한국의 매춘 여성이 이주 '외국인' 노동자 손님을 거부하는 것은 "외국인 노동자의 인권이 멍드는 일"10)인가? 이주 노동자들의 인권이 멍든 이유가 매춘을 거부당했기 때문인가? 보편적·선언적으로 강조되는 인권 담론, 인권 개념의 탈맥락화와 몰정치화로 인한 심각한 문제는 언제나 여성의 인권을 둘러싸고 발생한다. 이처럼 경합하는 인권 담론간의 사회적 관계가 드러나지 않으면서 각각의 인권 이슈들이 상호 관련성 없이 논의되는 담론은, 객관적으로 인권 이슈를 다루는 것 같지만 실제로는 사회적 약자의 문제를 간과한다.11)

---

9) 김은실, 「인권, 문화, 여성: 여성인권을 논하기 위한 문화 비판 시론」, 『철학과 현실』 44호, 철학문화연구소, 2000.

10) 웹진 월간 《문화연대》 제43호(2003년 10월 1일자 발행). http://cncr.jinbo.net/monthly_cncr/index.php

11) 대표적으로 이정은(1999)의 논의가 이에 해당한다. 그는 한국사회에서 인권 개념이 형성되는 과정과 인권 운동의 논리를 추적했는데, 분석 대상이 된 15개 인권 단체 중 여성 단체는 한 곳도 선정하지 않았다. 원인은 연구자가 성인지적 관점이 부족해서일 수도 있겠고, 선정 근거가 한국인권단체협의회 소속 단체와 경실련이 발행하는 민간단체총람에서 정관에 인권 향상을 명시한 단체를

1970년대 반독재 민주화운동 세력이 성장하면서 언론·출판·사상·양심의 자유를 인권으로 개념화하는 세력이 등장함에 따라 한국사회의 인권론은 새로운 전환을 맞지만, 그 이후 지금까지 한국사회에서 인권은 주로 공적 영역에서 국가 권력과의 관계를 중심으로 논의되는 경향이 강하다. 때문에 남성에 의한 여성 억압이나 비장애인 중심주의, 이성애주의 등 '구조적 파시즘'을 가능하게 하는 '일상적 파시즘'은, '개인적'인 문제로 간주되어왔다. 사적인 영역이라고 간주되는 관계에서 작동하는 권력이나 억압이 기존의 인권 논의의 내용과 쟁점을 다른 방식으로 재구성하기보다는 '소수자'의 인권 문제로 범주화되어 부가적·부차적인 이슈로 간주되어온 것이다.

보편적 정의로서 인권 담론의 힘은 분명 긍정적이다. 이제 한국사회에서 인권은, 최소한 명분상으로는 공격할 수 없는 이상적인 가치로 간주된다. 그래서 피억압자들은 자신이 겪고 있는 고통의 문제를 인권 문제라고 주장하지만, 현재 그러한 작업이 기존의 인권담론 자체를 문제화하거나 재구성하는 데까지는 나아가지 못하고 있다.[12] 아직까지 한국사회에서 여성, 동성애자, 장애인 등 피억압자의 사회운동은 남성중심주의, 이성애주의, 몸의 정상성 범주 자체를 비판하는 방식의 운동이나 담론으로 구성되고 있지 못하다. 이들의 억압이 인권 문제로 제기될 때 기존의 인권 개념과 충돌할 수밖에 없지만, 그러한 충돌이 정치적인 방식으로

선정했기 때문일 수도 있다. 즉 '남성'단체들은 자신의 활동을 적극적으로 인권으로 귀착시키지만, 여성운동단체들은 그러지 않는 것이다. 이 연구에서 인권 단체로 선정된 '낙태반대운동연합'은 기독교윤리실천운동협의회를 중심으로 하는 보수 기독교 단체들이 생명주의의 관점에서 낙태를 반대하는 단체이다. 성 보수주의를 주요 정책으로 삼고 있는 이 단체는 여성 인권의 관점과 충돌할 수 있으며, 같은 연구 대상이 된 '한국동성애자단체협의회'와는 상호 적대적인 모순 관계에 있는 단체이다. 그러나 이 연구에서 이러한 갈등과 경합은 문제화되지 않으며, 모두 인권이라는 개념의 우산 안으로 숨어버린다.

12) 김형수(2001), 김은정(1999), 서동진(2003) 등 몇몇 예외적인 논의가 있다. 서동진(2003)은 최근 한국사회의 커밍 아웃 문화를 문제화한다. 커밍 아웃이 이성애 제도에 도전하는 방식이 아니라 이성애자 규범하에서 동성애자를 인정하는 방식이 되어왔다며 '커밍 아웃의 이성애 중심성'을 비판한다.

긴장을 발생시키기보다는 '시혜', '관용', '동정', '다양성 인정', '취향' 차원의 논의로 해소되어버리는 경향이 강하다.[13)]

인간과 사회 현상을 설명하는 인식 주체로서 서구·남성·이성애자·비장애인의 권력을 문제제기하지 않은 인권 논의에서, 그들은 여전히 '아시아' 여성·동성애자·장애인의 문제를 해결해주는 주체가 된다. 이처럼 남성의 관점에서 여성 문제를 특수한 인권 문제로 보는 담론 중의 하나는, 성매매가 인권 유린인 이유를 여성의 처녀성과 모성 권리를 침해하기 때문이라고 보는 남성중심적 성보수주의다. 이러한 입장은 남성의 권리를 보편적인 권리로 상정하여 남성의 기준에서 남성과 여성의 차이를 처녀성과 모성으로 간주하고, 이를 여성의 '특수한' 권리라고 주장하는 것이다. 성매매를 비롯한 여성 억압의 원인인 여성의 '처녀성'(남성의 처녀성이라는 말은 없으며, 남성의 처녀성을 보호해야 한다는 주장도 없다)을, 침해받으면 안 되는 '권리'로 보는 것이다.

기존의 보편적 인간관을 의심하지 않은 채 피억압자 문제에 관심을 갖는 인식은, 막상 이해 관계가 갈등하는 투쟁의 장을 만나면 특수자(약자)의 문제를 보편자의 이해 관계로 환원시킨다. 여성 문제를 인권 문제로 인정한다고 하면서도, 가정폭력의 원인을 군사독재 폭력문화의 산물로 본다거나 성매매나 성폭력을 외세 타락 문화의 결과라고 보는 것 등이 그러한 인식의 대표적 예이다. 남성 중심적 담론에 근거하여 여성 인권 문제가 정의되는 것이다.

---

13) 1990년대 후반부터 ≪당대비평≫, ≪아웃사이더≫, ≪인물과 사상≫ 등을 중심으로 기존의 거대 담론적 사회운동의 한계를 지적하면서 인권, 평화, '새로운 진보'를 역설하는 입장이 많아졌다. 어떤 면에서 예전에는 진보 담론에 끼지 못했던 사회적 소수자 문제가 유행하기 시작한 것이다. 그러나 이러한 논의가 기존의 인권이나 진보 개념 자체에 대한 비판으로까지 나아가지는 못하는 것 같다. 사회적 소수자를 정치적 주체로 보고 이들의 고통을 정치적 의제로 설정하기보다는, 기존 진보를 '풍부화'하기 위해 동원한다는 인상을 지우기 어렵다. 그래서 매체마다 여성, 동성애자, 장애인, 외국인 노동자를 다룬 기사들이 그들의 소외와 비참한 상황을 중심으로 재현된다. 기존의 인권개념을 변화, 재구성시키기보다는 '포용', 확대하는 방향으로 소수자 문제가 활용되는 것이다.

한 사회에서 인권 개념이 확장되는 원인, 과정, 영역은 동일하지 않다. 인권 문제가 발생하는 것 자체가 사회 구성원의 이해가 동질적이지 않기 때문이다. 인권은 당위적 가치가 아니라 희망하는 지향이기 때문에, 인권 개념은 인권의 적용을 원하는 사회 세력과 이에 저항하는 세력간의 힘의 관계에 의해 규정된다. 그러나 남성, 서구 중심적인 접근 방식인 보편성-특수성의 구도는, 유동적이고 맥락적인 '인권의 운동'을 포착하기 어렵게 하며 사회적 약자의 언어를 침묵시킨다. 이처럼 남성과 여성의 권력 관계를 역사적으로 맥락화하지 않는 인권 논의가 여성의 지위 변화에 따른 과정에서, 남성의 역차별 심리를 인권의 개념으로 정당화하는 데 기여하고 있는 것이다.

이제까지 서구·백인·남성·이성애자·비장애인 중심의 인권 논의에서 소외되었던 다양한 타자들의 경험이 기존의 보편적 인권 개념에 반영되어야 한다는 것은 구체적으로 무엇을 의미하는가. 모든 사회적 약자가 '인간'과 똑같은 권리를 요구하는 동시에, '인간'의 개념을 재구성하는 것은 어떻게 가능할까? 성매매에 반대하는 여성주의자의 입장을 '여성 이기주의', '장애인 차별', '비장애인 중심주의'의 일환으로 보는 남성 장애 인권운동가의 전제는 장애 남성도 비장애 남성과 똑같이 매춘할 권리가 있다는 것이다. 사회는 장애 여성의 성적 권리에 대해서는 관심을 기울이지 않는다는 점에서 이 같은 입장을 남성과 여성을 모두 포함하는 보편적인 장애 인권론이라고 할 수 없다. 이러한 일부 장애 남성의 주장은 그들 자신이 비장애 남성으로부터 차별 받으면서도 그것을 비판하기보다는, 남성 성기 중심적이며 여성과 장애인에게 억압적인 이성애자의 섹스를 끊임없이 모방함으로써 정상성을 욕망하는 것이다. 장애 여성, 비장애 여성, 장애 남성은 비장애 남성 섹슈얼리티의 공동의 피해자이다. 어떤 의미에서 섹슈얼리티 문제에서의 현재와 같은 비장애 남성 중심의 인권 개념을 재구성하는 것은 비장애 남성 섹슈얼리티의 모방에 의해서가 아니라 성적 타자들의 연대에 의한 대안적 섹슈얼리티의 실천을 통해 가능해진다. 대안적 인권 개념, 맥락적 인권론, 인권 개념의 재구성은 새로운 정치적 상상과 실천의 과정 속에서 고민해야만 한다.

<참고 문헌>

김은실. 2000, 「'동아시아 담론'에서의 문화는 우리 사회에서 어떻게 이해
　　될 수 있을까?」, 최원식, 백영서, 전형준 공편, 『발견으로서의 동아시
　　아』, 문학과 지성사.
＿＿＿. 2000, 「인권, 문화, 여성: 여성인권을 논하기 위한 문화 비판 시론」,
　　≪철학과 현실≫ 44호, 철학문화연구소.
김은정. 1999, 「정상성에 도전하는 여성들–한국장애여성운동사」, 『한국
　　여성인권운동사』, 한울.
김형식. 2001, 「나는 '나쁜' 장애인이고 싶다」, ≪당대비평≫ 14호, 삼인
나오키 사카이. 2001, 「서문」, ≪흔적≫ 창간호, 문화과학사.
문만식. 2002, 「여성권과 '신체에 대한 권리'에 대하여–성매매 문제를 중심
　　으로」, 인권운동사랑방 인권운동연구소(www.sarangbang.or.kr/kr/inst).
문성원. 2002, 「개인적 인권과 집단적 인권–자유주의 인권개념의 한계를
　　넘어서」, 『동아시아 인권의 새로운 탐색』, 성공회대학교 인권평화연
　　구소 편, 삼인.
박노자·서동진 외 공저. 2003, 「커밍 아웃의 정치학을 다시 생각한다」,
　　『탈영자들의 기념비-한국사회의 성과 속, 주류라는 신화』, 생각의
　　나무.
서동진. 2003, 「성적 시민권의 정치학과 비이성애적 주체」, 『한국의 소수
　　자, 실태와 전망』, 2003년 한국사회학회/한국문화인류학회 공동심포
　　지움 자료집.
신혜수. 1999, 「여성관련 국제협약과 여성운동」, 한국여성의전화연합 편,
　　『한국 여성인권운동사』, 한울.
전희경. 2003, 「성폭력 가해자의 명예훼손 역고소, 무엇을 할까」, 서울여성
　　의전화 부설 성폭력상담소 정책위원회 토론 자료.
정영선. 2000, 「아시아적 인권과 문화적 상대주의」, 한국인권재단 편, 『일
　　상의 억압과 소수자의 인권』, 사람생각.
정진성. 2000, 「인권의 보편성과 특수성」, 한국인권재단 편, 『21세기의 인

권』, 한길사.

애니타 알렌. 1987, 「여성과 프라이버시: 무엇이 문제인가」, 캐롤 C. 굴드 편, 『지배로부터의 자유―여성 철학의 새로운 시각』, 한국여성개발원

이근관. 2002, 「아시아적 가치와 인권―인권의 보편성 명제에 대한 비판적 검토」, 성공회대학교 인권평화연구소 편, 『동아시아 인권의 새로운 탐색』, 삼인.

이정은. 1999, 「한국에서의 인권개념 형성과 인권운동에 관한 연구」, 서울 대 사회학과 석사 논문.

캐더린 맥키넌. 스티브 슈트, 수잔 헐리 편. 2000, 「전쟁시의 범죄, 평화시의 범죄」, 민주주의법학연구회 역, 『현대사상과 인권』, 사람생각.

커스틴 셀라스. 2003, 『인권, 그 위선의 역사』(오승훈 역), 은행나무.

펭 치아. 2001, 「보편적 지역―변화하는 세계에서의 아시아 연구」, ≪흔적≫ 창간호, 문화과학사.

한상진. 1996, 「인권 논의에서 왜 동아시아가 중요한가」, 계간 ≪사상≫, 1996년 겨울호, 사회과학원.

헬렌 B. 홈스. 1987, 「세계인권선언의 페미니즘적 분석」, 캐롤 C. 굴드 편, 『지배로부터의 자유―여성 철학의 새로운 시각』, 한국여성개발원.

Tessa Morris-Suzuki. 2000, "Anti-Area Studies," *Communal/Plural*, Vol.8, No.1.

<자료>

한국인권재단(www.humanrights.or.kr)
인권운동사랑방(www.sarangbang.or.kr)
월간 문화연대 제43호(http://cncr.jinbo.net/monthly_cncr/index.php)

■ 지은이 소개

정희진(out67@chol.com)
서강대학교 종교학과 졸업 후 여성의전화에서 상근자로 일하다가 현재는 이화여
자대학교 여성학과 박사과정에서 공부하고 있다. 1999년에 『한국 여성인권운동
사』의 기획과 편집을 맡아 이번에도 이 책의 편저자로 일하게 되었다. 한국여성
의전화연합 전문위원, 한국양성평등교육진흥원 자문위원, 한국성적소수자문화인
권센터 젠더연구 자문위원으로 활동하고 있다.
쓴 책으로 『저는 오늘 꽃을 받았어요: 가정 폭력과 여성 인권』, 『탈영자들의 기
념비 – 한국사회의 성과 속, 주류라는 신화』(공저), 『월경(越境)하는 지식의 모험
자들』(공저), 『한국 여성인권운동사』(편저)가 있다.

전희경(sita@jinbo.net)
2000년 운동사회성폭력뿌리뽑기100인위원회 결성 당시부터 회원으로 참여하였
고, 2001년 초부터 100인위 안에 만들어진 'KBS사건 대응팀'에서 활동하기 시
작하였다. 2003년 5월 이 사건이 일단락될 때까지 피해자들을 지원해왔으며, 그
과정에서 피해자와 함께 가해자로부터 '명예훼손 역고소'를 당해 '피고인'으로
법정 싸움을 하기도 했다. 연세대학교 신문방송학과(학사), 동 대학원 사회학과
(석사)를 거쳐 현재 이화여자대학교 여성학과에서 박사과정을 밟고 있으며, 경희
대학교 여성학 강사로 일한다. 쓴 논문에 「사회운동의 가부장성과 여성주의 정
체성의 형성」(석사논문, 2000), 「길에서 사는 법 터득하기」, ≪여성과 사회≫ 12
호(2001, 창작과 비평사) 등이 있다.

정춘숙(jchounsook@hanmail.net)
단국대학교 국어국문학과와 중앙대학교 사회개발대학원 사회복지학과를 졸업했
다. 단국대학교 전통예술연구회(탈패) 회장과 언더 서클(한울) 회장으로 학생운
동, 구로와 안산에서 노동현장과 노동교육연구소 등에서 노동운동을 했다. 1992
년 한국여성의전화에서 여성운동을 시작했으며, 한국여성의전화 상담부 간사,
상담인권부장, 인권부장, 서울여성의전화 사무국장, 서울성폭력상담센타 소장,
한국여성의전화연합 사무처장으로 활동했다. 현재 서울여성의전화 부회장이다.
1994~1998년까지 진행된 가정폭력방지법 제정 운동 당시 외국의 입법례 수집
부터 '가정폭력 관련 법' 시행령 시행규칙 마련까지 「가정폭력방지법」 제정 전
과정에서 실무 책임자로 활동. 보건복지부 '여성 1366' 초기 공동 대표를 맡은

바 있고, '1366'의 성격과 운영에 대해 지속적으로 정책을 제안했다. 수원보호
관찰소 전문위원, 국무총리산하 청소년 보호위원회 성문화분과위원으로 활동했
다. 조선대학교에서 겸임교수로 학생들에게 '여성주의 상담'과 '가족치료'를 가
르치기도 했다. 「성학대를 받은 소아청소년의 정신의학적 후유증」(보건복지부),
「한·일 가정폭력 비교 연구」(한국여성개발원)의 공동 연구원. 여성주의 상담, 여
성에 대한 폭력과 인권, 여성의 경제력 향상, 여성 정보화 등에 관심을 갖고 있
다. 저서로 「여성주의 집단상담의 효과에 대한 연구」(1998, 중앙대학교 석사학
위논문), 「아내구타 추방운동사」, 『한국 여성인권운동사』(1999), 「학교 성폭력」,
『일상의 억압과 소수자의 인권』(2000)이 있다.

강김아리(ari@hani.co.kr)

연세대학교 영문과를 졸업한 뒤 2000년부터 《한겨레》에서 일하고 있다. 신문
사 입사 뒤 문화부에서 출판 담당을 하면서 여성주의에 눈을 뜨게 됐다. 운이
좋게도 당시 여성 관련 책들이 많이 출간됐고, 그 중『저는 오늘 꽃을 받았어요
―가정 폭력과 여성 인권』(또 하나의 문화), 『만가지 슬픔』(대산문화사) 등은 삶
을 언어화할 수 있는 도구를 주었으며, 여성·삶·고통·글쓰기 등의 문제에 대한
화두를 던져주었다. 출판 담당 1년 뒤 여성 담당을 맡게 되면서 다양한 계층의
여성과 열정적인 여성운동가들을 만나는 행운을 누렸고, 지금은 국제부에서 일
하고 있다.

김효선(vivari@chol.com)

제주에서 태어나서 제주에서 살고 있다. 사회학을 공부했다. 1987년 대학 졸업
후, 을씨년스런 거리에 붙어 있는 제주여민회 창립대회 포스터를 우연히 보고
갔다가 회원이 된 후 '진짜' 여성을 만나게 되었다. 여성폭력 피해여성을 상담하
면서 여성에 대한 폭력과 젠더 권력 관계를 인식하게 되었고, 이때부터 제주여
성들의 삶을 더 진지하게 들여다보고 있으며 지금은 제주도 '특유'의 가부장제
에 대한 관심을 갖고 있다.

박이은경(joie777@hanmail.net)

연세대학교 불어불문학과를 거쳐 동 대학원에서 문학석사학위를 받은 후 교양불
어 강사 생활을 수년간 하면서 전형적인 '386'의 캠퍼스 라이프를 직간접적으로
체험했다. 석사 논문 주제는 후기 데카당티즘의 대표적 소설가 조리스 칼 위스
망스의 장편소설『거꾸로』에 나타난 현실에 대한 폐쇄성이었지만, 1994년 '객원

기자'란 형식으로 여성신문사와 인연을 맺으면서 적극적인 현실 참여주의자가 됐다. 1995년 ≪여성신문≫에 본격 합류하면서 그해 9월 북경에서 열린 제4차 유엔세계여성회의를 취재한 것이 계기가 되어 최소 2년간은 여성운동의 현장에서 여성주의 저널의 기자로 활동하기로 작정, 지금에 이르렀다. ≪여성신문≫ 차장, 편집장을 거쳐 2001년 3월 창간기념호를 발간한 주간 여성종합신문 ≪우먼타임스≫로 자리를 옮겨 취재부장으로 일하고 있다. 현재 불교방송 '구효서의 행복 스튜디오' 여성계 코너를 진행 중이기도 하다.
쓴 책으로 페미니스트 요리 에세이 『사위에게 주는 요리책』(공저, 도서출판 이프)가 있다.

정미례(goodmirye@hanmail.net)
고려대학교 사학과를 졸업했다. 1980년 광주 항쟁을 겪은 이후 반독재 민주화 투쟁에 몸바쳐 일하는 것을 인생 최대의 과제로 알고 학생운동·노동운동을 열심히 하다가 1990년 이후 인천여성노동자회에서 여성노동자운동을 하게 되었다. 1994년 군산으로 이전하여 잠시 생계 문제 해결을 위해 학원을 운영하다가, 결국 걷어치우고 지역운동을 하게 되었다. 이때 군산여성의전화를 준비하던 여성 활동가들과 만나 군산여성의전화 교육부장, 사무국장으로 활동하였다.
2000년 9월 19일 군산대명동화재참사 사건 대책위 사무국장, 한국여성의전화연합 인권국장을 거쳐, 2001년 전북여성단체연합 부설 성매매여성인권지원센터 소장, 2002년 군산개복동화재참사대책위집행위원장을 하면서 본격적으로 성매매 피해여성을 위한 활동을 하고 있다. 현재는 한국여성단체연합 성매매방지법 제정 특별위원회 집행위원장으로 활동하고 있다.

■ 한국여성의전화 소개

한국여성의전화(구 한국여성의전화연합)는 여성인권단체로서 모든 폭력으로부터 여성의 인권을 보호하고, 여성의 복지 증진과 나아가 가정·직장·사회에서 성평등을 이룩하며, 정치·경제·사회·문화 등 모든 영역에서 여성들이 주체적으로 참여함으로써 민주사회실현에 기여함을 목적으로 하고 있습니다. 1983년부터 아내구타, 성폭력 등 여성폭력 문제를 우리 사회에 처음으로 제기하고 그 해결을 과제로 삼아 20년을 한결같이 가부장제와 정면으로 맞서 싸우며 여성에 대한 폭력과 차별문제를 여성인권의 문제로 발전시켜왔습니다.

여성의 전화가 하는 일
한국여성의전화는 여성에 대한 모든 폭력과 차별을 추방하기 위한 사업을 전개하고 있으며 이를 위해 지역 대중여성들과 함께하고 있습니다.

· 인권사업
 -폭력추방운동: 가정폭력 없는 평화의 달 행사, 세계여성폭력추방주간 행사, 여성관련 정책화 사업, 성매매 추방운동, 이주여성인권 지원사업, 쉼터운영 지원 및 정책화 사업,
 -차별철폐운동: 여성의 정당한 재산권확보를 위한 운동, 여성폭력 관련법의 제개정운동

· 여성세력화 사업
 -지부조직강화사업: 지부 회원활동 활성화 사업, 지부 활동가 교육, 지역여성운동 활성화를 위한 워크숍, 지역운동사례집 발간
 -여성정책모니터링(성인지적 관점에서의 예산 여성정책 분석), 여성정치세력화 사업

· 대중의식개선사업
 -미디어문화: 미디어상의 여성인권침해 대응활동, 미디어상의 폭력에 대한 모니터 활동, 여성문화축제 개발
 -홍보출판: 여성의 눈으로, 여성수첩 제작, 교육 및 홍보용 도서자료 발간, 교육 및 홍보용 영상자료 제작, 각종 자료 판매 및 대여
 -정보화: 홈페이지 운영, 사이버 여성운동의 대중화, 전국지부 네트워킹

전국 여성의전화의 부설기관

· 성폭력상담소: 강간, 성추행, 성희롱 등 성폭력 피해를 상담하고 심리, 의료, 법률 지원활동을 하며 평등하고 건강한 성가치관과 성문화 형성을 위해 성교육 사업을 한다.
· 가정폭력상담소: 가정폭력 피해자(배우자학대, 아동학대, 노인학대)를 위해 전화상담, 면접상담을 하며 더욱 적극적인 지원을 위하여 변호사, 의사 자문을 통한 법적, 의료적 지원을 한다. 가정폭력 예방과 치료를 중심으로 한 여러 가지 사업을 진행하고 있다.
· 통합 상담소: 성폭력, 가정폭력, 아동, 장애인 등 모든 형태의 폭력에 대한 상담을 한다.
· 1366(24시간 여성위기전화): 위기에 처한 여성에게 위기상황에서 벗어날 수 있는 상담과 체계적인 서비스를 제공한다.
· 성폭력 및 가정폭력 피해자 쉼터: 가정폭력·성폭력 피해여성과 그 자녀들에게 피난처를 제공하고, 다양한 프로그램을 통하여 자아 존중감을 회복하도록 도움을 주며 심리치료, 법률지원, 의료지원 등을 한다. 현재 7개 지부에서 운영하고 있다.
· 여성인력개발센터: 여성부가 지원하는 여성전문직업훈련기관으로 부산과 성남 지부에서 운영하고 있다.

연혁

1983 한국여성의전화 창립.
1985 성도섬유(톰보이) 성폭력 사건 항의 불매운동.
    25세 여성 조기정년 철폐를 위한 여성단체연합 발족, 참가.
    1986년 여성수첩 첫 발행.
1986 직장 내 여성차별 문제 및 성폭력 상담을 위한 '여성문제고발창구' 개설.
    KBS시청료 징수원 박성혜 씨 폭행사건으로 시청료 거부운동, 시청료 폐지.
    권인숙 성고문사건 공대위 참가.
1987 아내구타 피해자들을 위한 피난처 '쉼터' 개설.
    파주여종고 교사 성폭력 사건 접수.
1988 공개토론회 '여성해방과 성폭력' 주최.
1989 가정폭력 영화 <굴레를 벗고서> 제작.
1990 경찰에 의한 서비스업 종사자 강정순 씨 윤간, 무고죄 고소사건, 대법원 무죄판결.

1991 이문자 외 2명, 인신매매 혐의 서대문서 연행-성폭력 특별법 제정의
   필요 계기가 됨.
   변월순 씨 사건을 다룬 영화 <단지 그대가 여자라는 이유만으로> 대종상
   수상
   성폭력 관련 입법 공청회.
   성폭력 특별법 제정 추진위 결성, 폭력남편 살해한 남희순 씨 집행유예로
   석방.
   제1회 세계 성폭력 추방주간 행사 주관, 성폭력 희생자 추모제.
1993 성폭력 특별법 제정특위 결성, 법 제정.
1994 가정폭력추방주간 행사.
   가정폭력방지법 추진을 위한 공개토론회.
   가정폭력방지법 제정을 위한 전국연대 결성.
   전주, 광주, 인천, 수원, 울산, 부산, 강화, 성남지부 가입.
   사단법인 한국여성의전화연합 등록.
1995 대구지부 가입, 청주, 창원지부 창립.
   여성평화를 위한 변호사 모임 발족, 평등문화를 가꾸는 남성모임 발족.
1996 제1회 딸들을 위한 캠프(성교육캠프) 실시.
1997 서울여성의전화 창립.
   쉼터 10주년기념 심포지움, 「여성운동과 사회복지」 출판기념회.
   가정폭력방지법 제정.
1998 여성1366 위기전화 운영(서울, 수원, 광주, 울산, 익산지부).
   (사)한국여성의전화연합으로 명칭 변경, 시흥, 안양, 익산, 군산, 강릉,
   천안지부 창립.
   일하는 여성의 집 개소(성남지부 운영).
   15주년 기념 전국대회.
1999 『한국 여성인권운동사』 출간, '시민인권상' 수상(서울지방변호사회).
2000 영광, 김해지부 창립.
   '시민운동대상' 수상(시민운동지원기금).
   '대통령상' 수상(여성주간기념 여성특별위원회).
2001 부천, 진해, 김포지부창립.
2002 목포지부 창립.
2003 20주년 기념 전국대회-차별과 폭력을 넘어 평화의 세상으로.
   인권백서발간, 20주년기념비디오제작.

한울아카데미 600

한국여성인권운동사 2
성폭력을 다시 쓴다
객관성, 여성운동, 인권

ⓒ 한국여성의전화, 2003

기획 한국여성의전화
엮은이 정희진
지은이 정희진·전희경·정춘숙·강김아리·김효선·박이은경·정미례
펴낸이 김종수
펴낸곳 한울엠플러스(주)

초판 1쇄 발행 2003년 12월 10일
초판 9쇄 발행 2018년 8월 20일

주소 10881 경기도 파주시 광인사길 153 한울시소빌딩 3층
전화 031-955-0655
팩스 031-955-0656
홈페이지 www.hanulmplus.kr
등록번호 제406-2015-000143호

Printed in Korea.
ISBN 978-89-460-6516-1 93330

* 가격은 겉표지에 표시되어 있습니다.
* 이 책은 한국여성재단의 지원을 받아 제작되었습니다.